Platão

CB121183

Maurizio Migliori

Platão

EDITORA
IDEIAS&
LETRAS

Direção Editorial
Edvaldo M. Araújo

Conselho Editorial
Fábio E. R. Silva
Jonas Luiz de Pádua
Márcio Fabri dos Anjos
Marco Lucas Tomaz

Preparação e Revisão
Hanna Késia dos Santos Lima
Isabelle Vieira Lima
Nathália Liberato Varussa

Diagramação
Airton Felix Silva Souza

Capa
Tatiane Santos de Oliveira

Tradução
Alessandra Siedschlag

Pesquisa terminológica
Alexandre Rosas

Título original: *Platone*
© Morcelliana S.r.l., 2017
Via Gabriele Rosa, 71
25121 Brescia, Italia
ISBN: 978-88-372-3116-3

Todos os direitos em língua portuguesa, para o Brasil, reservados à Editora Ideias & Letras, 2023.

1ª impressão

EDITORA IDEIAS& LETRAS

Avenida São Gabriel, 495
Conjunto 42 - 4º andar
Jardim Paulista – São Paulo/SP
Cep: 01435-001
Editorial: (11) 3862-4831
Televendas: 0800 777 6004
vendas@ideiaseletras.com.br
www.ideiaseletras.com.br

Dados Internacionais de Catalogação na Publicação (CIP) de acordo com o ISBD

S571p Siedschlag, Alessandra

Platão / Maurizio Migliori ; traduzido por Alessandra Siedschlag, Alexandre Rosas. - São Paulo : Ideias & Letras, 2023.
392 p. ; 11,5cm x 20cm. – (Pensamento dinâmico)

Tradução de: *Platone*
Inclui bibliografia e índice.
ISBN: 978-65-87295-43-5

1. Filosofia. 2. Platão. I. Siedschlag, Alessandra. II. Rosas, Alexandre. III. Título. IV. Série.

2022-3022 CDD 100
CDU 1

Elaborado por Vagner Rodolfo da Silva - CRB-8/9410
Índices para catálogo sistemático:
1. Filosofia 100
2. Filosofia 1

Em memória de meu mestre, o professor Giovanni Reale, que tanto amava Platão e que com paixão contribuiu grandemente para a compreensão do pensamento antigo.

Sumário

Apresentação

Esta introdução às obras e ao pensamento de Platão tem uma característica particular. O leitor encontrará aqui muitas afirmações que se afastam das tradicionais e que às vezes serão também "desconcertantes". O fato é que, na base deste texto, há uma longa e original escavação dos diálogos que resultou em um trabalho de quase 1500 páginas[1]. Desse modo, o leitor que queira verificar e se aprofundar naquilo que aqui nos limitamos a afirmar poderá fazê-lo com base no texto "maior".

Existe um problema específico: Platão não escreveu tratados, mas diálogos, cada um deles afrontando um tema central, entrelaçando-o com muitos outros de acordo com a visão dialética própria de sua filosofia. A isso, soma-se um juízo sobre a escrita que leva o Autor a construir uma sequência de diálogos que desenvolvem protrepticamente *a investigação filosófica que o leitor deve fazer*. Por isso não é possível apresentar a filosofia de Platão através da análise de algumas obras consideradas as mais significativas. Enfim, Platão tem uma *visão polívoca do real*, o que o leva a exprimir sobre a própria realidade juízos diversos enquanto expressões de diversos aspectos do objeto ou diversos pontos de vista. Buscaremos, no decorrer da exposição, evidenciar essa multifocalidade da investigação platônica, sem ressaltá-la demasiadamente para não soar pedante: tudo é confiado, platonicamente, à atenção do leitor que ama a filosofia e Platão.

Todavia, para que o texto fique mais acessível, propus uma sequência tradicional de capítulos, adicionando, quando me pareceu útil, um ou mais apêndices para

1 MIGLIORI, M. *Il disordine ordinato. La filosofia dialettica di Platone. I. Dialettica, metafisica e cosmologia. II. Dall'anima alla prassi etica e politica*. Bréscia: Morcelliana, 2013 (daqui em diante, Il disordine ordinato).

esclarecer qualquer aspecto peculiar da discussão. O leitor tem, assim, à sua frente, um percurso, simples na forma e complexo na estrutura, necessário para captar aqueles aspectos aparentemente contraditórios que explicam a grande importância que a filosofia de Platão teve na história do pensamento ocidental por 2500 anos: ela

- baseia-se sobre convicções fortes, permanecendo aberta às contribuições inovadoras que a investigação oferece (uma postura que será coroada na ciência moderna);
- é tanto fechada quanto aberta; fechada porque exprime uma visão estável do real; aberta porque é construída segundo um modelo dialético que leva a verificações contínuas;
- é "socraticamente" educativa, com um ensinamento libertador, porque o desenvolvimento protréptico é construído em função não tanto de um Autor, que quer comunicar o seu pensamento, quanto do leitor, que deve fazer filosofia;
- é multifocal e, portanto, abordável em vários modos; isso explica a própria vida da Academia, em cujo interior discutiam, sobre um terreno "platônico" comum, posições teóricas profundamente diversas, como aquelas de Espeusipo, Xenócrates, Eudoxo e, *last but not least*, Aristóteles.

Em resumo, apresentamos aqui uma leitura unitária da filosofia platônica, uma contribuição para auxiliar na superação das tensões que determinaram tantos conflitos interpretativos, conflitos frequentemente baseados em leituras corretas dos diversos aspectos dos diálogos. Isso pode parecer paradoxal, mas manifesta apenas a consequência de uma incompreensão da impostação multifocal de Platão.

1. Biografia

A vida de Platão se passa em um cenário politicamente dramático e filosoficamente decisivo, dois dados que o grande filósofo integrou à sua vida e ao seu pensamento de modo exemplar. Por isso a sua biografia é relevante para entender melhor os próprios diálogos, que, todavia, não são *jamais* legíveis em conexão direta com a sua vida. Os laços que muitos críticos quiseram indicar com as viagens à Siracusa ou com a fundação da Academia são forçagens interpretativas que não encontram nenhum apoio textual e, por isso, resultam apenas em interpretações de fundo psicológico, o que, para um ateniense de 2500 anos atrás, é realmente demasiado.

As fontes mais importantes para a vida do filósofo são duas. A primeira é a *Sétima carta,* do próprio Platão, um documento muito discutido, para o qual retorno brevemente no *Apêndice*. Trata-se de um documento excepcionalmente rico no plano biográfico e no plano filosófico, importante para a história política da Sicília, escrito por um Platão muito velho aos amigos de Dião, depois do assassinato deste (354/3 a.C.). A segunda fonte é Diógenes Laércio, um autor que viveu séculos depois (*provavelmente* na primeira metade do século III d.C.), que dedica à vida do filósofo um livro inteiro (*Vidas e doutrinas dos filósofos ilustres III*), dividido em duas partes, mais ou menos do mesmo comprimento – vida (466 linhas) e escritos e doutrina (541 linhas) –, separadas por uma breve dedicatória de 5 linhas.

Há também fontes menores: Filodemo (século I a.C.), *História dos Filósofos. Platão e a Academia;* Apuleio (século II d.C.), *De dogmate Platonis;* Olimpiodoro, o Jovem (século VI d.C.); Suda (século X d.C.); e um autor anônimo do século VI que escreveu os *Prolegômenos à filosofia platônica*. Importante para as histórias de Siracusa também é *Vida de Díon,* de Plutarco (século I d.C.); a este personagem, Cornélio Nepos também dedica atenção em sua obra *Vitae* (século I a.C.).

1. Os dados da vida

Platão nasce no primeiro ano da 88ª olimpíada (428/7 a.C.), segundo muitas fontes, em Egina. O seu verdadeiro nome é Arístocles; o apelido pelo qual o conhecemos se refere ao vigor físico ou à amplitude da testa (*platos* em grego significa amplitude, extensão). Morre com 81 anos, no primeiro ano da 108ª Olimpíada (348/7 a.C.).

Seu pai é Ariston, e sua mãe, Perictione, de nobre família, ligada a Sólon, legislador ateniense da primeira metade do século VI a.C.; tem três irmãos, dois homens, Adimanto e Gláucon (que aparecem na *República*), e Potone, mãe de Espeusipo, futuro discípulo na Academia. A mãe, que ficou viúva, casa-se novamente com Pirilampo (relembrado como uma ótima pessoa em *Cármides* 158A), que teve um papel importante como embaixador. Dessa união, nasce Antifonte, que quando jovem se interessa por filosofia, mas quando adulto perde tempo com os cavalos (*Parmênides* 126A-127A). Entre seus parentes próximos, há dois importante oligarcas que morrem na trágica aventura dos Trinta Tiranos: Cármides, tio (irmão de sua mãe), e Crítias (primo da mãe)[1].

---

1 A reconstrução da família de Platão é muito complicada: para isso, ver *Il disordine ordinato*, p. 1151-1154.

Platão certamente participa de várias campanhas militares, mesmo que as nossas fontes nos impeçam de identificá-las. A guerra do Peloponeso entre Esparta e Atenas termina em 404 a.C., quando ele tem 24 anos e, portanto, seis anos em condição de combate; se tivesse fugido ao seu dever, tal "culpa" teria sido sinalizada por seus inimigos.

Provavelmente inicia a sua formação filosófica encontrando doutrinas heráclitas por meio de Crátilo de Atenas. Mas o encontro decisivo é com Sócrates, que nos diálogos aparece em relações estreitas com a sua família. O jovem tem 20 anos (408/7 a.C.) e entra no círculo de amigos do filósofo, tanto que, em *Apologia*, é citado entre as possíveis testemunhas a favor de Sócrates (34A) e como um dos quatro garantes para o pagamento de uma multa de 30 minas (38A). Tratou-se de um encontro humana e filosoficamente decisivo, mas que se tornou indelével pela absurda condenação do mestre à morte. Todavia, é necessário evitar supervalorizá-lo, por uma série de razões. Primeiro de tudo, quando, nos últimos diálogos, Platão aborda as temáticas mais altas de sua filosofia, a figura do mestre é redimensionada, enquanto emergem filósofos eleatas e temáticas pitagóricas. Na *Sétima carta*, Sócrates também é relembrado apenas como "o meu velho amigo Sócrates, a quem não temo definir o mais justo em absoluto entre os homens de então" (324D8-E2).

Sócrates, que, para Platão, encarna a própria ideia da filosofia, deu ao seu aluno três ensinamentos importantes: 1. a pergunta filosófica de fundo "o que é X?", que leva à descoberta das Ideias, e 2. sobretudo àquela do Bem; de fato, Sócrates volta a desempenhar o papel de mestre também em um dos últimos diálogos, o *Filebo*, que aborda o tema da vida *boa* e feliz. 3. Enfim, a impostação educativa dos escritos de Platão deriva diretamente da maiêutica socrática.

Sócrates é importante também porque faz com que Platão *precocemente* se relacione com alguns dos mais importantes matemáticos do tempo, como Teodoro, amigo de Sócrates, e Teeteto, uns dez anos mais jovem; o primeiro impacto com a escola pitagórica também acontece quando o mestre ainda está vivo, através de Símias e Cebete (citados em *Críton* 45B e interlocutores em *Fédon*; Símias também é lembrado em *Fedro* 242B), que foram ouvintes, se não alunos, de Filolau, o mais importante pitagórico da época. Em síntese, ao contrário do que tantos críticos pensam, o relacionamento entre Platão e o pitagorismo não pode ser limitado aos últimos anos da vida do filósofo.

Depois da condenação do mestre à morte (399 a.C.), Platão, junto de outros discípulos de Sócrates, vai até Euclides, em Mégara: *um tipo de mudança prudente* para uma cidade vizinha. As fontes falam de outras viagens: para Cirene, a fim de encontrar o matemático Teodoro, para a Itália, em 388 a.C., para Taranto e Siracusa, e depois ainda para o Egito. Não há razão para pensar em uma única viagem longuíssima, nem para duvidar: não parece estranho que esse jovem aristocrático tenha viajado muito, por razões de estudo ou não.

Por motivos filosóficos, viaja ao encontro dos pitagóricos Arquitas e Eurito de Taranto, e junto a eles permanece por um tempo. Algumas fontes falam de um encontro com Filolau de Crotona, que, porém, provavelmente já estava morto em 388. O equívoco tem uma possível explicação: em Taranto, o filósofo quase certamente vem a conhecer o "famoso livro" de Filolau, que, pela primeira vez, difunde por escrito as doutrinas pitagóricas. O texto então foi comprado por Dião, que era riquíssimo, por 100 minas, uma cifra enorme[2].

Não sabemos nada sobre a data de fundação da Academia. A comunidade científica contemporânea a situa tradicionalmente após a primeira viagem a Siracusa, mas faltam dados para sustentar esta hipótese. A Academia foi um importante centro de elaboração filosófica e "política" e de estudos matemático-científicos, com uma série de especialistas de alto nível: Heráclides Pôntico, famoso astrônomo, foi aluno de Platão e de Espeusipo; o matemático Teeteto pelo menos colaborou; Filipo de Opunte, matemático e astrônomo, foi acadêmico; um outro grande matemático, aluno de Arquitas, Eudoxo de Cnido, transferiu-se para lá com seus alunos.

Platão teve um relacionamento intenso com os "intelectuais" da época. Infelizmente, é quase impossível reconstruir um quadro das relações entre os "socráticos", também porque as fontes antigas tendem a ressaltar contrastes mais ou menos prováveis. *Muito significativo* é, portanto, o fato de que, para Isócrates, o maior retórico da época, alguns textos até mesmo falem de amizade (Diógenes Laércio III 8). Há uma outra tradição que constitui a "lenda" da

---

2 Para um talento, eram necessárias 60 minas; para uma mina, 100 dracmas; para um dracma, 6 óbolos; o dracma era o salário médio de uma diária de trabalho para um operário qualificado. Portanto, 100 minas correspondem a 10 mil diárias de trabalho.

inimizade entre esses *dois grandes alunos de Sócrates*, mas os diálogos confirmam a primeira. [3]

2. Os acontecimentos de Siracusa

Na vida de Platão, um episódio extremamente importante é constituído pelos acontecimentos de Siracusa. Diógenes não fala disso, o que implica que o autor, ou sua fonte, considerava aqueles dados como filosoficamente pouco relevantes. Mas o jovem Platão tinha os interesses típicos de um aristocrata ateniense; *o encontro com Sócrates* não parece ter causado impacto nesse terreno. Pesa, em vez disso, a desilusão provocada antes pelo governo dos Trinta Tiranos (404-403 a.C.), em que perderam a vida Cármide e Crítias, e depois pelo governo democrático, durante o qual Sócrates foi condenado à morte. Tudo isso leva o filósofo a uma reflexão teórica radical: apenas o entrelaçamento entre política e filosofia pode salvar a cidade.

Com esse estado de ânimo, ele vai, com quase 40 anos, em 388 a.C., ao encontro dos pitagóricos de Taranto; estando na Magna Grécia, vai então a Siracusa, com o desejo de ver uma das principais cidades do mundo grego e o Etna. Trata-se de uma viagem tão diversa das outras que Platão, quando na

3 Se abandonarmos o vício de ver ironia em passagens em que não existe nenhum traço de ironia, poderemos valorizar os elogios que Platão lhe faz em *Fedro* 279A3-B2; em *Eutidemo* 304C-306D, uma passagem em que é possível reconhecer Isócrates no personagem Anônimo, os méritos atribuídos ao reitor são tais que o colocam no terceiro lugar em ordem de importância, depois do filósofo e do político (cfr. infra, pp. 285-287).

Sétima carta fala de "viagens", examina apenas aquelas que nós geralmente chamamos de segunda e terceira (330B8-C1, 330C7, 352A3).

Em Siracusa, encontra o tirano Dionísio, o Velho, que dominava a cidade desde 406 a.C., e Díon. Este, irmão de Aristomache, uma das esposas de Dionísio, conseguiu ser apreciado pelo tirano pelas suas qualidades. Conquistado pela filosofia do filósofo ateniense, tornou-se um personagem muito famoso na antiguidade. Cornélio Nepos, três séculos depois, fala dele longamente no livro III de seu *De viris illustribus*; Plutarco, cinco séculos depois, coloca a *Vida de Díon* em confronto com a de Brutus, elogiando os dois e afirmando que haviam saído da *Academia de Platão*.[4] De fato, Díon era movido por uma verdadeira convicção filosófica, e Platão o louva repetidamente como filósofo e homem justo e corajoso, que tentou unir virtude política e filosofia. Todavia, tanto da carta quanto de outras fontes emerge também que era um homem às vezes duro e rude na tentativa de corrigir os costumes errados.

A amizade deles logo se prova útil: Platão, em um debate sobre a relação entre poder e virtude, ofende o tirano. Díon consegue salvá-lo e faz com que ele parta rapidamente; todavia, subordinados de Dionísio, os espartanos que estão no navio levam Platão a Egina, onde ele é vendido como escravo e, em seguida, resgatado. Essa desventura, para a qual Diógenes Laércio se baseia em diversas fontes, é ignorada na *Sétima carta*, mas encontra confirmação também em outros textos, então não há razão para duvidar dela.

4 Nota da tradutora: O autor se refere à Academia no sentido de lugar para fazer esportes. Em italiano, "palestra".

Em 367, Dionísio, o Velho, morre, e seu filho, Dionísio, o Jovem, toma o poder. Díon, que conservou o papel de conselheiro, espera levar o jovem à filosofia platônica: exorta-o ao estudo e à virtude, justificando seus vícios pela má educação recebida. O resultado é que ambos imploram para que Platão venha à Siracusa; a eles, se juntam os Pitagóricos de Taranto, que esperam, assim, melhorar as relações entre as duas cidades, coisa que de fato acontece depois.

No fim, o filósofo aceita e vai à Siracusa, recebido com honras extraordinárias. Isso assusta aqueles que temem uma mudança, que começam a acusar o conselheiro de aspirar ao poder. A situação se precipita por um erro de Díon, que envia uma carta aos inimigos Cartagineses sem informar Dionísio. Acusado de conspiração, é mandado ao exílio. Isso faz com que as condições de Platão se tornem precárias: ele é transferido à Acrópoles, uma "honra" que faz com que ele se mantenha longe do porto, portanto com poucas possibilidades de fugir escondido. Por sorte, o início de uma guerra convence Diógenes a deixá-lo partir, com a promessa de que o chamaria de volta assim que possível, junto de Díon.

A situação, porém, se desenrola de uma maneira totalmente diversa. De um lado, Díon utiliza as grandes riquezas das quais dispõe para adquirir conhecimentos nas cidades gregas; em Atenas, frequenta a Academia, tornando-se amigo sobretudo de Espeusipo. De outro lado, terminada a guerra, Diógenes convida apenas Platão: o próprio Díon deseja que o filósofo aceite, já que da Sicília chegam notícias de um crescente interesse do tirano pela filosofia; também Arquitas, tirano pitagórico de Taranto, solicita Platão para não comprometer as relações de amizade entre as duas cidades, que ele próprio havia promovido. Diógenes chega a enviar uma trirreme com Arquedemo, discípulo de Arquitas, portando uma carta em que se relaciona o retorno de Platão à solução dos problemas de Díon.

Assim, Platão se sente quase obrigado a fazer uma terceira viagem a Siracusa (361-360 a.C.), que se revela a mais perigosa. Diógenes não mantém as promessas, aliás, confisca o patrimônio do exilado, e o filósofo se convence de que o tirano não tem potencial à filosofia. A situação degenera rapidamente: Platão é excluído do palácio e correm rumores sobre um possível assassinato. Ele então pede a intervenção de Arquitas, que envia uma trirreme e um embaixador; assim, Platão tem a possibilidade de partir.

A esse ponto, Díon decide pela solução armada; Platão não coloca nenhum obstáculo à organização do ataque, todavia não participa dele, seja por ser velho (tem quase 70 anos), ou porque Diógenes, apesar de tantos erros, resistiu à pressão de tantas pessoas que queriam a sua morte, ou ainda porque não queria participar de uma ação violenta. A Academia, porém, é implicada em tal fato: em 357 a.C., a expedição conquista a cidade e derrota o tirano. Mas é apenas o início do drama. Heráclides, um dos comandantes que haviam guiado a rebelião ao interior da cidade, faz um complô contra Díon, insinuando a suspeita de que ele queria se tornar um novo tirano. A *Sétima carta* é muito vaga sobre esses episódios, que culminam no assassinato de Díon (354/3 a.C.), que sabemos que foi organizado por um certo Calipo. Platão alude a dois atenienses que simularam ser amigos de Díon; seu relacionamento não era filosófico, mas de uma amizade vulgar que nasce ou do encontro casual ou de uma iniciação comum aos mistérios. Provavelmente esta última seja uma alusão à Academia, à qual esses personagens eram ligados, como sabemos por outras fontes.

Platão defende a memória de Díon, homem justo entre homens ímpios, que cai porque não pôde imaginar a qual nível de baixeza seus companheiros estavam dispostos a descer. Todavia, para o velho filósofo, o golpe é total: perdeu um amigo, foi envolvido em uma aventura que dilacerou a escola, sobre ele recaem suspeitas, por parte dos amigos de Díon, de um comportamento ambíguo. Este é o quadro completo das razões que o levaram a escrever essa longa defesa, para justificar o seu comportamento, para render a devida homenagem ao aluno morto, para montar um quadro iluminado, obviamente, a partir de uma necessária digressão filosófica.

Apesar de tudo, Platão não desiste: a morte lhe chega com as *Leis* (*Nomoi*) ainda escritas sobre cera, tendo programado também um texto sucessivo, que conhecemos com o nome indicativo de *Epinomis* (*aquele que vem após os Nomoi*), publicado em seguida da obra de Filipo de Opunte, curador também da revisão das *Leis*.

Apêndice

A Sétima carta

Esta carta constitui um documento de excepcional importância: contém uma digressão filosófica particularmente profunda[5], à qual se junta uma série de notícias (e também de omissões) que parece impossível de ser atribuída a um falsário. Apesar disso, a autenticidade desse texto é frequentemente negada sem que haja argumentos convincentes a este propósito. Não podendo aqui desenvolver uma análise articulada do texto, apoiamo-nos na contribuição de dois estudiosos.

"As *Cartas* platônicas no século XIX decaíram para a maioria dos estudiosos ao nível de uma falsificação ou invenção fictícia, apesar da opinião contrária de George Grote [...]. Há 50 anos são novamente objeto de interesse e de estudo dos mais vivazes". Portanto, "parece que se pode crer que a autenticidade da *Carta VII* e da *VIII* é agora reconhecida em geral. Mas ainda não se passou muito tempo de quando se tentou considerar as treze cartas como um romance epistolar, de composição unitária, redigido em torno dos anos 300 por algum membro da escola platônica"[6]. Friedländer lembra de Robin, entre outros, que considerou a autenticidade não demonstrada de forma definitiva. "Demonstrada de forma definitiva? Certamente que não. Eu repito o princípio metodológico de August Boeckh: apenas a inautenticidade e jamais a autenticidade pode ser demonstrada de maneira convincente – claro, se não houver razões externas"[7].

A indicação metódica é exemplar. De fato, o conteúdo do texto faz com que seja quase improponível a hipótese de um falsário, como lembra Pasquali em seu esplêndido livro, falando da

5 Cfr. *Apêndice I* do cap. 3, *infra*, p. 81-84.

6 FRIEDLÄNDER, P. *Platon*. Berlim/Nova Iorque: de Gruyer, 1964-1975, 3 vols. Trad. it. A. Le Moli. *Platone*. Milão: Bompiani, 2004, p. 269.

7 *Ibid*, p. 269-270.

autenticidade da carta: "demonstrá-la mais uma vez, se houvesse a obrigação disso, exigiria mais tempo que esforço mental; seria necessário, mais do que recorrer a argumentos novos, coletar aqueles apresentados nestes últimos tempos, em sua absoluta negatividade persuasivos, e mostrar o quão inverossímil é a figura de um falsário que não retrata nem um santo nem um infame, como geralmente são os heróis das falsificações, mas um homem bom, consciente de graves responsabilidades, as quais assumiu com um êxito nem sempre auspicioso, e de erros, que confessa sim, mas um pouco reticente; a figura de um falsário que, não com outro fim que não seja tornar o empreendimento mais difícil, introduz na carta prevalentemente política e autobiográfico um trecho filosófico, que mesmo naquela época não podia ser inteligível se não a quem conhecesse bem toda a evolução do pensamento do Platão mais tardio, enquanto devia ser incompreensível à maioria"[8].

Posso apenas adicionar que, mais do que a riqueza das informações ou a profundidade da reflexão filosófica, em si já probatórias, deveriam nos convencer alguns dados que manifestam dificuldades que podem ser próprias apenas de Platão. Trata-se, de fato, de histórias que constituiriam uma ocasião perfeita para um falsário capaz de construir cenários dramaticamente interessantes. Um primeiro dado tange a tensão entre Platão e o tirano Dionísio, o Velho: o texto ignora a história da venda de Platão como escravo, citada por várias fontes. De fato, para um grego, tratava-se de um evento extremo e inadmissível.

---

8 PASQUALI, G. *Le Lettere di Platone*. Florença: Le Monnier, 1938; Florença: Sansoni, 1967, p. 42.

Uma dificuldade análoga em relação ao relacionamento com Dionísio, o Jovem. Sobretudo sobre a terceira viagem, Plutarco (*Vita* 19) ressalta o bom relacionamento entre os dois: o tirano lhe deu prova de grande confiança, fazendo-o aproximar-se dele sem ser perseguido pela guarda, e lhe ofereceu até mesmo somas de dinheiro, que o filósofo recusou. A *Sétima carta* não ressalta esses dados, mesmo porque o seu escopo é o de mostrar que o comportamento de Platão jamais foi ambíguo.

Enfim, sobre o assassinato de Díon por obra de personagens ligados à Academia, a *Sétima carta* ostenta um grandíssimo constrangimento, falando do assunto de forma breve (333E-334A), evitando dar nomes e limitando-se a citar dois atenienses que simularam ser amigos de Díon, enquanto tinham uma relação de puro interesse; ostenta desprezo em relação a eles, ressaltando fortemente que a traição não tem aspectos filosóficos (ou seja, não envolve a Academia). Como confirmação, adiciona-se enfaticamente que isso não fez com que Atenas tivesse uma má fama, visto que quem permaneceu fiel à verdadeira amizade (ou seja, o próprio Platão e outros acadêmicos, como provavelmente Espeusipo) é, por sua vez, ateniense, uma ênfase que parece se relacionar com alguma polêmica levada adiante por ambientes antiacadêmicos presentes na cidade.

Quem, se não Platão, poderia ter essas dificuldades? E quem, se não o filósofo, poderia escrever aquela excelente síntese filosófica que utilizaremos também no curso das discussões posteriores, em perfeito acordo com o conteúdo dos diálogos?

II. O problema da escrita filosófica

1. Como Platão escreve

Temos todas as obras de Platão e muitos testemunhos indiretos, porém, após séculos de esforços interpretativos, não se chegou a nenhum acordo, nem mesmo em geral. Sobre nenhum outro filósofo pode-se dizer que é um dogmático ou que é um cético, que tem uma doutrina ou que esta não existe, que é um democrata e um apoiador da tirania etc. A explicação dessa situação está na forma particular da escrita que Platão, aluno de Sócrates e consciente de viver em uma fase de passagem de uma cultura oral a uma baseada na escrita, "inventa". A obra que explicita tais convicções é *Fedro*, à qual dedico uma breve discussão no *Apêndice I*. Aqui eu me limito a dar corpo ao que o Autor diz sobre a comunicação oral e escrita.

Sócrates afirma que não é ruim escrever discursos, mas sim *falar e escrever* de forma errada. Para fazer um bom discurso, é necessário conhecer: 1. a verdade sobre o tema a ser tratado; 2. a retórica, de modo a cuidar da forma; 3. a alma dos interlocutores, para decidir a quem e como dizer. A escrita merece uma discussão particular, uma vez que, por exemplo, é impossível que respeite a terceira regra. Sócrates propõe um mito, sem esconder demasiadamente que se trata de uma invenção. No Egito, o deus Tote, inventor da escrita, ilustra a sua utilidade frente ao faraó, afirmando que ajuda a sapiência e a memória. O soberano o desmente: a escrita enfraquece a memória, porque os leitores se acostumarão a confiar em signos externos; além disso, a escrita tem limites intrínsecos: 1. não oferece o *verdadeiro saber*, que nasce da investigação pessoal, mas só um *aparente*; os leitores, possuindo muitas noções, acreditarão ser cultos, enquanto não sabem nada; 2. parece viva, mas não é: é incapaz de responder às perguntas, repete sempre a mesma coisa, não sabe como se defender e precisa do socorro do Autor; 3. não é controlável, porque passa pelas mãos de qualquer um, e não pode decidir quando falar e quando calar. Portanto, é um instrumento débil, que se presta a mil mal-entendidos; apenas um ingênuo pode pensar passar adiante ou receber algum conhecimento estável através de algo escrito. Platão ressalta, porém, também os méritos da escrita: 1. a análise dos textos permitiu identificar "regras", fazendo nascer a retórica; 2. com esse meio, pode-se falar também a quem vem depois; 3. serve como lembrete para quem sabe e corre o risco de se esquecer.

Em síntese, o discurso oral, que 1. é escrito com ciência na alma do interlocutor, 2. sabe se defender sozinho e 3. sabe com quem falar e com quem calar, é *melhor e mais potente* do que o discurso escrito, que, todavia, é um "irmão legítimo" seu. Os dois tipos de comunicação não são contrapostos: o escrito é mais fraco, necessita de *socorro*, por isso deve-se ter cautela ao utilizá-lo.

1.1. O passatempo

Quem tem conhecimento do justo, do belo e do bom "não escreverá *seriamente* na água negra estas coisas, semeando-as mediante um caniço com discursos que não podem discursivamente se defender sozinhos e que não podem ensinar de modo adequado a verdade... Mas ele, pelo que parece, os semeará nos jardins literários e os escreverá, *quando escrever, por passatempo*" (*Fedro* 276C7-D2). Claro, trata-se de jogos[1] muito belos, às vezes tão importantes a ponto de poder-se dedicar a vida a eles (como fez o próprio Platão). O *passatempo escrito* se torna a característica do filósofo, que é "aquele que crê que em um discurso escrito sobre qualquer argumento há necessariamente *muita parte de passatempo* e que jamais foi escrita uma obra em verso ou em prosa digna *de muita seriedade*" (277E5-8). Portanto, um que 1. escreveu conhecendo a verdade, 2. é capaz de socorrer o texto quando é colocado à prova, e 3. "falando é capaz de demonstrar a fraqueza dos escritos", não pode ser chamado de "sapiente", termo apto apenas a um deus, mas "amante da sapiência" [filo-sofo] (278C-D).

O filósofo não escreve tudo aquilo que pensa, mas salva as coisas de maior valor, conservando-as como instrumento de um eventual socorro. No texto platônico, portanto, encontra-se filosofia, mas sempre com um dado de incompletude em relação ao necessário; isso significa que a fundamentação última jamais existe. Isso *negativamente*.

Positivamente, o texto propõe "jogos", ou seja, problemas, provocações, estímulos para levar o leitor a "fazer filosofia". A tentativa é a de repropor no texto escrito a atitude educativa de Sócrates: o passatempo é a forma escrita da maiêutica socrática. Desvelar a solução impede que o leitor desenvolva a sua investigação autônoma. Portanto, Platão escreveu *de* filosofia, mas jamais *transcreveu a sua* filosofia.

---

1 Nota da tradutora: O termo usado por Platão é *paidia* (jogo, passatempo), que guarda relação de proximidade com *paideía* (educação, cultura). O filósofo defendia o jogo ou passatempo como um meio de aprendizagem mais prazeroso e significativo.

Ele mesmo diz isso na *Sétima carta*: no que tange a filosofia, "sobre estas coisas não há um escrito meu e não haverá jamais" (341C4-5). De fato, critica Dionísio, o Jovem, que escreveu textos de filosofia platônica "sobre as realidades superiores e primeiras da natureza" (344D4-5), não pelo "furto de ideias", mas porque não compreendeu o seu pensamento: *todo homem sério não deve escrever coisas sérias* para não expô-las à incompreensão dos leitores; aquilo que uma pessoa *séria* escreve *não são para ela as coisas mais sérias*, porque estas permanecem depositadas em sua alma; se, ao contrário, pensa ter escrito coisas sérias, evidentemente está cego pela ambição (344C-D).

Se, como bom mestre, Platão forneceu a chave para entender por que e como escreveu tanto, apesar dos limites da escrita, *o intérprete deve captar tais passatempos* se quiser compreender um diálogo como texto de filosofia platônica. Dada a relevância do conceito de "passatempo", proponho, no *Apêndice 2*, alguns exemplos tirados de dois diálogos do período mais antigo: se o filósofo "brinca de passatempo", aqui também fica evidente que a impostação escrita no tardio *Fedro* caracteriza todos os textos platônicos.

2. Os diálogos

Os textos que a antiguidade nos deixou sob o nome de Platão são a *Apologia de Sócrates*, 34 diálogos e 13 cartas. Segundo fontes antigas, houve várias edições dessas obras, uma acadêmica realizada antes de 314 a.C., sob o escolarcado de Xenócrates, e uma com curadoria de Aristófanes de Bizâncio (fim do século III - início do século II a.C.), que compreendia 15 diálogos ordenados em trilogias. Chegou a nós uma edição em 9 tetralogias[2], atribuída a Trasilo de Alexandria, astrólogo na corte de Tibério (século I d.C.). Algumas tetralogias têm uma "lógica" (por exemplo, a I é baseada na sequência cronológica ligada à condenação de Sócrates à morte); outras, em vez disso, constituem agregados incompreensíveis (por exemplo, a III).

A autenticidade dos diálogos foi objeto de grandes controvérsias. No século XIX, prevaleceu uma impostação hipercrítica, que tentava liberar a obra platônica das "contradições" escolhendo um aspecto e eliminando os textos que apresentavam problemas. Hoje, prevalece uma postura mais consciente, com poucos diálogos considerados espúrios pela maioria dos estudiosos: *Segundo Alcibíades*, *Clitofonte*, *Hiparco*, *Minos*, *Teages*.

Na época moderna, a questão principal foi, porém, a da sucessão em que colocar as obras platônicas. Trata-se de uma questão *sempre* importante, mas particularmente relevante para um autor que parece manifestar "contradições" em seus escritos. Tal problema teve, desde a antiguidade, as soluções mais arbitrárias e diversas. Para evitar este resultado, a hermenêutica moderna identificou dois instrumentos *objetivos* com os quais sequenciar os diálogos. O primeiro método é o "estilométrico"[3], baseado na presença de expressões

2 I: *Eutífron, Apologia de Sócrates, Críton, Fédon*; II: *Crátilo, Teeteto, Sofista, Político*; III: *Parmênides, Filebo, O banquete, Fedro;* IV: *Primeiro Alcibíades, Segundo Alcibíades, Hiparco, Amantes rivais*; V: *Teages, Cármides, Laques, Lísis*; VI: *Eutidemo, Protágoras, Górgias, Mênon*; VII: *Hípias maior, Hípias menor*, Íon, *Menexêno*; VIII: *Clitofonte, República, Timeu, Crítias*; IX: *Minos, Leis, Epinomis, Cartas.*

3 As intuições de L. Campbell (1867), F. Blass (1874), C. Ritter (1888) tornaram-se um paradigma hermenêutico na obra de W. Lutoslawski, *The Origin and Growth of Plato's Logic*, Londres 1897; para uma

e palavras particulares, ou seja, "estilemas", cuja frequência é calculada estatisticamente a partir das *Leis*, que são certamente a última obra. O resultado de tal trabalho permite classificar os textos por blocos. Isso levou a uma fácil ligação com a hipótese evolutiva proposta por K.F. Hermann[4]. Ele havia hipotetizado uma evolução do pensamento de Platão. A sua tentativa se baseava em leituras discutíveis do conteúdo, mas o método estilométrico forneceu à sua hipótese uma base objetiva. Consequentemente, o século XX viu o claro prevalecimento das interpretações evolutivas sobre as unitárias, segundo um modelo padrão: diálogos "socráticos", diálogos intermediários e da maturidade e diálogos tardios. Estamos, porém, frente a duas questões muito diversas: a sucessão dos diálogos e a pretensa evolução do pensamento platônico, questões que devem ser mantidas distintas.

A interpretação evolutiva parece em crise por várias razões: 1. a tentativa de explicar as "contradições" entre os diálogos conflita com o fato de que posições *aparentemente* diversas são identificadas até em textos individuais (veremos isso, por exemplo, na questão da alma[5]); 2. estaríamos diante de um tipo de milagre: um filósofo comprometido em empreendimentos como o de Siracusa teria encontrado tempo para deixar-nos um perfeito "diário de seu percurso filosófico"; 3. revela-se cada vez mais documentada a unitariedade do pensamento platônico.

---

versão mais recentes dessas pesquisas, G.-R. *Ledger, Re-counting Plato*, Clarendon Press, Oxford 1989; L. Brandwood, *The Chronology of Plato's Dialogues*, Cambridge University Press. Cambridge 1990.

4 *Geschichte und System der platonischen Philosophie*, Heidelberg 1839.

5 Cfr. *infra*, p. 178-180

A crise do modelo evolutivo reverberou na sucessão dos diálogos e, portanto, também na confiabilidade da estilometria. Mas o resultado dos estudos estilométricos não pode ser colocado em dúvida, porque foi obtido por investigações independentes entre si. Claro que as análises estilométricas jamais dão resultados *idênticos*, mas isso é típico dos métodos estatísticos. É preciso, porém, evitar um erro: em vez de aceitar uma classificação por blocos, buscou-se estabelecer a colocação dos diálogos individuais, coisa impossível. O método estatístico tem sempre "uma lacuna" que torna impossível definir a relação de prioridade entre dois diálogos "vizinhos", mas que permite excluir deles uma colocação muito diversa.

Como confirmação, existe entre os estudiosos um acordo quase total no que tange a sucessão dos diálogos posteriores à *República*. Trata-se de um resultado óbvio: o cálculo estatístico é mais eficaz para os diálogos próximos ao referencial constituído pelas *Leis*. Ao contrário, para os primeiros textos não podemos nem mesmo excluir que tenha havido remanejamentos sucessivos.

Existe um segundo método para ordenar as obras platônicas. Os diálogos são escritos em forma dramática, como um texto teatral, mas há sete deles (*Protágoras*, *Eutidemo*, *Lísis*, *Cármides*, *O banquete*, *Fédon*, *República*) em forma narrativa, ou seja, com a contínua presença de "disse", "respondeu" e assim por diante. Se tomarmos a ordem estabelecida estilometricamente, vemos que os diálogos em forma direta estão no início e no fim, enquanto que aqueles em forma narrativa estão no centro. Platão, portanto, em um certo momento de sua produção escrita, optou pela forma indireta e então voltou à dramática. Em ambas as ocasiões, *depois* de ter feito a escolha, *como bom mestre*, o Autor oferece uma explicação que o leitor atento pode captar. No livro III da *República* 392C-398B, o Autor distingue três tipos de escrita: 1. a narrativa, que refere com um discurso indireto as palavras da personagem; 2. a imitativa, que coloca de forma direta a personagem em cena; 3. a mista, que alterna as duas formas. O procedimento direto é criticado com dois argumentos tipicamente platônicos: 1. quem quer operar bem deve desenvolver apenas uma tarefa, portanto não deve pretender imitar muitas ações diversas; 2. é necessário propor apenas virtudes e valores, porque, assumindo modelos negativos, podem-se adquirir hábitos negativos – um homem honesto aceita interpretar um outro homem honesto, tem dificuldade de interpretar um sujeito doente ou dominado pelas paixões, recusa-se a fazê-lo no caso de um homem mau. Não estamos diante de um desinteresse pela forma (de fato, há obras belíssimas em forma narrativa, como *O banquete*), mas de *um vínculo ético*.

Depois dos diálogos "narrados", com *Fedro* volta-se à forma direta. Em *Parmênides*, Platão enfatiza a mudança com um "passatempo": utiliza a escrita narrativa na primeira parte, até 137C, enquanto a discussão dialética posterior se desenvolve em forma dramática, sem que seja fornecida nenhuma explicação, tanto que quase se tem a impressão de dois textos diversos unidos. No sucessivo *Teeteto*, o Autor retoma (143B-C) a distinção entre diálogo dramático e narrado, esclarecendo as razões do retorno à abordagem direta: não quer pesar o texto com expressões entediantes. De fato, a segunda parte de *Parmênides*, feita de argumentações complicadas, seria quase ilegível com a inserção de contínuos "disse" e "respondeu". Além disso, o vínculo "ético" se revela menos cogente: nos últimos diálogos, – difíceis –, não há espaço para personagens "negativas" e para teses "imorais".

Podemos então propor uma sequência, não como esquema cronológico (mesmo que, *grosso modo*, esta seja uma ordem plausível), mas como hipóteses de leitura, sem nenhuma pretensão em relação às colocações individuais: 1. oito diálogos introdutórios, todos em forma direta: *Apologia*, *Íon*, *Eutífron*, *Críton*, *Laques*, *Hípias menor*, *Hípias maior*, *Alcibíades I*; 2. oito textos críticos e teóricos de aprofundamento: quatro em forma indireta, *Cármides*, *Protágoras*, *Lísis*, *Eutidemo*, e quatro em forma direta, *Górgias*, *Menexeno*, *Mênon*, *Crátilo*; 3. quatro grandes diálogos teóricos, sendo os três primeiros em forma indireta, três, com o retorno da forma direta no último: *O banquete*, *Fédon*, *República*, *Fedro*; 4. quatro textos dialéticos: *Parmênides*, *Teeteto*, *Sofista*, *Político*; 5. cinco diálogos finais: *Filebo*, *Timeu*, *Crítias*, *Leis*, *Epinomis*.

2.1. A cronologia absoluta

Até agora falamos de *cronologia relativa*, que tange a sucessão das obras. Para a *cronologia absoluta*, ou seja, a datação dos diálogos, as propostas tradicionais se baseiam em dados que não têm fundamento objetivo. Um caso clássico é o de *Górgias*, que, segundo muitos estudiosos, deveria ser posto em torno de 387, porque Platão manifestaria ali uma condição psicológica determinada pela viagem a Siracusa. Porém, ninguém consegue indicar uma linha do texto que permita uma ligação com Siracusa ou com tal viagem. Forçar um texto com base em uma suposta situação psíquica do Autor não é cientificamente aceitável. De fato, como mostra *Fédon*, que narra a morte de Sócrates, ocorrida muito tempo antes, um artista consegue reviver uma situação psicológica independentemente das condições temporais.

Mas mesmo se se aceitasse considerar o ano de 387 como o *terminus post quem*, trataria-se de uma mísera aquisição, porque qualquer outra hipótese parece pouco crível. Mas é sempre assim: *todas* as datações dedutíveis dos diálogos são ou hipotéticas ou insignificantes.

Além disso, tais propostas produzem frequentemente resultados pouco críveis. Por exemplo, muitos pensam que a *República* tenha sido escrita entre 385 e 375 a.C. Se fosse assim, Platão em (um máximo de) 24 anos (399-375) teria escrito, apesar das viagens e da fundação da Academia, 19 diálogos e a *República* em 10 livros; depois, nos 28 restantes (375-347), teria produzido 8 diálogos, as *Leis* em 12 livros deixados em cera e formulado *Epínomis*. Naturalmente, é possível que tenha sido assim, mas não parece uma hipótese provável. Melhor abrir mão deste jogo estéril. Todavia, no que tange a natureza juvenil dos primeiros diálogos, veja o fim do *Apêndice 2*.

2.2. Um desenvolvimento protréptico

Platão escreve os seus diálogos, por um lado, querendo seguir a impostação educadora de Sócrates, e, por outro, tendo, diferentemente de seu mestre, uma filosofia própria compreendida como saber especializado: a sua discussão constitui um direcionamento a tal pensamento. Socraticamente convencido de que a filosofia seja "trabalho pessoal", ele propõe um ensinamento que se aproxima do verdadeiro sem revelá-lo; comunica informações verdadeiras que não são a verdade *tout court,* mas que exigem uma reflexão autônoma por parte do leitor com base nas *poucas informações necessárias.* O resultado é uma proposta gradual: primeiro, há reflexões que todos devem fazer; depois, aprofundamentos que se voltam a um público culto bastante vasto; quando se chega à dialética, o discurso é reservado de fato aos poucos que são capazes de segui-lo e desenvolvê-lo. Tudo isso tem um peso decisivo para a natureza dos diálogos – cada vez mais difíceis e complicados.

De fato, se a intenção é a de "fazer crescer" um leitor hipotético, a sucessão dos diálogos logo se manifesta como uma útil sequência protréptica, com um evidente crescimento filosófico do conteúdo, que acompanha uma escolha estilística cada vez mais elaborada, chegando a resultados estéticos elevadíssimos. Depois da *República*, entra-se na fase dialética, mais estritamente filosófica, e o estilo se modifica, tornando-se muito menos cativante. Como *bom mestre*, Platão reconhece explicitamente essa escolha expositiva. Em *Político* 286D-E, abordando o tema do tamanho de um tratado filosófico, afirma que um filósofo deve se preocupar apenas em tornar o leitor mais hábil na dialética; o próprio *logos* considera um "bem secundário" o fato de encontrar soluções de modo rápido e elegante; apenas no terceiro lugar é colocado o prazer, como um elemento acessório. Portanto, enquanto as obras voltadas a um público vasto devem atraí-lo com a beleza, quando o discurso se torna "filosófico", as prioridades mudam radicalmente.

Obviamente, o desenvolvimento ordenado dos diálogos não foi decidido *todo* e *a priori*, seja porque um autor não sabe quando vai parar (por exemplo, com a morte), seja porque a finalidade não é a revelação de um sistema, mas a busca que o leitor *deve* fazer *raciocinando* sobre os temas que o texto lhe *impõe*. Além disso, a sequência protréptica não deve colocar em crise a autonomia do texto individual, que toda vez tem escopos precisos. Como confirmação disso, não encontramos jamais teorias repropostas de modo idêntico.

Esta progressão, de diálogos simples àqueles cada vez mais difíceis, determina uma consequente modificação das "coisas de maior valor" que permanecem não escritas. Por exemplo, nos primeiros escritos, uma dessas *coisas* pode ser *aquilo que está por trás da questão "o que é x?"*, ou seja, a Ideia, apresentada em obras sucessivas; nessas, a questão posterior pode ser: *que relação existe entre as Ideias?*"; quando nos diálogos dialéticos este tema é abordado, o não dito se torna: *qual visão da realidade permite justificar o mundo das Ideias?* E assim por diante.

Nesse tipo de leitura do texto, podemos também eliminar um tema clássico da tradição, aquele do "porta-voz" de Platão, ou seja, de quem quer que transmita a mensagem do Autor: este não está em uma personagem, mas no conjunto da *ficção* – um teatro filosófico construído com uma finalidade "educativa".

Em síntese, dada a impostação protréptico-educativa, nos diálogos encontramos *sempre* conteúdos, alguns *expressos*, outros apenas *aludidos*, outros ainda *explicitamente indicados*.

2.3. O problema das *Agrapha dogmata*

Se o escritor filósofo deve reservar as coisas de maior valor, por mais que elas mudem com o crescimento dos problemas abordados, o fundamento último jamais pode ser escrito. Veremos que, na realidade, Platão *alude* à teoria dos Princípios, todavia, permanece o fato de que Aristóteles lhe atribui doutrinas que não encontramos nos diálogos e que qualifica como *Agrapha dogmata – doutrinas não escritas.* O que, se as palavras têm sentido, quer dizer que o seu mestre não as escreveu, que é aquilo que o próprio Platão, como já vimos, afirma na *Sétima carta.*

A este propósito, devem-se evitar algumas confusões. É necessário distinguir as *Agrapha* das coisas que Platão não escreve *em um certo diálogo* na medida em que, *ali,* são "de maior valor". As primeiras dizem respeito aos Princípios: na *Sétima carta* 344D-E, o filósofo afirma que não vale a pena escrevê-los, porque é impossível esquecê-los, dado que se reduzem a breves proposições. Em vez disso, como já dissemos, *no nível dos primeiros diálogos,* o "não escrito" diz respeito às Ideias e muitas questões de método, que sucessivamente são escritas. Apenas nos últimos diálogos os dois termos se aproximam e quase terminam por coincidir.

Depois, não podemos confundir as *Agrapha* com os *Testemunhos indiretos*, aqueles textos posteriores que falam sobre temas da filosofia de Platão e que podem dizer respeito também a questões que encontramos nos diálogos.

Enfim, é preciso refletir sobre uma estranheza geralmente deixada de lado pela crítica. Aristóteles faz muitas referências a tais doutrinas, por exemplo, nos últimos dois livros da *Metafísica*, mas não as chama nunca de *Doutrinas não escritas*, com *uma única exceção* em *Física* 209B14-15. Trata-se de um trecho em que o Autor faz um forçamento interpretativo[6], sustentando que, em *Timeu*, o mestre precisou dar-lhe razão identificando Receptáculo e Espaço, *Chora*. Alguns daqueles que ouviam esta "aula" (os "textos" aristotélicos são materiais "escolásticos") conheciam por experiência direta os posicionamentos de Platão, que não eram aqueles que o Estagirita lhe atribui. Portanto, Aristóteles, para não ser acusado de mentir, *deve* lembrar que, nas discussões na Academia, o mestre se expressava de forma diversa; assim, pode então sustentar que, *todavia, quando escreve, como em* Timeu, *afirma aquilo que eu sustentava* etc.

O fato decisivo é que Aristóteles não diz "nas discussões" ou "na Academia", mas "naquelas que chamamos de *Doutrinas não escritas*". Ora, pode-se discutir *sobre o seu conteúdo*, mas essa passagem mostra que, em Atenas, no ambiente acadêmico-aristotélico, podia-se usar tal expressão para indicar *um tipo de produção teórica de Platão confiada apenas à discussão oral na Academia*, aquela que, aqui, Aristóteles não pode não relembrar. Nos outros casos em que fala longamente das *Agrapha*, não precisa qualificá-las como tal, porque todos sabiam muito bem ao que ele se referia.

3. Uma visão polívoca do real

Um elemento posterior explica alguns mal-entendidos tradicionais do pensamento de Platão. A leitura tradicional sustenta que o filósofo ateniense

6 Para aprofundamento, cfr. *Il disordine ordinato*, p. 662-692 e 1198-1202.

"muda continuamente de opinião" em quase todos os campos – Ideias incluídas. Tais contínuas "contradições" seriam sinal de uma evolução do pensamento ou de uma filosofia em que conta apenas a investigação, e não a estabilidade dos resultados obtidos. Porém, Aristóteles, que não deixa de polemizar com o mestre sobre tantas questões, não o acusa jamais de ser inconstante, como tantas reconstruções modernas mostram. Do seu ponto de vista, um "defeito" semelhante seria quase imperdoável e marcaria um profundo hiato entre a Academia e o Liceu. Portanto, é preciso questionar-se se é correto falar de modificações no pensamento de Platão.

Tomemos como exemplo a alma, que, segundo tantos intérpretes, em alguns diálogos é unitária, em outros é binária, e em outros é, ainda, trinária. Remetendo à discussão específica,[7] podemos dizer que esses três posicionamentos não exprimem uma evolução do pensamento do Autor, porque é possível encontrar os três em *Fedro* (e também em *Timeu*). Portanto, ou acusamos Platão de ter feito uma confusão *exatamente no diálogo em que dá as regras para construir bem um discurso*, ou reconhecemos a presença de três abordagens, diversas, mas interiores à mesma concepção de alma.

De fato, Platão recebe dos sofistas um grande ensinamento: a necessidade de aceitar o jogo de relações que caracteriza a realidade. Para ter dela uma compreensão adequada, é necessário assumir uma visão multifocal, que distinga os diversos aspectos que um objeto tem em relação ao ponto de vista assumido ou às diversas relações que o constituem. Uma mesma realidade *parece diversa* dependendo da perspectiva que

---

7 Cfr. *infra*, p. 178-180.

se assume e dependendo *dos fatores e das relações* que se colocam em jogo. Em tal concepção, *tudo é relativo*, mas *nada é relativista*: não há uma renúncia à verdade, mas, ao contrário, uma contínua busca para acessar a verdade a partir de vários pontos de vista. A dinâmica mutável das relações, de fato, como veremos, se dá apenas dentro dos limites estabelecidos pela realidade. Estamos diante de um "paradigma" diferente daquele ao qual a modernidade nos habituou: enquanto o pensamento moderno, filho das "ideias claras e distintas" cartesianas, tende a pensar na forma *aut ... aut*, ou seja, como contraposições inconciliáveis, o pensamento clássico pensa na forma *et ... et*. A realidade é tão complexa que requer uma *abordagem multifocal*[8], *que propõe vários esquemas interpretativos e vários modelos entre si não sobreponíveis e às vezes até contrastantes, mas capazes de explicar aspectos da realidade que, de outra forma, nos fugiriam. Esse modo de proceder dá lugar a oscilações que o hermenêutico tradicional considera inquietantes e, portanto, interpreta como mudanças de pensamento.*

Por sorte, o próprio Platão confirma essa chave interpretativa nas *Leis*, exatamente no momento em que parece exprimir um juízo de máxima desvalorização dos seres humanos, *fantoches, que participam de pequenas partes da verdade* (*Leis* 804B2-4). O Hóspede, frente à surpresa dos interlocutores, logo esclarece a questão: "Não te espantes, Megilo, mas

8 Sobre tal visão polivalente, que não é exclusiva de Platão, cfr. CATTANEI, E.; FERMANI, A.; MIGLIORI, M. (eds.). *By the Sophists to Aristotle through Plato*. Sankt Augustin: Academia, 2016, com uma intervenção de F. Eustacchi sobre os sofistas, duas sobre Platão, de A. Fermani (*Man is Unhappy in Many Ways. Some Examples of the Multifocal Approach inside the Platonic Reflection*) e de M. Migliori (*Plato. A Nascent Theory of Complexity*), e três sobre Aristóteles (duas de L. Palpacelli e uma de A. Fermani).

antes me compreenda: de fato disse o que eu disse com o olhar fixo na divindade e movido por ela. Mas, se assim o queres, digamos que nossa raça humana não seja totalmente sem valor e que mereça uma certa atenção" (*Leis* 804B7-C1). Pode-se expressar um juízo *do ponto de vista do divino* e outro *do ponto de vista humano*, com êxitos obviamente muito diversos.

Devemos lembrar, neste sentido, de um outro elemento que caracteriza os diálogos: quando Platão faz afirmações "duras", ele frequentemente as atenua adicionando expressões como *na medida do possível* e *o máximo possível*, que tornam a afirmação não absoluta.

4. Conclusão

Por este caminho, é possível uma reconstrução *aceitável* do "sistema" de Platão: os diálogos, de fato, propõem aqueles problemas filosóficos que o Autor considera importantes para o leitor hipotético. Aos diálogos, se adiciona então a Tradição indireta, que permite compreender melhor alguns elementos dos textos, dando-nos relações importantes, mesmo que não completas, daquilo que na Academia era definido como *Agrapha dogmata* – Doutrinas não escritas. Ao mesmo tempo, a abordagem multifocal permite não confundir "unitário" com "monolítico". A filosofia de Platão exige uma interpretação *dialética*, capaz de mesclar uma visão *sistêmica* com uma finalidade *pedagógica*, a progressão protréptica com as intenções *artísticas*. Trata-se de reconstruir a progressiva emersão de um sistema apresentado como "passatempo" educativo, respeitando a excepcionalidade artística de um autor muito inventivo.

Apêndice I

O Fedro

Esta breve análise permitirá que se captem algumas características comuns a todos os diálogos: o entrelaçamento de temas diversos, que a habilidade do escritor organiza em um quadro unitário, o papel da técnica de escrita aqui explicitada e, portanto, os sinais do Autor para o leitor atento.

A complexidade de *Fedro* era evidente até para os antigos: cada diálogo tem um subtítulo, mas, neste, além de um, por assim dizer, "majoritário" (*Da Beleza*), há outros (*Eros, Retórica* etc.). Claro, sempre foi difícil definir seu conteúdo, porém todas as interpretações, até mesmo as recentes, partem da convicção de que haja apenas uma chave de leitura, o que as leva a subvalorizar ou omitir elementos importantes do diálogo.

A confusão conseguinte é tão grande que alguns estudiosos chegam a condenar esse texto por ser desordenado, rapsódico ou até mesmo mal estruturado. Um juízo paradoxal, visto que, exatamente nessa obra, Platão explicita que todo discurso deve ser construído como um ser vivo, com as partes escritas em modo apropriado, uma em relação à outra e ao todo (264C). É preciso, portanto, captar um complexo, um todo feito de partes, um sistema ordenado e diferenciado, como um corpo.

Todavia, o próprio Autor assinala que se trata de um diálogo, de certa forma, único, com um dado: a ambientação. O *Fedro* é o único diálogo ambientado fora da *polis*, com uma forte valorização dos elementos naturais. Fedro e Sócrates estão às margens do Ilisos, sozinhos, em um lugar isolado. Platão ressalta a particularidade da situação: Sócrates não ama a natureza, porque as árvores e o campo não lhe ensinam nada, e, no entanto, é fascinado pelo lugar. Consequentemente, de um lado, conserva os seus traços característicos e, de outro, é "possuído" como não acontece em nenhum outro diálogo, a ponto de invocar as Musas e falar em métrica.

1. O prólogo (227A-230E)

Sócrates encontra o seu amigo Fedro, que, passeando, está tentando decorar um discurso sobre *eros,* de Lísias, o maior reitor da época. Emerge, assim, um mérito da escrita, que permite que se decore de modo autônomo. Além disso, é enfaticamente ressaltado o fato de que ambos são amantes do discurso.

2. O discurso de Lísias (230E-237A)

Trata-se de um típico exercício retórico que desenvolve uma tese paradoxal: o amado deve se conceder a um amante não apaixonado, porque esse opera racionalmente, sendo, portanto, mais confiável que o apaixonado, presa de uma paixão. Os dois interlocutores estão de acordo ao julgar o discurso belo pela escolha das palavras e dos ritmos, mas não concordam sobre a avaliação do conteúdo. Enquanto, para Fedro, o discurso é exauriente, Sócrates sustenta que a Lísias interessava apenas a forma; ele, além disso, "ouviu" os discursos, talvez de Safo ou de Anacreonte, que desmentem o reitor. Portanto, *os escritos* permitem *escutar* os discursos dos antigos, mortos há algum tempo. Neste ponto, Fedro desafia Sócrates a fazer um discurso melhor, ameaçando não lhe dar mais os textos que ele, rico, pode comprar. O filósofo, por amor aos *logoi*, cede.

3. Primeiro discurso de Sócrates (237A - 242B)

Sócrates invoca as Musas, coisa típica da poesia, mesmo reafirmando a exigência filosófica de definir o objeto da investigação. O tema parece ser aquele de Lísias, mas uma mudança substancial elimina o paradoxo: um indivíduo astuto e enganador tenta seduzir o outro, *fingindo* não estar apaixonado e argumentando por consequência.

Distinguem-se duas formas de *eros*: uma é o desejo inato de prazeres, que leva à dissolução e que tem muitas formas; a outra, comporta a temperança e é comprada. A primeira forma mostra o apaixonado "doente", escravo do desejo, que causa danos à alma, ao corpo e ao patrimônio. Sócrates, terminada essa exposição contrária ao apaixonado (doente), renuncia a desenvolver o argumento (lisiano) em favor do não-apaixonado. O filósofo desenvolveu, por um tipo de inspiração poética, uma tese unilateral, mas não incorreta, que pode e deve ser completada.

4. Sócrates deve se purificar (242B-243E)

Sócrates gostaria de se afastar, mas é bloqueado pela voz divina, o *daimon*, que intervém para impedir que ele faça uma coisa errada. De fato, o próprio filósofo reconhece que o discurso foi *tolo*, porque retórico e com vistas à vitória no confronto, e, em um certo sentido, também *ímpio*, porque apresentou *Eros*, que é uma divindade ou algo divino, de modo negativo. É preciso se corrigir para evitar que alguém seja induzido ao engano e conceda os seus favores a quem não está apaixonado: uma preocupação que não tem sentido na *ficção*, na qual está só Fedro, mas na *realidade*, na qual estão os leitores.

5. Segundo discurso de Sócrates (243E-257B)

Sócrates se purifica com uma palinódia, uma retratação; o discurso anterior não é contradito, mas coloca-se em campo uma distinção. Há dois tipos de mania: uma boa, inspirada pela divindade, e uma animalesca e desmedida. Citam-se quatro espécies de mania divina: a das profetizas, a dos sacerdotes e sacerdotisas, a dos poetas e a erótica. Essa última também deve ser considerada um dom dos deuses para os seres humanos. Para afirmá-lo, é necessário, porém, conhecer a alma, demonstrar que é imortal, compreendendo em que sentido é mortal e, ao mesmo tempo, imortal. Para esse objetivo, Platão constrói um de seus mitos mais famosos: a alma é como uma biga alada com dois cavalos de natureza oposta e um cocheiro. Os carros dos deuses, seguidos pelas almas a eles similares, sobem em direção à sumidade do céu e contemplam as Ideias. Cada cocheiro quer alcançar a "Planície da Verdade", onde a alma se nutre. Determina-se uma situação de conflito, e, portanto, as almas têm uma visão diversificada das Ideias, o que resulta determinante na encarnação sucessiva, que tem vários graus. Quem viu mais Ideias, encarnará em um homem que se tornará "amigo do saber (*filo-sofos*) ou amigo do belo (*filo-kalos*) ou amigo das musas (*mousikos*) e desejoso de amor (*erotikos*)" (248D3-4)[9]. Portanto, o poeta e o artista, inspirados pela divindade, chegam ao mesmo nível de perfeição do filósofo; em vez disso, o poeta "imitador", hábil versificador, encontra-se no sexto lugar. Resta um privilégio para a alma do filósofo, que possui uma recordação adequada, *na medida do possível*, das realidades superiores e, portanto, tem a possibilidade de *recolocar as asas*. Todavia, isso o afasta das ocupações humanas, a ponto de fazer com que ele pareça à massa estar fora de si, enquanto está em um estado de mania, em relação com o divino.

Neste mesmo contexto, Platão valoriza a beleza corpórea, que facilita a recordação da verdadeira Beleza. Há duas possibilidades: o apaixonado que fica apenas no nível físico, e aquele que, mesmo gozando da beleza corpórea, faz com que a alma ascenda aos graus mais elevados. Os homens podem retornar ao divino, mas com a condição de dominar os conflitos que nascem na alma tripartida. Em particular, o cocheiro e o bom cavalo devem se aliar para controlar o cavalo negro.

6. Critérios para discursos corretos (257B-274B)

Fedro é entusiasta do discurso de Sócrates e, consequentemente, corrige seu juízo sobre Lísias. Platão se aproveita disso para evidenciar dois méritos da escritura. Antes de tudo, enquanto, para Fedro, a maior parte

9 Em várias traduções, a adversativa "ou" (em grego ἤ) se transforma na conjunção "e", o que modifica o sentido da frase.

dos homens se envergonha de escrever discursos por medo de serem considerados sofistas, Sócrates afirma que os autores agem para conquistar fama até a posteridade; em síntese, a escritura é o único instrumento para se comunicar com o futuro. Em segundo lugar, a retórica nasceu por mérito do escrito, que permite que se façam análises detalhadas dos discursos, de modo a compreender como escrever e falar bem.

Chegamos, assim, à parte decisiva do diálogo, que Platão isola interrompendo o discurso com uma inserção poética, baseada na presença das cigarras. Até agora se falou de conteúdos; agora devem-se exprimir os critérios constitutivos de uma verdadeira "arte do discurso". O primeiro é o conhecimento da verdade; em caso contrário, não se terá uma *techne*, mas uma simples "prática empírica desprovida de arte", capaz apenas de produzir prazer. A verdade é necessária porque a alma pode ser guiada por meio do discurso persuasivo. Além disso, conceitos abstratos, como "justo", podem facilmente ser mal-entendidos ou usados de modo incorreto. Emerge o erro de Lísias, que, enganado pelo uso da única palavra *eros*, concebeu o amor como uma única realidade, sem fazer as distinções necessárias. Não conhecendo o tema, não pôde fazer um discurso ordenado, apenas disse aquilo que lhe vinha à mente.

Em vez disso, Sócrates, falando de duas espécies de amor, fez discursos justamente contrários: o primeiro fala de um amor danoso como uma doença; o segundo, daquele divinamente inspirado e, portanto, positivo. As distinções são fundamentais no raciocínio; isso leva Sócrates a esboçar as "duas formas" do procedimento dialético: com a primeira, unifica-se o múltiplo na unidade da Ideia, o que permite definir a essência da realidade em objeto; com a segunda, divide-se a Ideia segundo as Ideias, ou seja, em suas articulações, até chegar a algo de não divisível. Esse movimento de ascensão e descida é a condição *para pensar e falar* corretamente.

O segundo critério é o cuidado com a forma. A retórica não deve ser desprezada. Platão cita as obras de autores, como Górgias e Tísias, que elaboraram essa disciplina, dotada de regras úteis, fixadas em manuais. Contrariamente àquilo que pensam tantos críticos, aqui não há nenhuma ironia: esses procedimentos são as "finezas da arte" (266D9), mas sozinhos não bastam, pois é necessário respeitar o verdadeiro. Em caso contrário, são eficazes apenas com aqueles que não sabem, não para os especialistas. Os reitores devem ser tratados com indulgência; eles possuem conhecimentos apenas preliminares, mas necessários. Platão não para por aqui, pois *é necessário atentar também para as razões do lobo* (272C), ou seja, dos reitores que ressaltam a importância do verossímil. De fato, ninguém crê em uma história verdadeira, mas não verossímil: nesse caso, é preciso dizer o falso. Mas enquanto o mau reitor se desinteressa do verdadeiro, o bom diz a verdade através do verossímil: ele fala não tanto para ter sucesso com os outros homens, mas para dizer coisas que agradem aos deuses.

O terceiro critério é o conhecimento da alma: é necessário saber se é simples ou não e conhecer os efeitos que os discursos provocam, de forma a fazer discursos simples para almas simples e complexos para almas complexas.

7. Comunicação oral e escritura (274B-278E)

Finalmente aborda-se a questão do escrito com base em um mito claramente reconhecido como inventado, coisa considerada não importante, porque aquilo que conta é a verdade do seu conteúdo. Tote, deus egípcio inventor dos números, da geometria, da astronomia etc., apresenta ao faraó a sua última criação, a escritura, útil para a sabedoria e a memória. Mas é contradito pelo soberano, que ilustra os limites da escritura, que 1. favorecerá o esquecimento, porque os homens confiarão nesta ajuda externa em vez de trabalhar pessoalmente – servirá, porém, para chamar à memória aquilo que se sabe e que se arrisca esquecer; 2. dará conhecimentos sem uma investigação interior, portanto tornará mais rico de noções, mas não de verdadeiro saber; 3. é muda, não responde às perguntas, repete sempre a mesma coisa; 4. não sabe a quem falar e com quem calar; 5. passa também pelas mãos daqueles a quem o conteúdo não interessa ou que não são capazes de entendê-lo. Apesar desses limites, ela não deve ser desprezada, mas reconhecida como irmão legítimo, mais fraco, do discurso oral, vivo e escrito na alma do aluno por um mestre capaz de intervir para evitar mal-entendidos.

O sábio deve agir como o camponês inteligente, que não desperdiça suas melhores sementes nos jardins de Adônis[10], mas as coloca em um bom campo, dedicando-lhes o tempo necessário. Assim, o filósofo

10 Os jardins de Adônis eram grandes vasos em que os Atenienses colocavam sementes que floresciam em oito dias (e morriam também muito rapidamente), de forma a haver muitas flores no dia da festa do deus.

deve plantar as suas ideias em uma alma apta, enquanto considerará o escrito *um passatempo*, ao qual não se devem confiar *as coisas de maior valor*. Trata-se, porém, de um passatempo belo e importante, tanto que é possível lhe dedicar a própria vida. De fato, Platão relembra um outro motivo para justificar o escrito: escreve-se para quem segue a mesma estrada (276D), ou seja, para os amigos distantes, no espaço e no tempo. Mas, a fim de evitar equívocos, ressalta que o verdadeiro ensinamento só se consegue com a relação direta entre duas almas na oralidade: quem escreve deve lembrar que em todo escrito há muito passatempo e pouca seriedade. Isso vale sobretudo para o filósofo.

8. Avaliação dos reitores da época (278E-279B)

Platão conclui com alguns juízos e colocando em jogo a figura de Isócrates, o mais famoso reitor da *sua* época: ele o define como amigo de Sócrates (que provavelmente frequentou junto com Platão) e julga-o superior a Lísias, porque exprime "uma certa filosofia". O filósofo prevê para este jovem promissor um futuro brilhante, uma profecia *post factum*, enquanto, no momento em que escrevia *Fedro*, o reitor já era um mestre consagrado, atento às questões ético-políticas e aos problemas educativos, que afirmava ensinar filosofia, mesmo que não na acepção platônico-dialética.

9. A prece a Pan (279B-C)

O diálogo termina com uma prece, que nos remete à natureza, à mania e à presença do divino, enquanto a sabedoria do filósofo é reconduzida às suas consequências práticas. Voltando-se a Pan, um deus que manifesta a exuberância da natureza e a sexualidade, e a todos os deuses que povoam a natureza que os circunda, Sócrates pede para se tornar "belo por dentro" e para agir de modo coerente, considerando como verdadeira riqueza a sabedoria e contentando-se com o dinheiro que basta a um homem moderado. Fedro adiciona mais um elemento, a *filia*, que lhe permite unir-se à prece, porque, segundo um velho provérbio, "as coisas dos amigos são comuns".

10. Conclusão

Para dominar a complexidade dos diálogos platônicos, geralmente considero útil adotar um esquema interpretativo que identifica três movimentos: 1. o motivo dominante, que faz com que o texto viva e que Platão continuamente evoca; 2. o centro temático, a questão filosoficamente determinante, aquela que "julga" o próprio motivo dominante e/ou lhe confere o sentido apropriado; 3. o tema mais importante, no sentido de "mais elevado", com o qual o desenvolvimento deve lidar ou não pode ignorar.

1. *Fedro* é um diálogo sobre a retórica, ou seja, sobre as formas de comunicação, e também retórico e poético. Vive de três discursos e de belíssimos mitos, propondo indicações sobre como dizer e escrever bem. Nesse contexto, ressaltam-se os méritos e os problemas conexos ao escrito, sobretudo no âmbito filosófico, e se exalta a verdadeira poesia inspirada pela divina mania, diversa da atividade imitativa dos versificadores.

2. A investigação do verdadeiro, que se encarna na filosofia, mas está presente também na mania, constitui o centro temático da obra, o elemento forte que julga as diversas partes do diálogo. O conhecimento da verdade constitui a pré-condição do discurso correto, fundamenta a capacidade de convencer, julga e justifica o mito sem recair em simplificações racionalistas, permite distinguir as várias partes da alma e demonstrar a sua imortalidade, permite conservar lucidez mesmo nos momentos em que se está permeado de mania, ajuda a não se manter vítima dos limites das palavras, leva a refletir sobre coisas "misteriosas" – como a voz do *daimon* – identifica na reminiscência a base para explicar o conhecimento e a própria diferença entre os seres humanos, delineia aquele processo que é explicitado no *Banquete*, para o qual o belo é o instrumento principal para a ascensão às Ideias, até a prece final, que pede que se pratique a mania filosófica.
3. É esse fechamento que indica o tema mais importante, a relação entre humano e divino, que se concretiza na mania e na alma. Não por acaso, esse diálogo é cheio de referências ao divino que permeia a própria natureza, incluindo o plátano escolhido por Fedro *entre os deuses do lugar* para fazer um juramento (236D-E). Não por acaso, é o *daimon* que determina a própria solução argumentativa: divina é a mania sobre a qual se centra a distinção desenvolvida por Sócrates; divino é o sentido que o reitor deve dar ao seu compromisso. Enfim, o próprio verdadeiro é

caracterizado em relação ao divino: sapiente é a divindade, os seres humanos podem ser apenas filósofos, amantes da sapiência.

Apêndice 2

Alguns exemplos de "passatempos".

Eutífron

Em *Eutífron*, um dos primeiros diálogos, há uma situação *verdadeiramente curiosa*. Na primeira parte do diálogo, as tentativas de Eutífron de definir "o santo", ou seja, a virtude da *pietas*, são demolidas. Para superar o ponto morto, Sócrates coloca a questão da relação entre justo, conceito mais amplo, e santo. Distingue-se a parte do justo, que cuida dos humanos, daquela que cuida dos deuses, ou seja, o santo. O homem pio não pode melhorar a divindade da qual cuida, mas deve colaborar com o projeto dela, como no relacionamento servo-patrão. Portanto, é preciso entender quais são os fins que os deuses buscam. Mas Eutífron antes consegue dizer apenas que "são múltiplos e belos", depois reitera *explicitamente* aquilo que havia dito "pouco tempo atrás": as ações santas consistem em fazer coisas que agradem aos deuses, com preces e sacrifícios (14A-B). Eutífron repropõe uma definição já demolida. Uma coisa tola, mas a próxima e desconcertante frase de Sócrates mostra que, para Platão, há algo bem diferente: "Se tu tivesses querido, Eutífron, de modo muito mais breve terias podido esclarecer-me o ponto central da minha questão, mas é evidente que não estás disposto a me ensinar. De fato, agora mesmo, enquanto estavas a ponto de fazê-lo, tu te retiraste. Se tu tivesses respondido, enfim eu teria aprendido contigo de modo adequado o que é a santidade" (14B8-C3).

Para compreender o que está acontecendo, devemos deixar de lado a *magia* do diálogo e *distinguir ficção de realidade*. *Na realidade*, existe só o Autor que escreve tanto o *erro* de Eutífron quanto a *reprimenda* de Sócrates. Platão afirma que aquilo que *ele mesmo escreveu*, atribuindo a Eutífron, *não está bom, que devia ser dada uma outra resposta*, que teria esclarecido de modo adequado a santidade. De fato, *na ficção*, Sócrates evidentemente *sabe* qual é a resposta, de outra forma, não poderia afirmar que o seu interlocutor se retraiu e que, *se tivesse sido dita a resposta justa* (*se, na realidade, Platão a tivesse escrito*), ele teria sabido (*na realidade, o leitor teria lido*) o que é a santidade. O Autor não o quis fazer, limitando-se a nos indicar *onde* foi cometido o erro que impede a solução do problema. Sócrates segue a resposta errada de Eutífron porque "o amante segue o amado". Mas, *na realidade, Platão decidiu* que o diálogo deve ter um êxito aporético.

Este é o "passatempo filosófico" voltado aos leitores: o Autor indica o *lugar teórico* em que deve ser colocada uma resposta diversa para concluir positivamente o diálogo. Se Platão age assim em uma das primeiras obras, podemos hipotetizar que tenha feito algo análogo também nos outros diálogos *aporéticos*.

2. Apologia

A *Apologia*, um dos primeiros textos platônicos, não é um diálogo. Em cena, há o processo contra Sócrates em 399 a.C.: apenas o filósofo é quem fala, em um diálogo fictício com Meleto, um poeta para nós desconhecido, que havia apresentado a acusação, mesmo que os verdadeiros inspiradores fossem Ânito, um político, e Lícon, um orador.

Para entender o passatempo, é preciso analisar brevemente os três discursos que Sócrates desenvolve diante dos juízes.

No primeiro (17A-35D), o filósofo relembra que as acusações têm duas causas remotas: 1. a ação de um comediante que o descreveu como um naturalista e, ao mesmo tempo, um sofista; a referência é certamente à *As nuvens* de Aristófanes, obra de 423 a.C., 24 anos antes do processo; 2. o efeito de um oráculo de Apolo Delfos, que havia respondido a Querofonte que ninguém era mais sábio que Sócrates. Esse, que *tem grande respeito pela palavra da divindade*, havia, portanto, se colocado o problema de compreender tal resposta, porque sabia não ser sábio. Por isso, submeteu ao exame aqueles que sabem: os políticos, os poetas e os artesãos. Assim, conseguiu entender: a divindade, apenas ela sábia, elogia Sócrates porque ele sabe que a sapiência humana não tem valor. Infelizmente, porém, tal investigação provocou a inimizade de muitos que não apreciaram o seu modo de colocá-los em crise.

Sócrates confronta então as acusações de Meleto: corromper os jovens e introduzir novos deuses na cidade. Ao mesmo tempo, contradiz-se, porque o acusa de ser ateu, como emerge de um diálogo fictício com o próprio poeta, uma coisa que toda Atenas sabe que não é verdade. Ele, de fato, faz filosofia para obedecer ao comando da divindade, estimulando os cidadãos para que se tornem melhores.

O segundo discurso acontece depois da primeira votação, que julgou Sócrates culpado (35E-38B).

O sistema jurídico ateniense permitia que o réu propusesse uma pena alternativa à da acusação, que, nesse caso, era "morte". Mas o filósofo não se reconhece culpado e faz uma série de afirmações provocadoras: 1. não merece uma pena, mas um prêmio pelo bem feito à cidade; 2. não pode propor uma pena alternativa, porque não fez mal a ninguém e não pode fazê-lo agora atribuindo uma condenação a si mesmo, inocente; 3. qualquer que seja a decisão dos juízes, não parará de fazer filosofia, para obedecer à vontade da divindade e porque uma vida sem busca não é digna de ser vivida. Em todo caso, sendo pobre, só poderia propor uma multa de três minas; todavia, vista a insistência de amigos que pagariam de seus próprios bolsos, propõe 30.

O último discurso acontece depois da segunda votação (38C-42), que o condenou à morte e contém uma série de reflexões de alto nível. Aqueles que esperam ser liberados de uma voz crítica serão desmentidos, porque outros tomarão o seu posto. Então, ele se volta aos "verdadeiros juízes", aqueles que justamente o absolveram, e sustenta que aquilo que está para acontecer é provavelmente um bem, como mostra o fato de que o *daimon* não interveio. A morte não é, em si, um mal, visto que é ou um longo sono sem sonhos ou uma viagem a um lugar onde é possível encontrar os grandes do passado. Em todo caso, nada de mau pode acontecer a ele, porque os deuses tomam conta dos bons. Pode então se despedir (40C-41C).

Visto o conteúdo, para identificar alguns "passatempos" que Platão faz ao apresentar *este Sócrates*, devemos partir de um dado: o Autor aborda um episódio sobre o qual não é prudente mentir, porque se trata de um processo, um episódio bem conhecido, com muitas testemunhas ainda vivas que poderiam desmenti-lo. Não há razão para supor falsificações, ainda mais porque Platão escreve *que estava presente* no processo. Ao mesmo tempo, estamos diante de uma obra não de história, mas de filosofia, escrita por um autor *maduro*, como demonstram as temáticas às quais alude.

O primeiro passatempo tange a condenação, conservada em Diógenes II 40, 1-7, Xenofonte, *Memorabilia* I 1, 2-5 e *Apologia* 10: Sócrates é acusado de não reconhecer os deuses da cidade e de introduzir novas divindades, e, além disso, de infringir a lei, corrompendo os jovens. Portanto, a acusação de base é de caráter "religioso", enquanto a de corromper os jovens é, em certo sentido, *consequente*. A *Apologia* inverte os termos; de fato, Sócrates reconhece que a sua dicção não é exata: "Diz *mais ou menos* assim: 'Sócrates infringe a lei, corrompendo os jovens, e não reconhecendo os deuses em que a Cidade crê, mas divindades diversas e novas'" (24B8-C1). Platão conhece a acusação, como aparece no "diálogo" com Meleto: "Então, diz-nos, Meleto, de que modo sustentas que corrompo os jovens? Ou já está claro, *com base na acusação que escreveste*, que o faço ensinando a não reconhecer os deuses que a cidade reconhece, mas divindades diversas e novas? Não dizes que os corrompo ensinando isto?" (26B2-6). Platão não mentiu, mas inverte a ordem das acusações, fazendo com que o tema da educação seja central.

A acusação sobre os deuses é contornada com um segundo passatempo. Sócrates se lembra logo de que a comédia, apresentando-o como filósofo naturalista e sofista, levou muitos a pensar que ele "não reconhece os deuses". Tal acusação "antiga" é utilizada no diálogo fictício com Meleto para fazer com que ele afirme que Sócrates é ateu. O poeta então cai em contradição: Sócrates inventou novos deuses e é ateu. Tal contradição não está na acusação, é uma invenção platônica que lembrou "acusações antigas", fazendo então com que elas fossem assumidas por Meleto. De tal modo, Platão consegue adiar o tema da divindade, que exige uma discussão mais articulada (a de *Eutífron)* em relação ao que podia propor respeitando a autodefesa de Sócrates. Além disso, colocando em cena dois temas decisivos, o da educação e o dos modelos de vida, pode começar a construir aquele Sócrates "encarnação da filosofia", que é um dos escopos de seus escritos.

A apresentação de tal figura, unida ao respeito necessário aos dados do processo, leva a uma contradição. Sabemos por Diógenes Laércio II 42 que, *antes*, Sócrates havia proposto 25 dracmas (Eubulides diz 100), *depois*, visto que os juízes tumultuavam pelo valor irrisório da soma, disse que merecia ser mantido no Pritaneu a expensas públicas. O resultado foi que 80 juízes que o haviam julgado inocente votaram pela pena de morte: 360 contra 140. Podem haver dúvidas sobre a qualidade da fonte, mas essa história é coerente, coisa que não se pode dizer da platônica, em que Sócrates, em vez de propor logo uma pena alternativa, desenvolve uma reflexão sobre o que é justo e melhor para ele: sendo um benfeitor, merece mais do que os vencedores das Olimpíadas ser mantido a expensas da cidade. Então, afirma nunca ter cometido injustiça contra ninguém e, portanto, não pode fazê-lo agora, contra si mesmo, estabelecendo uma pena e escolhendo entre dois males. Uma posição clara, digna da figura de filósofo que Sócrates encarna aqui.

Logo depois, porém, afirma que, se tivesse riquezas, *teria estabelecido uma multa*. Na condição presente, poderia talvez pagar uma mina de prata, *portanto propõe essa cifra*. Mas já que os amigos, entre os quais Platão, haviam lhe pedido que propusesse 30 minas, das quais seriam fiadores, propõe essa cifra.

Platão tenta evitar a contradição, insinuando que a multa não é um dano real, mas *a questão foi posta em termos de princípio: fazer ou não fazer uma coisa injusta.* Sócrates havia dito não querer cometer injustiça contra si mesmo. O contraste entre a figura idealizada do verdadeiro filósofo e a crônica levou a essa contradição. Mas tal contraste entre os dois Sócrates, o da história e o da idealização filosófica, apresenta-se também em outros campos. Temos um Sócrates para o qual o conhecimento humano vale pouco ou nada, que não exprime juízos sobre a morte, para manter-se distante da pior ignorância: crer saber aquilo que não se sabe. Porém, logo afirma saber que *o cometer injustiça e o não obedecer a quem é melhor, seja deus ou seja homem*, é uma coisa ruim. Na realidade, as coisas que Sócrates demonstra conhecer são muitas, aliás, uma delas é definida como *uma coisa verdadeira* (*alethes*): a um homem bom não pode acontecer nada de mau, nem em vida nem em morte, e os seus feitos não são ignorados pelos deuses. Sócrates está certo de que nada aconteceu por acaso e que, para ele, morrer era *a coisa melhor* (41C-D). Todavia, na conclusão se reitera a ignorância: "Mas já é hora de ir: eu a morrer, vós a viver. Quem de nós dois vai em direção à coisa melhor é obscuro a todos, exceto à divindade" (42A2-5).

Em síntese, convivem no texto um Sócrates que não sabe e um que sabe, uma situação que se encontra também em outros diálogos, mas que aqui é particularmente condicionada pela crônica processual. Isso não detém Platão, porque ele quer apresentar um Sócrates injustamente condenado que continua a afirmar aquele modelo de vida *que será proposto em tantos outros diálogos*. Não por acaso, aqui o vemos exprimir uma fórmula que marca a história do Ocidente: "uma vida não examinada não é digna de ser vivida por um ser humano" (38A5-6).

3. Um codicilo sobre os diálogos "juvenis"

Vale a pena concluir ressaltando mais um dado. Se os "passatempos" que apresentamos forem convincentes, devemos admitir que, quando começa a escrever, Platão já maturou as escolhas que explicita em *Fedro*. Pensemos então na *Apologia*. As pequenas, mas decisivas modificações que Platão levou ao desenvolvimento do processo podiam ser propostas pouco tempo depois dos fatos narrados? Podia um jovem pensador fazer operações tão hábeis e inescrupulosas?

Há, finalmente, um dado: neste texto encontramos uma estranha "profecia". Sócrates diz duas vezes seguidas que, ele morto, não será *fácil* encontrar um outro que seja posto por deus ao lado da cidade. Então, voltando-se àqueles que o condenaram, faz uma afirmação que ele mesmo qualifica como uma profecia "verdadeira", porque é feita em ponto de morte. Eles o matam pensando que se livrarão de uma pessoa que os coloca à prova, enquanto acontecerá o contrário: aqueles que o seguem são mais duros que ele, porque são jovens (39C-D). De quem Platão está falando? Está pensando no futuro ou no presente, ou seja, em si mesmo e na Academia?

Em síntese, muito nos leva a duvidar da composição "juvenil" dos primeiros diálogos. Se, porém, raciocinarmos em chave protréptica, esses textos são realmente "juvenis" enquanto *elaborados pensando em jovens, ou seja, não especialistas e imaturos, leitores,* o que o obriga a escrever *de modo simples para almas simples* (cfr. *Fedro* 277B-C).

III.

Um conhecimento muito articulado

1. A busca da verdade

Platão se move em um contexto que *impõe* um problema teórico. Os sofistas colocaram em crise a tentativa eleática de propor um conhecimento absoluto, uma mensagem divina que leva a desprezar os sentidos e, em última instância, a negar a realidade fenomênica. Opondo-se a esse posicionamento, os sofistas valorizaram a dimensão antrópica e empírica, evidenciando a pluralidade de relações que constituem o real e a multiplicidade de pontos de vista a partir dos quais podemos lê-las. Mas o trabalho crítico deles teve um êxito relativista e imoralista que o filósofo não aceita: o seu relacionamento com o conhecimento e com a verdade deve ser lido também por essa chave.

Platão alterna continuamente dois juízos *aparentemente* opostos. *Por um lado*, enfatiza os limites do conhecimento humano. Apolo Delfos, em *Apologia*, julga Sócrates sapiente porque sabe que "a sapiência humana vale pouco ou nada" (23A6-7) e que "na verdade a <sua> sapiência não vale nada" (23B3-4). Essa convicção é reafirmada em muitos diálogos – coisa óbvia, visto que apenas Deus é *sofos* (*Fedro* 278D) – com afirmações também fortes: é necessário "conduzir a vida segundo aquela natureza pela qual somos quase totalmente *fantoches, que participam de pequenas partes da verdade*" (804B2-4). *Por outro lado*, Platão sustenta muitas vezes que a verdade pode e deve ser conhecida. Os exemplos são demasiados, eu me limito às *Leis* citadas: "Entre todos os bens, tanto para os deuses quanto para os seres humanos, a verdade vem em primeiro lugar. Que dela participe cada indivíduo humano desde o princípio de sua vida se seu propósito for a bem-aventurança e a felicidade, de modo que possa viver sua vida o maior tempo possível segundo a verdade." (730C1-4). Portanto, *de um certo ponto de vista,* os homens não participam da verdade; *de um outro ponto de vista*, podem viver na verdade.

O termo "verdade" tem um valor tão forte a ponto de justificar afirmações "duras": "não mais difícil, Polo, mas impossível; a verdade, de fato, não se pode refutar jamais" (*Górgias* 473B10-11); "caro Agaton, não podes contradizer a verdade. Contradizer a Sócrates não é difícil" (*Banquete* 201C8-9). Também, por isso, Platão sente a necessidade de explicar por que tantos duvidam da verdade propondo um paralelo com a amizade: aquele que concede total confiança aos amigos, encontra muitas desilusões e, por isso, acaba por acreditar que a amizade não existe. Esse não conhece a realidade, de outra forma, saberia que os extremos são raros, enquanto abundam as realidades intermediárias: os homens bons ou maus são poucos, enquanto a maioria está no meio do caminho. De forma análoga, quem age *sem a arte dos raciocínios,* pensa que não existe nenhum argumento estável: mesmo existindo raciocínios *verdadeiros e sólidos que é possível reconhecer como tais*, ele acaba por odiá-los, *ficando desprovido de verdade e conhecimento* (*Fédon* 89E-90D). O erro está no sujeito, que deve se corrigir agindo com rigor e postura crítica.

Esse texto dá também uma importante indicação metodológica: frequentemente se raciocina segundo um esquema binário, tipo verdade-erro, mas Diotima (*Banquete* 201E-202A) ensina que os esquemas binários não são sempre válidos: Eros não é nem belo nem bom, mas também não é feio e ruim. A sacerdotisa, *sem nenhuma razão aparente*, alarga o discurso ao plano gnoseológico: há algo de intermediário entre conhecimento e ignorância, *a opinião sensata*, ou seja, aqui se deve aplicar aquele paradigma triádico que Platão escolhe para a própria realidade (ser, não-ser, tornar-se como ser do não-ser ou não--ser do ser). Portanto, é preciso prestar muita atenção às *possíveis diversas abordagens* dos conceitos.

Isso explica as duas atitudes que encontramos no texto: 1. a verdade é acessível a partir do ser humano; 2. o conhecimento humano é limitado e não alcança o verdadeiro, reservado ao conhecimento divino. Todavia, homens "divinos" como os filósofos o alcançam, *na medida do possível para um ser humano*: mesmo que não alcancem o "verdadeiro saber", absoluto e total, os filósofos são *aqueles que são capazes de apreender aquilo que sempre permanece inalterado* (*República* 484B). De fato, mesmo que a busca esteja na base da filosofia platônica, encontramos nos diálogos muitíssimas atribuições de "verdade" em afirmações que Sócrates sustenta com vigor. Sem isso, o filósofo não poderia voltar o pensamento à realidade divina e ordenada de modo a tornar-se ordenado e divino ele próprio, na medida do possível para um ser humano (*República* 500B-D).

Em síntese, não se pode eliminar a verdade dos textos de Platão desde a *Apologia*, em que Sócrates afirma que não fará um belo discurso, mas dirá apenas a verdade (17B), ou *Críton*, em que sustenta que não se deve seguir a opinião da gente, mas a daquele que conhece o justo e o injusto, *apenas ele e a própria verdade* (*Críton* 48A6-7). Não por acaso, no cap. V reencontraremos a verdade inserida à força nas primeiras manifestações do Bem (*Filebo* 64A-65B), ou seja, na base da vida boa e feliz.

2. O conhecimento do nosso mundo

A polivalência do pensamento platônico se manifesta aqui de modo claro: no campo do conhecimento e da verdade, é necessário "discutir" com Protágoras, a quem é dedicado o *Teeteto*, porém, quando em *Fédon* 96A-102A Platão conta o *processo que leva às Ideias e aos Princípios*, os sofistas estão totalmente ausentes. Eles, de fato, representam aquele dado negativo com o qual se aprende no momento em que é superado. Os problemas positivos, aqueles que um pensador deve se colocar, são outros e tangem o nosso mundo. De fato, o Sócrates de *Fédon* quer entender a realidade empírica: "saber as causas de cada coisa, ou seja, mediante que coisa cada realidade se gera, mediante que coisa se corrompe e mediante que coisa existe" (96A9-10). Daqui, parte a busca: uma solução interna ao puro âmbito físico não suporta as verificações lógicas e não descobre as causas. Esse "Sócrates" espera superar o *impasse* com Anaxágoras, que propõe a Inteligência – o *Nous* – como *causa ordenadora, portanto* coloca um operador inteligente, o qual deveria dispor toda realidade no mundo *melhor*, referindo-se ao Bem. Mas a desilusão é total: Anaxágoras não faz uso algum do *Nous* como causa e coloca em jogo apenas as *concausas* naturais. É como se alguém dissesse que Sócrates opera com inteligência, mas que a causa das suas ações é o corpo; assim, indica-se uma causa, mas não aquela *verdadeira*, que deve ser distinta do meio – a concausa – sem a qual ela não pode operar.

Neste ponto, "Sócrates" decide trocar de caminho, utilizando formas de pensamento – *logoi* – que agem como postulados. Para ressaltar a radicalidade da passagem, fala-se de "segunda navegação", um termo náutico que indica a navegação feita com remos, quando não há vento. A analogia é clara: se as realidades físicas não se explicam sozinhas (ou seja, não há vento), é necessário continuar com o pensamento (de forma trabalhosa, com os remos). Portanto, "Sócrates", "partindo do postulado de que exista um belo em si e por si e um bem e um grande e assim por diante" (100B5-7), elaborou uma nova espécie de causas, as Ideias. Ele não ignora *o problema da relação* entre esses dois planos de realidade, mas mostra pouco interesse pela solução: "eu me atenho a isto, simplesmente, grosseiramente e talvez ingenuamente, que nada mais faz com que uma coisa seja bela se não a *presença* ou a *unidade* do belo em si, *ou qualquer outro seja o modo com o qual aconteça*. Ora, de fato *não insisto nisso*, mas sim no fato de que todas as coisas belas são belas pelo belo" (100D3-8). Enfim, indica que é necessário proceder *além das* Ideias.[1]

O *Fédon* mostra que o interesse pela realidade empírica é um dado *original*. A realidade é um *todo* que compreende duas dimensões: o *nosso* mundo físico, que *deve ser explicado*, e a realidade superior *das ideias*, que fundamenta a existência e a cognoscibilidade da

1 Cfr. *infra*, p. 97-98.

primeira. Platão, portanto, *não é dualista* no sentido em que não valoriza exclusivamente a dimensão superior, desvalorizando a outra, mas é *dualista* no sentido em que estabelece uma diferença de valor ontológico entre as duas esferas: o mundo físico é real, mas não pode existir ou ser conhecido "por si mesmo" e encontra fundamento nas Ideias e nos Princípios. Essa necessidade de indagar uma realidade superior coloca a dura prova o conhecimento: se os dados que surgem *naturalmente* do mundo físico não bastam para explicá-lo e o *fundamento está em outro lugar*, o que permite que o homem proceda "além"?

2.1. A anamnese

Neste campo, Platão demonstra ter presente a lição dos sofistas, tanto na parte *destruens* quanto na parte *construens*. Nesse último terreno, a pretensão deles de falar de tudo, portanto de ser quase "oniscientes", é absurda, mas utiliza um dado verdadeiro: o conhecimento humano é capaz de proceder sempre além, com novas descobertas. Quanto à parte *destruens*, é preciso rebater uma famosa objeção erística: não pode haver incremento cognitivo, porque 1. não se busca aquilo que se conhece, 2. não se encontra aquilo que não se sabe, enquanto não reconhece-o.

A solução platônica é fundamentada na anamnese: o ser humano nasce dotado de conhecimentos *a priori* que estão na base do pensamento e da ação (idêntico e diverso, igual e desigual, belo e feio etc.). Tal solução é proposta em uma série de diálogos, que bem mostram tanto a complexidade do conceito quanto o procedimento protréptico de Platão.

Eutidemo. O diálogo evidencia os "truques" dos eristas (Eutidemo e Dionisodoro), os quais colocam a questão de fundo: aprendem os sapientes ou os ignorantes? Apreende-se aquilo que se sabe ou aquilo que não se sabe? A solução não é dada, mas Platão mostra que a questão é inaceitável. De fato, Dionisodoro diz a Sócrates que, qualquer que seja a resposta, será refutada (275D-277C). O procedimento é fraudado com base em um esquema binário, que coloca uma seca alternativa entre saber e não saber.

Sucessivamente, os eristas sustentam que, como é impossível ter e não ter ciência, se sabe-se uma coisa (= tem-se ciência), sabem-se todas. Sócrates rebate esse enésimo esquema binário sustentando que é impossível ser sapiente e ignorante *em relação à mesma coisa e ao mesmo tempo* (293D), enquanto que, em relação a coisas diversas, não há contradição alguma.

Os eristas propõem um outro raciocínio: 1. se se conhece *graças a* alguma coisa, se conhece *graças sempre* à mesma coisa, portanto se conhece *sempre*; 2. conhece-se *tudo* graças a essa mesma coisa, o que seria impossível se não se conhecessem *todas as coisas*. O erro é evidente, mas a Platão outra coisa interessa: na discussão, Sócrates se refere à alma como *aquela pela qual se sabe* (295B), provocando a forte irritação do interlocutor, coisa óbvia, visto que a solução é encontrada neste âmbito. O texto o confirma, aludindo àquilo que Sócrates conhecia *ainda quando criança, quando foi gerado e até antes de nascer* (296C-D), ou seja, quando era só "alma". Começa-se a vislumbrar a questão de fundo: se a alma é o fundamento do conhecimento, nós conhecemos tudo e sempre? *Em um certo sentido* é assim; no sentido assumido pelos eristas, certamente não.

Mênon. Este diálogo apresenta tanto o sofisma – é impossível buscar tanto o que se sabe quanto o que não se sabe –, definindo-o *erístico* (80E2), quanto o primeiro aceno à solução: a anamnese ou reminiscência. Como a alma é imortal, encarna muitas vezes e já viu todas as coisas, tanto aqui quanto no Hades, não é de se espantar que tenha reminiscências. Como toda a natureza é congênere, então não há nada de radicalmente "outro", e a alma apreendeu tudo: quem tem reminiscência de uma coisa, *aquilo que os seres humanos chamam de aprendizado*, encontra por si todas as outras, se é corajoso e incansável na busca. Fica claro que há duas formas de "anamnese": aquela imediata e um processo de anamnese longo e cansativo, mediante o qual a alma apreende coisas *que sabia antes*. Sócrates não fornece explicações teóricas, mas uma prova experimental: um escravo "ignorante", guiado pelas suas perguntas, resolve um problema de geometria, ou seja, tem *ciência*, tirando-a de si mesmo. Isso demonstra que "em quem não sabe há opiniões verdadeiras sobre aquelas próprias coisas que não conhece" (85C6-7). O processo serve para transformá-las em conhecimentos verdadeiros: "*no tempo em que é e em que não é homem,* há nele *opiniões verdadeiras*, que, reativadas pelas perguntas, tornam-se *verdadeiros conhecimentos* (*epistemai*)" (86A6-8).

Platão assim fez emergir *dois* níveis de "verdadeiro": *um saber verdadeiro que não é verdadeiro saber*. A simples posse não é um *verdadeiro saber*, mas o torna possível, porque a anamnese, se o sujeito é estimulado adequadamente, pode ser ativada. Portanto, "sempre *a verdade dos entes* está na nossa alma" (86B1-2), na vida humana e quando vive só a alma.

Fédon. A anamnese aqui é apresentada como um dano conhecido. Cebes diz que Sócrates frequentemente sustentou "que o nosso apreender não é nada além de um ter reminiscência" (72E5). De fato, um ignorante interrogado sobre as figuras geométricas é capaz de resolver os problemas, o que implica conhecimento e capacidade de raciocinar. Essa clara referência a *Mênon* nos convida a *pensar juntos os dois diálogos* e, portanto, a considerar improvável que digam coisas opostas, como, ao contrário, foi hipotetizado.

Sócrates explica a Símias "de que modo aquilo que chamamos de aprendizado é reminiscência" (73B5). O processo *parte da sensação*, não das perguntas. Alguém *vê e conhece* uma coisa, depois lhe vem à mente uma outra coisa, que é uma *anamnese*, ativada pela semelhança e pela dessemelhança. Mas também no caso da semelhança, há diferenças entre os objetos e aquilo de que se tem reminiscência. Peguemos o *Igual em si*, que, segundo Sócrates, *conhecemos em si mesmo*. Quando vemos objetos iguais, pensamos *a partir daquele* Igual em si, que é diverso das coisas iguais, que podem também ser desiguais. Mas descobrimos essa diferença porque *antes* conhecemos o Igual em si. Portanto, o procedimento heurístico (descubro a diferença entre o Igual em si a partir das coisas iguais) é diverso daquele fundador (tudo depende da opinião preexistente sobre o Igual). O raciocínio então é estendido: antes de nascer, conhecíamos também todas as outras realidades que podemos definir "em si", como o belo, o bem, o justo, o santo etc.

Como nós *nos esquecemos* desses conhecimentos, como se pode ver em qualquer criança, aquilo que chamamos de apreender é anamnese, ou seja, recuperação de um conhecimento próprio por mérito dos sentidos. A questão é tão importante que Platão *se obriga* a continuar. Símias realmente parece duvidar, o que permite que apareça mais um dado: quem tem *episteme* é capaz de explicar aquilo que sabe. Muitos não são capazes de fazê-lo e, portanto, não conhecem de verdade, porém, todos têm reminiscência, já que as almas conquistaram o conhecimento quando estavam separadas do corpo (76B-C).

A coisa importante é que *o verdadeiro saber deve explicar aquilo que afirma*. De novo, temos dois dados: 1. a presença *natural e pouco consciente* dos conhecimentos *a priori em si* verdadeiros; 2. uma reflexão *para nós* longa e difícil que permite explicar tais conhecimentos. Em síntese, todos conhecem o igual, o similar e o belo, coisas que transparecem desde as primeiras experiências sensoriais, mas que apenas poucos são conscientes e sabem explicar, na medida do possível.

Fedro. O problema é então elaborado: Sócrates afirma que conhecemos através da Ideia, indo de muitas sensações à um dado unitário captado com o pensamento, tendo reminiscência do verdadeiro ser que a alma contemplou antes de encarnar. Tudo depende do tipo de visão que a alma teve *antes do nascimento*: apenas poucas almas têm uma lembrança adequada, enquanto as outras, quando veem uma imagem das realidades superiores, são profundamente tocadas, mas não sabem como proceder. A reminiscência revela-se, portanto, um dado original *diferenciado e diferenciante por natureza* (249B-250A).

Teeteto. Este texto, que tem como tema o conhecimento, não apresenta nenhuma referência à reminiscência. De fato, não pode haver, porque 1. é um diálogo plenamente "socrático", como mostra a *invenção* da maiêutica; 2. para enfatizar a necessidade dos sucessivos diálogos dialéticos, *deve ser* aporético; consequentemente, não pode citar a anamnese, que é parte da solução do problema. Todavia, o método socrático do questionamento faz emergir o conhecimento que o interlocutor já possui – *se a alma está "grávida"*. O problema é que nem todas as almas estão grávidas: não se está falando de anamnese. De fato, não se trata daqueles conhecimentos de fundo que necessariamente entram em campo, mas de *conceitos filosóficos*: se todos tivessem uma bagagem adequada de Ideias, ou seja, estivessem grávidos, todos poderiam fazer filosofia, coisa que Platão nega. De fato, alguns são impulsionados "a outras núpcias", ou seja, a se dedicar a estudos diversos: mesmo não estando *filosoficamente grávidos*, não são totalmente estéreis. Além disso, trata-se de processos complexos, cujo êxito não é garantido: é possível que "o nascido" não seja aceitável e seja eliminado, coisa que não tem sentido para a anamnese.

Todavia, também não estamos distantes da anamnese, visto que Sócrates é capaz de provocar dores de parto, ou seja, de fornecer, com suas perguntas, estímulos tais que induzam a descoberta das Ideias (150E-151A). Porém, é importante distinguir 1. *ensinamento socrático*, a crítica do saber infundado para fazer com que o interlocutor descubra a própria ignorância, e 2. *maiêutica*, o método das perguntas para ajudar o outro a encontrar a solução do problema posto; 3. isso, em uma forma "alta", tem contatos evidentes com a *anamnese*, que é totalmente platônica, enquanto pressupõe Ideias e alma imortal.

Como confirmação de que este diálogo também é útil para compreender a anamnese, encontramos aqui uma distinção fundamental: aquela entre *possuir* e *ter* ciência (197C). *Possuir* implica *a presença real de um conhecimento quiescente*, enquanto *ter* implica *um exercício cognitivo em ação*. Trata-se de uma distinção que se aplica bem à reminiscência: em um sentido, o sujeito *possui* aqueles conhecimentos, *que*, em um outro sentido, pode *não ter*.

Filebo. Este diálogo esclarece então a natureza da anamnese, *discutindo a diferença em relação à memória*. Sócrates afirma que há reminiscência "quando a alma, sozinha, em si e sem o corpo, revive em grau máximo os afetos que experimentou com o corpo uma época... mesmo quando, tendo perdido a memória tanto de uma sensação quanto de um conhecimento, recupera-a novamente em si mesma, sozinha..." (*Filebo* 34B6-C1). Enquanto a memória é receptiva e passiva, tem-se reminiscência quando a alma com um ato intelectual autônomo recupera *no maior grau possível, ou seja, revive, os afetos que experimentou com o corpo em uma época*. Afirma-se, assim, que a sede de tantos desejos é a alma: o corpo, quando está vazio por fome ou por sede, não pode nada além de se limitar a exprimir a necessidade sem saber o que fazer; a resposta correta está na alma, que age por força da sensação e da memória. Parece tudo claro, mas *antes, no decorrer da discussão, Platão levantou um problema aparentemente inútil:* o que acontece *da primeira vez*? Essa pergunta funciona para se ler com olhos críticos a conclusão, não por acaso expressa de modo ambíguo: "Portanto, *não resta outra hipótese* se não a de que a alma é quem tem relação com o preenchimento, evidentemente em virtude da memória.

De fato, *com o que mais poderia tê-lo?*" (35B11-C2). O leitor pode compreender que *a resposta não é correta*, porque não vale "a primeira vez", quando a memória não existe. À questão "*com o que mais poderia tê-lo*", ele pode responder "*com a anamnese*", que assim fica na base também da resposta aos desejos naturais. Isso pode justificar a *estranha* figura de anamnese que Platão propõe aqui, que não é aquela que colocava em jogo o igual ou o belo. De fato, não há sentido colocar sobre esses conceitos o problema da "primeira vez".

A anamnese, então, não é algo simples nem no plano do conteúdo nem no campo do procedimento. A sua função *decisiva* não deve fazer com que nos esqueçamos do nexo entre dimensão empírica e dimensão intelectual, confirmado pelo papel que a percepção tem na ativação do processo cognitivo. O caminho que leva à verdade é complicado e procede *através de* várias formas cognitivas.

3. As formas cognitivas

3.1. Sensação

A polivalência platônica fica evidente: 1. com base na anamnese, parece que Platão constrói uma gnoseologia racionalista, fundamentada sobre capacidades cognitivas autônomas da alma; 2. mas o mesmo procedimento de anamnese é ativado pela sensação, que, 3. porém, *tem e não tem uma função cognitiva, é e não é um conhecimento.*

Na verdade, um primeiro limite é constituído pelo próprio objeto – as coisas deste mundo que se tornam –, e isso faz com que seja impossível um conhecimento estável *no sentido da mais rigorosa verdade*. Portanto, não há, para essas realidades, uma ciência que possua *a verdade absoluta* (*Filebo* 59A-B).

Mas também, em um plano não absoluto, ou seja, vistas em si, as sensações parecem fracas. De fato, não são os sentidos o que vê e o que sente, quem o faz é a alma, *através* dos sentidos. A coisa é explicitada em *Teeteto*: a unidade da experiência remete à *psychè*, apresentada como aquela faculdade que *opera através da língua* (185C3), ou seja, através das palavras, um primado que veremos confirmado também no *Apêndice 1* sobre a *Sétima carta*. Apenas a alma capta *as coisas comuns a todos os seres*, aquelas coisas que não pertencem a um específico e sensível ser e não ser, idêntico e diverso, semelhante e dissemelhante, e os próprios números não têm um órgão corpóreo de referência, ou seja, são extra-sensoriais e são objeto de uma busca que a alma faz sozinha. O pensamento organiza as sensações, que em si são separadas (o olho pode só ver, o ouvido, só ouvir), e, recolocando-as em uma estrutura de relações estáveis que fazem com que convirjam as percepções particulares individuais *em uma única forma*, nos dá novamente o objeto. Portanto – ele reitera enfaticamente –, a alma indaga sozinha algumas coisas, outras, através das faculdades corpóreas (184D-185E).

A conclusão parece radical: as sensações não alcançam o ser, não conquistam a verdade, não são conhecimento verdadeiro; esse é possível, em vez disso, no raciocínio que se faz em torno delas. O juízo é claro, mas não se deve esquecer que o raciocínio opera *em torno do dado sensorial*: o verdadeiro conhecimento não está nesse nível, mas não o ignora. De fato, de outro ponto de vista, Platão não elimina completamente a sensação do âmbito cognitivo. Quando apresenta o papel da sensação no processo de anamnese, ele chega a dizer que a pessoa tem uma sensação, portanto "*conhece*" (*Fédon* 73C7) uma coisa. De fato, se os sentidos não fornecessem nenhum conhecimento, não poderiam estimular um procedimento cognitivo: "as coisas sensíveis *são apreendidas pela* doxa *mediante a sensação*" (*Timeu* 28B8-C1). O papel é instrumental, mas se trata de uma presença não eliminável. Encontramos confirmação disso na *Sétima carta*. Antecipamos o que veremos no *Apêndice 1*: dados os limites dos conhecimentos humanos, os resultados às vezes são tão débeis a ponto de serem *facilmente refutáveis pelos sentidos* (343C). Eles têm, portanto, valor enquanto testemunhamos aquela realidade que não deve ser negada, mas explicada: partimos do mundo *experienciado* para ter um conhecimento que começa no momento em que a alma pensa e fala.

Um último dado revelador: Platão distingue dois tipos de sensação, aquelas claras, que não estimulam a inteligência, e aquelas que a provocam enquanto apresentam dados opostos. O pensamento platônico jamais pode ser fechado em esquemas simples: o conhecimento não é estimulado *pelas sensações que operam bem*, mas *por aquelas que podemos definir como "doentes", visto que não fornecem nada de são* (*República* 523B). Mas são essas que obrigam a alma a se colocar problemas e a pedir ajuda ao pensamento, levando-o a distinguir o âmbito noético daquele visível.

3.2. Doxa

A valorização do empírico encontra confirmação na discussão da *doxa*. Também nesse caso, Platão coloca em jogo dois modelos gnoseológicos, sem distingui-los explicitamente. O primeiro é o modelo binário de termos antagonistas, baseado em um paralelismo: como está o ser em relação ao tornar-se, assim está a *episteme* em relação à *doxa*. O verdadeiro conhecimento é a *episteme*, que pensa apenas as realidades ideais estáveis e que é irrefutável, na medida do que é humanamente possível; a *doxa*, ao contrário, é um saber instável como os objetos sensíveis dos quais trata. Se se assume esse modelo binário forte, a alma se revela tão condicionada pelo corpo que o conhecimento *absoluto* fica (talvez) acessível apenas após a morte, quando a alma opera sozinha (*Fédon* 65A-67B). Dada a complexidade e a radicalidade dessa passagem, dedicamos a ela o *Apêndice 2*.

Porém, há também (e sobretudo) um esquema ternário, aquele de Diotima (*Banquete* 201E-202A), que conserva o paralelismo com o plano ontológico: a realidade deveniente revela-se intermediária entre ser e nada, portanto a *doxa*, intermediária entre o verdadeiro saber e a ignorância, pode ter um valor cognitivo, a ponto de ser *certa* e até mesmo *verdadeira*. Consequentemente, no *Mênon*, Platão afirma repetidas vezes que, *no plano prático*, a opinião verdadeira dirige as ações assim como a ciência e o pensamento (97A-C). Essa "valorização" da *doxa* explica por que o Estrangeiro de Eleia não considera importante distinguir se o monarca governa com ciência ou com opinião (*Político* 301B2). De forma análoga, nas *Leis*, o legislador coloca, cuidando das disposições dadas, guardiões guiados pelo pensamento (*phronesis*) ou por uma *opinião verdadeira* (632C). De modo ainda mais forte, o político, para realizar a unidade entre os cidadãos virtuosos, faz com que na alma deles nasça *uma opinião verdadeira e fundamentada* sobre o belo, sobre o justo, sobre o bem e sobre os seus contrários (*Político* 309C).

Portanto, de um lado, falando da *doxa* em geral, é necessário sempre lembrar que pode ser verdadeira ou falsa; de outro lado, é preciso reconhecer que a *doxa verdadeira* pode atingir até os conhecimentos mais elevados. Isso permite que ela seja muito valorizada: em *Filebo*, ela recorre constantemente na lista dos elementos cognitivos necessários para a vida feliz e boa. Tal valorização será confirmada em *A contribuição epistemológica da* Sétima carta *342A-345C*, a que dedicamos o *Apêndice 1*.

Em *Mênon*, Platão explicita o limite da *doxa*: enquanto a ciência é estável, as opiniões *não estão firmes*. É preciso, portanto, ligá-las com um raciocínio causal, utilizando a reminiscência: as opiniões verdadeiras, inseridas em um sistema de nexos, tornam-se *epistemes* e, por consequência, estáveis. Tudo isso não constitui uma demonstração: Sócrates precisa que não está falando com base em um saber, mas por conjecturas prováveis, todavia, se há algo que ele sabe é exatamente essa distinção entre opinião e ciência (97C-98B). Em síntese, para Platão, esta tese é verdadeira, mesmo que aqui não tenha sido demonstrada.

Um conceito análogo é proposto em *Teeteto*, em uma discussão qualificada como "um sonho": um *tal* não mais bem identificado afirma que a ciência é opinião verdadeira acompanhada por *logos*. Repropõe-se uma situação que já vimos: se alguém tem a opinião verdadeira sobre uma coisa sem *logos*, a sua alma, mesmo estando no verdadeiro, não a conhece; quem não é capaz de dar *logos* de uma coisa, não tem ciência dela (202B-C). Aqui também se ressalta a *necessidade de fundamentar um saber*, de explicá-lo e conectá-lo a uma estrutura justificativa. Em *Teeteto*, depois, a investigação falha por uma razão "formal" que tem em sua base uma razão teórica de fundo. Sócrates tenta semantizar o termo *logos* como *captação da diferença* que qualifica um objeto em relação ao outro, adicionando, sem ressaltar, que, *com uma captação das coisas comuns*, descobre-se também o *logos* do gênero (208D). Mas se o *logos* adiciona à opinião o *conhecimento da diferença*, a definição se revela inaceitável: *ciência* é opinião correta acompanhada por *ciência* da diferença. Não por acaso, no início do diálogo se recorda (147B) que não se pode colocar na definição o *definiendum*. Fica evidente que Platão construiu o raciocínio para chegar a esse resultado.

De fato, estamos próximos do verdadeiro: é fácil identificar nestes raciocínios o embrião da dialética, que, todavia, aqui não pode existir, porque, como já dito, estamos em um texto socrático por excelência.

Um último dado: o pertencimento da *doxa verdadeira* à esfera do pensamento permite que ela seja definida como um diálogo feito com perguntas e respostas em silêncio consigo mesmos (*Teeteto* 189E-190A; *Sofista* 263E-264A; *Filebo* 38E): pensamento, diálogo interior e discurso são a mesma coisa; aquilo que, formado na alma segundo o pensamento, é *doxa,* se torna discurso se sair com a voz. Para Platão, não há razão, *no plano da busca*, para privilegiar, em relação à reflexão interior, o diálogo "socrático", que se revela muito útil *no plano educativo.*

3.3. Episteme

A verdadeira discussão sobre este tema acontecerá abordando o pensamento dialético no capítulo sucessivo. Aqui, eu me limito a ressaltar que não é possível considerar *como absolutamente certas* as coisas que percebemos sensorialmente (*Timeu* 51D). Platão, *como bom mestre*, evidencia que isso depende da escolha de um modelo cognitivo forte: das realidades que mudam não se pode jamais ter um conhecimento estável, *no sentido da mais rigorosa verdade*; delas, não é possível ter inteligência ou ciência que possua *a verdade absoluta* (*Filebo* 59A-B). Esse paradigma é reproposto de forma idêntica muitas vezes: as realidades devenientes não são *em si* estáveis e, portanto, não são *cognoscíveis em sentido pleno*, mas o são com a opinião, no pressuposto de que o conhecimento verdadeiro é o epistemológico. De fato, na *República*, se afirma repetidamente que o erro dos filo-doxos, aqueles que amam a *doxa* e não a *sophia*, é o de se limitarem ao conhecimento das realidades empíricas sem acessar as Ideias que as fazem ser, coisa que, ao contrário, qualifica o saber dos filo-sofos (476B-D e 470A-480A). O erro não está na *doxa*, mas na escolha unilateral de renunciar ao nível cognitivo superior.

Na própria *República*, entre o fim do livro V e o início do livro VI, justifica-se a escolha que o filósofo faz com uma reflexão *in nuce* dialética: quem ama verdadeiramente algo não aprecia apenas um aspecto deste, mas o todo; as naturezas filosóficas, que amam o conhecimento sem deixar de lado também as partes pouco importantes, aspiram *ao inteiro e ao todo, tanto no âmbito divino quanto no âmbito humano*. Consequentemente, o filósofo não tem menos experiências do que os outros; ele, porém, escolhe não se deter em realidades individuais, mas captar *a natureza* delas com aquela parte da alma que pode fazer isso *enquanto é congênere ao real.*

Como confirmação, Platão, em *Filebo*, constrói uma cena "curiosa": Sócrates parece relutante a aceitar na vida boa e feliz *todos os conhecimentos*, inclusive aqueles inferiores. Em vez disso, o juveníssimo Protarco, que não goza particularmente de argúcia filosófica, observa com bom senso que, se têm-se os conhecimentos superiores, os conhecimentos inferiores podem ser acolhidos *pela sua utilidade*. Ele invoca dois argumentos objetivamente invencíveis: "É necessário, se sempre quisermos reencontrar o caminho de casa" (62B8-9); "A mim parece necessário, se a nossa vida deve ser, de alguma forma, uma vida" (62C3-4). Os conhecimentos epistêmicos de fato não reduzem a necessidade de conhecimentos banais, necessários para atividades humanas normais.

3.4. Técnicas e ciências

A análise das técnicas e das ciências confirma o modo "multifocal" com que Platão aborda os problemas cognitivos. Em *Filebo* 55C-59D, Platão distingue as técnicas com base em seu componente matemático-científico. Se esse for pouco, como acontece com a música e a medicina, o resultado é pouco preciso e baseado em conjecturas, prática e intuição. Outras técnicas, como aquelas de construção, têm mais ciência, associadas a referências matemáticas e metréticas (contar, medir, pesar); elas, além disso, fazem uso de instrumentos de precisão (régua, compasso, fio de prumo). Isso confirma que Platão não tem desprezo algum pela dimensão empírica.

As técnicas são distintas por clareza, exatidão e pureza, enquanto a verdade é deixada à sombra. As mais exatas são as matemáticas, que são também utilizadas pelas outras. Há, porém, uma outra distinção, enquanto sob o mesmo nome temos duas realidades diversas: a aritmética da maioria, que calcula e mede as coisas por definição não-homogêneas, e aquela dos filósofos, que operam com realidades homogêneas, ou seja, com os números. Mas mesmo que as matemáticas sejam *exatíssimas*, Platão reafirma o primado da dialética, ciência do ser, *a mais verdadeira*, que se ocupa da clareza, da exatidão, da *absoluta verdade* e do poder da alma de pensar e agir à luz da *verdade*.

Em *Fosita* 219B-C, Platão propõe mais uma distinção entre técnicas produtivas e aquisitivas. Essas últimas utilizam o que já existe, enquanto as primeiras (como a agricultura e a fabricação de objetos) *geram coisas que antes não existiam, levam a ser aquilo que antes não era*. Trata-se de um dado que valoriza a produção técnica e que não pode ser subvalorizado, mesmo porque é retomado para colocar a produção humana em relação com a produção divina. Como confirmação, a obra *Político* 258D-E divide *a inteira única ciência* em duas Ideias: ciências teóricas e ciências práticas; essas últimas, intrinsecamente conectadas à práxis, realizam *objetos materiais* que antes *não existiam*.

Em síntese, Platão propõe, como sempre, uma multiplicidade de esquemas, dentro dos quais emerge o fato de que as atividades práticas realizam o prodígio de *produzir realidades que antes não existiam*.

3.5. Conhecimentos prováveis e/ou possíveis e os mitos

Há temas, como aqueles ligados ao divino e ao Além, particularmente problemáticos. Isso é explicitado por Símias: é impossível ou dificílimo ter um conhecimento claro sobre questões como a alma; todavia, renunciar a colocar à prova as argumentações possíveis é sinal de uma fraqueza inaceitável. Sobre esses argumentos, é preciso ou apreender a verdade a partir dos outros ou descobri-la por si mesmo; se isso for impossível, é preciso *aceitar os raciocínios humanos menos fáceis de refutar* e correr o risco de atravessar o mar da vida sobre tal "jangada", se não se pode fazer uma viagem mais segura com base em algum discurso divino (*Fédon* 85C-D).

Em síntese: apesar da dificuldade de tais temas, é preciso ter a coragem de *aceitar o risco* sem ilusões demais. Platão reserva muita atenção ao conceito de *eikos*, que podemos traduzir, em duas acepções diversas, como *verossímil* (para o interlocutor) e como *provável* (em relação à realidade dos fatos, no plano cognitivo). Nessa acepção, ele encontra uma primeira aplicação à *doxa* referida aos dados sensíveis. Mas, em *Timeu*, Platão considera discursos prováveis *para nós* também aqueles sobre os deuses e sobre a origem do cosmo, que não são empíricos. Tudo depende dos nossos limites, que nos obrigam a aceitar, *para essas coisas*, um *mito*: se não é *menos provável* que outros, podemos não procurar mais. Portanto, o âmbito do provável vale *em si* para as realidades contingentes, *para nós*, para os *objetos estáveis, mas distantes da esfera humana*.

Isso justifica a presença dos mitos em Platão, que às vezes têm a função de apoio, enquanto em muitos casos permitem a aproximação com âmbitos que fogem à esfera racional. Para os juízos no Além, Sócrates, em *Górgias*, apresenta *uma história* (*logos*) *muito bela,* que Cálicles provavelmente considera uma fábula (*mythos*), enquanto o filósofo por duas vezes afirma considerá-la verdadeira; aliás, *para ele, é impossível encontrar algo melhor e mais verdadeiro.* Portanto, Platão afirma que, sobre as questões últimas, devemos nos contentar com raciocínios prováveis, aliás, para os aspectos "teológicos", parece avalizar um tipo de *fé racional*, muito consciente. De fato, após ter descrito o Hades, Sócrates diz que "afirmar com certeza que as coisas são assim como eu as expus não fica bem a um homem inteligente; porém sustentar que as coisas que diz respeito às nossas almas e às suas moradas são ou assim ou em um modo similar, *uma vez que se reconhece que a alma é imortal*, isso me parece que fica bem e que valha a pena correr *o risco de crer* que seja assim – de fato, *o risco é belo*" (*Fédon* 114D1-6).

Há um outro modo de reportar-se aos mitos, evidenciado pelo Estrangeiro de Eleia que reinterpreta três histórias antigas (*Político* 268D-274E). Platão *leva a sério três lendas*, tentando construir uma história que *explique aquelas narrativas*. Aquilo que parece atrair o Autor é a possibilidade de *tornar verdadeira uma história*: se em uma lenda há um núcleo racionalmente justificável, deve-se perguntar *de onde provém a verdade que o mito revela.* O Estrangeiro de Eleia hipotetiza um tipo de conhecimento original. Tal proposta não pode ser ignorada, porque este mito é tão importante que faz emergir o erro feito em uma diérese, ou seja, em um procedimento racional, e manifestar a *concepção cosmológica platônica e a sua visão teológica providencial.* Além disso, também em *Timeu* 40D-E afirma-se algo análogo: falar da origem das divindades supera as capacidades humanas, portanto, é melhor confiar na tradição e dar crédito àqueles que, declarando-se descendentes dos deuses, falam sobre esses *como se falassem da família deles*, mesmo que *sem argumentos prováveis e demonstrações rigorosas.*

Como confirmação disso, Platão condena aqueles que assumem uma atitude cética em relação a essas histórias (*Político* 271B2). O filósofo não aceita as fábulas sobre os deuses, mas nem mesmo a crítica racionalista, que tende a esvaziar e depreciar o mito, chegando a dizer que deve-se acreditar nos mitos (*Fedro* 229C-230A). Com a contribuição do *logos* é possível separar o mito, carregado de sentido, das fábulas. Em síntese, *a demitização deve interpretar o mito e explicá-lo, se e nos limites em que for possível.*

4. O problema do erro e do falso

Platão não pode evitar o tema do falso também por sua relação tanto com o erro – fruto da ignorância, que pesa na alma – quanto com a mentira – ação voltada a enganar, tema que já foi objeto de muita atenção por parte dos sofistas. O falso, de uma parte, não parece possível, enquanto, estabelecida a diferença entre aquilo que se conhece e aquilo que se ignora, ninguém pode pensar as coisas do primeiro grupo entre as do segundo e vice-versa (*Teeteto* 188A-C); de outra parte, não se pode negar a presença factual do erro e da opinião falsa. Platão aborda esse tema em *Teeteto* e em *Sofista* sobre um plano principalmente ontológico: quem pensa aquilo que não é, parece pensar o nada, enquanto sensação e pensamento remetem necessariamente a algo. Para rebater Platão, como veremos[2], se valem primeiramente da distinção entre não-ser "absoluto", o "nada" contrário ao ser, e não-ser "relativo", aquela "parte do diverso" que se opõe a um modo de ser específico. Sobre esta base, pode-se sustentar que as proposições falsas dizem algo que é, mas diverso daquele que há no plano real. Todavia, nem isso basta. O sofista pode hipotetizar que o discurso tem uma natureza tal que não permite a presença do não-ser, pois tudo nele é ser (*Sofista* 260D-E). Mas o discurso 1. é constituído por *nomes*, que designam atores, e 2. por *verbos*, que designam ações; deve ter 3. um objeto, porque é impossível se referir ao nada, e 4. uma qualidade, ser verdadeiro ou falso. Assim, dois discursos breves – "Teeteto senta", "Teeteto voa" – são formalmente iguais e aceitáveis, mas o primeiro é verdadeiro, e o outro, falso, uma vez que afirma uma coisa diversa daquela que é.

Platão (como bom dialético) sustenta que, apesar da oposição deles, verdadeiro e falso se apreendem juntos (*Sétima carta* 344B-C). Tal entrelaçamento revela-se diverso do movimento socrático, pelo qual *antes* se elimina o erro, *depois* se procede à busca. Ainda mais distante se revela o procedimento de Zenão, que, da falsidade de uma posição, pretende deduzir a verdade da afirmação oposta. A dialética platônica implica o reconhecimento de uma diferença: o juízo "a afirmação do verdadeiro é contextual à negação do falso" não é idêntico a "o verdadeiro é tirado da negação do falso". Não é possível partir do falso, porque isso que

2 Cfr. *infra*, p. 114-116.

brota de uma assunção conserva o seu sinal: algumas ciências, como as matemáticas, partem de hipóteses não fundamentadas, ou seja, não explicam as premissas postas. Mas se o princípio não é conhecido, as consequências terão o mesmo limite, o que torna impossível uma verdadeira ciência (*República* 533C). Pior ainda, se se parte de uma opinião falsa, não se chega à verdade (*Político* 278D8-E2). Com efeito, se se raciocina em termos de um procedimento paradigmático, não há passagem do erro à verdade, mas uma progressiva extensão do âmbito veritativo constituído pelo constante aperfeiçoamento do modelo explicativo.

Isso vale no plano lógico-linguístico. Mas, como sempre, Platão oferece uma outra discussão do erro, de caráter quase empirista (*Filebo* 38B-E): o erro nasce de uma integração, uma interpretação, não correta. Quem vê algo de longe, pergunta-se o que pode ser; na consciência, parte uma integração da sensação com a ajuda da memória: se a decisão capta a natureza do objeto, a opinião é verdadeira; de outra forma, é errada.

Sobre a mentira, temos uma forma *verdadeira*, que reside na alma de quem se deixa enganar e à qual divindades e seres humanos se opõem (*República* 382B-C). Há, porém, também uma mentira diversa, não falsa em absoluto, que se encontra nas palavras e que às vezes pode ser útil para convencer: quem conhece a verdade pode "mentir conscientemente a fim do bem".

5. Uma observação final sobre os limites das palavras

Antes de ver como na *Sétima carta* Platão enfatiza os limites das palavras, é necessário lembrar que não se trata de uma particularidade de tal texto. Platão ressalta muitíssimas vezes que a palavra é um instrumento traiçoeiro, mesmo que necessário. O nome acaba sendo uma estrutura cognitiva intrinsicamente limitada, que deve ser estudada por causa de sua periculosidade. Acontece até que sob um mesmo nome existam duas Ideias, ou seja, realidades diversas: acontece pelo prazer (*Filebo* 51E5) ou, de modo menos explícito, mas da mesma forma claro, pela retórica (*Górgias* 502D-503A).

Portanto, *o nome deve ser julgado* segundo uma metodologia que usa a evidência fenomenológica ou um procedimento lógico. Platão não aceita a pura convencionalidade do nome, porque isso parece comportar a ausência de uma ordem objetiva. A linguagem nos coloca de frente a dois dados que devem ser conservados e justificados: qualquer linguagem exprime uma ordem sem a qual se dissolveria, mas, ao mesmo tempo, vive de invenções "particulares" e contínuas inovações. A capacidade de dizer é universal, mas o modo como isso acontece é convencional. As palavras não são inventadas livremente: há um sistema em cujo interior somos colocados. De fato, em *Crátilo* fala-se de uma lei e de um legislador que dá as palavras ao controle do dialético. Este, estudando o entrelaçamento de palavras e conceitos, julga se o uso de um termo é correto. Tal trabalho tem, porém, um alcance limitado: é preciso aprender a partir das coisas mais que dos nomes (*Crátilo* 439B). O Estrangeiro de Eleia também convida Sócrates a não se ocupar demasiadamente das palavras (*Político* 261E): é preciso prestar atenção aos nomes, como ensina o sofista Pródico, porém mais negativamente, para evitar erros, que positivamente. De fato, ao apresentar esse útil sofista, Sócrates afirma *ter visto Tântalo* (*Protágoras* 315C8), ou seja, alguém obrigado a tentar alcançar algo que dele sempre fugirá.

Apêndice 1

A contribuição epistemológica da Sétima Carta[3] *342A-345C*

Platão quer explicar por que não escreveu a sua filosofia e por que critica quem, tendo composto textos "platônicos", demonstra não ter entendido nada de sua impostação. Para isso, propõe *um argumento verdadeiro*, que ele muitas vezes expôs no passado (342A). Essa *verdade* inicia com a apresentação esquemática das formas cognitivas: a primeira é o nome (*onoma*), por exemplo, "círculo"; a segunda é a definição (*logos*): "aquilo que tem os extremos equidistantes de um ponto chamado de centro"; a terceira é a imagem (*eidolon*): a figura que se constrói com o compasso; a quarta é a ciência (*episteme*); em quinto lugar se deve pôr o objeto cognoscível (342A-B).

A quarta passagem é articulada em ciência (*episteme*), inteligência (*nous*) e opinião verdadeira (*alethes doxa*), que devem ser consideradas como um todo. Isso é radicalmente diverso dos três precedentes, enquanto é destacado do corpo e é exclusivo da alma. Portanto, a *opinião verdadeira está na esfera do conhecimento superior*; o *nous* é superior às outras duas por sua natureza, enquanto é *congênere e semelhante à Ideia*.

3 Para uma avaliação sobre o complexo da *Sétima carta*, consulte o *Apêndice* do cap. 1, *supra*, p. 18-21.

Três outros dados são muito importantes: 1. o destacamento do dado objetivo: os níveis cognitivos culminam no quarto, a realidade, que está no quinto, é *sempre ulterior em relação ao conhecimento*, razão pela qual a ciência humana jamais a possui perfeitamente; 2. esse discurso vale para todo objeto; Platão oferece um Elenco indicativo: a figura reta e redonda, ou seja, formas geométricas de base; as cores, ou seja, elementos constitutivos do real; o bem, o belo e o justo, ou seja, Ideias supremas; todo corpo *construído pelo homem* ou existente na natureza; o fogo, a água e as outras coisas desse tipo, ou seja, as chamadas matérias--primas; todo ser vivo; os costumes das almas e todas as ações e paixões; 3. para confirmar os nossos limites, o conhecimento (humano) é possível apenas entrelaçando-se *os quatro níveis cognitivos*. Resta, porém, o fato de que na base de todo o processo está a palavra, que é intrinsecamente não confiável: os nomes não têm *nada* de estável, *nada* muda nos objetos se se trocam os nomes. Isso vale também para o *logos*, que é composto de nomes e de verbos, e se agrava no escrito.

Mas o problema verdadeiro é que os discursos exprimem ao mesmo tempo tanto a essência, a qualidade, a quantidade e assim por diante. Na linguagem, misturamos esses dois níveis e, aliás, ignorando o primado da essência, damos um papel central aos atributos, ao *aqui*, ao *agora*, ao *como*. Enquanto a alma aspira por conhecer a essência, *na linguagem e na realidade* tem sempre à sua frente as qualidades, consequentemente, aquilo que é dito e demonstrado *resulta facilmente refutável pelos sentidos*, o que gera grande confusão. Portanto, os sentidos têm valor, porque testemunham de modo direto, mesmo que epistemologicamente insuficiente, o dado objetivo. Um raciocínio que demonstra algo que *o complexo da evidência sensorial*, atentamente verificado, desmente deve ser considerado incorreto. Isso não coloca a sensação no plano dos conhecimentos válidos, porque o conhecimento começa quando *se pensa e se diz*, mas a sensação é ineliminável, enquanto afirma a existência de um real que é preciso entender e não negar.

A insistência nos limites humanos não leva de fato a uma conclusão cética. Ao contrário, Platão ridiculariza aqueles que creem poder fazer uma operação demolidora. Claro, quem em uma discussão argumenta a partir do quinto elemento, consegue fazer com que o outro pareça ignorante aos olhos dos presentes. Esses, porém, ignoram que não é uma refutação, mas apenas a demonstração da natureza débil de cada um dos quatro elementos (343C-E). O verdadeiro *elenchos* não deve esquecer que jamais se alcança o puro objeto de modo total e exauriente. Todavia, o conhecimento humano permanece válido: Platão *fala de episteme* (342A-C), que tem como objeto o verdadeiro ser. Como confirmação disso, ele alude à dialética: uma alma dotada e virtuosa, procedendo aqui e ali, consegue gerar, dificultosamente, *ciência daquilo que tem boa natureza em quem tem boa natureza*; os outros, que não têm natureza afim ao objeto, mesmo sendo inteligentes ou dotados de boa memória, não alcançam esses resultados. É necessário ter boas capacidades e natureza para obter *a verdade sobre a virtude e sobre o vício na medida do possível*. De fato, uma única ciência se aplica aos contrários, como virtude e vício, falso e verdadeiro. O resultado pode ser alcançado, mas exige total aplicação, tempo, o entrelaçamento dos vários níveis cognitivos (nomes, definições, visões e *sensações*), um esforço no máximo das possibilidades humanas (343E-344C).

O texto prossegue com afirmações sobre a natureza da busca filosófica e sobre os limites da escrita, perfeitamente compatíveis com o que é dito em *Fedro*: a filosofia, diferentemente das outras ciências, não deve ser apreendida por ensinamento direto. Ela deve ser *socraticamente praticada em comum*, porque vive de discussão; é trabalho pessoal que leva um sujeito a *descobrir*, de repente, após uma complexa reflexão dialética, um paradigma resolvedor, que nasce por si mesmo na alma e se autoalimenta no seu próprio trabalho hermenêutico (341C-D).

Platão esclarece também que, *se certas teorias fossem colocadas por escrito ou ditas*, ninguém poderia fazer melhor que ele; se ele se convencesse de que elas devessem ser comunicadas *adequadamente* à maioria, não poderia fazer nada mais belo do que colocar por escrito uma tal doutrina *que é útil aos seres humanos e esclarece a natureza das coisas.* Todavia, o filósofo pensa que não é bom comunicá-la diretamente: os leitores se iludem de saber porque memorizaram, enquanto não descobriram nada realmente. É necessário reconhecer *a fraqueza dos discursos*: nenhum pensador ousará confiar os próprios pensamentos a um tal instrumento, sobretudo a um meio imóvel como os signos da escrita (343A). Pode-se fazer exceção apenas àqueles poucos que *são capazes de encontrar soluções sozinhos com base em poucos indícios*. Portanto, o escritor deve ter um tipo de "reticência comunicativa" e deve "selecionar o leitor".

É o que Platão tenta fazer com o passatempo escrito, ao qual remetemos[4]. As *realidades superiores e*

4 Cfr. *supra*, p. 25-26.

primeiras da natureza devem ser respeitadas, e não colocadas por escrito à disposição de um público inapto. Não é útil nem mesmo escrevê-las como lembretes, enquanto esses conceitos "são expressos nas frases mais breves de todas" (344E2). Trata-se de algo do qual parece não haver rastros: essas breves fórmulas, facilmente relembráveis nos diálogos, não existem, todavia não é difícil reconstruí-las com base em tantas alusões feitas com um constante crescimento protréptico. Quanto à estrutura dos Princípios, ao contrário, devemos nos contentar com aquilo que os Testemunhos indiretos nos dizem sobre *Agrapha dogmata*.

Apêndice 2

O conhecimento absoluto (Fédon 64A-67B)

Para Sócrates, quando a gente diz que a filosofia é um exercício de morte, diz o verdadeiro, mas não sabe o porquê. Para explicar-se, propõe um raciocínio em chave binária, com uma forte contraposição entre alma, e corpo: o filósofo, que se preocupa com a alma e não com os prazeres do corpo (coisa que para a maioria corresponde a renunciar a viver), diferentemente dos outros, tenta liberar o máximo possível a alma do corpo. Isso vale também no plano cognitivo: os sentidos não têm valor veritativo porque não são nem exatos nem claros; a alma pode conquistar a verdade com o raciocínio se não estiver perturbada pelos sentidos. Consequentemente, *a alma do filósofo despreza totalmente o corpo*. Como se vê aqui, raciocina-se *exclusivamente do ponto de vista da alma*.

Neste ponto, falando do conhecimento das Ideias, explodem os superlativos: [...] a verdade absoluta (*to alethestaton*, 65E2) não é alcançada através do corpo; quem se esforça ao máximo (*malista*, 65E2) em pensar chegará muitíssimo perto (*engutata*, 65E4) de conhecê-la. O modo puríssimo (*katharotata*, 65E6) de proceder é que a alma aja ao máximo (*malista*, 65E7) apenas com *o pensamento*, ou seja, que se separe ao máximo (*malista*, 66A4) dos sentidos, utilizando *o pensamento apenas em si mesmo e puro para conhecer cada um dos entes apenas em si mesmo e puro* (66A1-3). A redundância da passagem parece evidente, todavia, também nesse contexto Platão ressalta que o ser humano pode se aproximar muito do conhecimento da realidade.

Estamos no movimento final. Fala-se dos "verdadeiros filósofos" (66B2), os quais reiteram que, enquanto a alma está ligada ao corpo – definido como *um mal* (*kakou*, 66B6) –, não é possível conquistar *em modo adequado* (*ikanos*, 66B6) o verdadeiro. Elencam-se os freios corpóreos que impedem que se busque o ser, que se ocupe de filosofia, que se veja a verdade. Portanto, se se quer conhecer *de modo puro* (66D8), é preciso despir-se do corpo e "olhar com a alma em si mesma as coisas em si mesmas" (66E1-2). Isso, obviamente, pode acontecer pelos mortos, não pelos vivos: então a alma estará por si, em si mesma, separada do corpo, sendo puros, conheceremos por nós mesmos o verdadeiro, porque não é lícito a quem é impuro captar aquilo que é puro (66E-67B).

Estas expressões duras, ressaltando pureza, absoluteza e perfeição, mostram que Platão está apenas reiterando que o ser humano jamais é *sophos*, jamais alcança o perfeito conhecimento. De fato, o texto afirma que, *no curso da nossa vida*, "estaremos muitíssimo próximos do saber" (*engutato*, 67A3) se tivermos poucas relações com o corpo e nos mantivermos puros. O *conhecimento perfeito* não é deste mundo, e Sócrates termina referindo-se à grande esperança que ele tem de vir a ter posse no outro mundo, *de modo adequado*, daquilo pelo qual trabalhou tanto na vida passada (67B8-10).

Em conclusão, a vida de um filósofo termina com a esperança de que aquele conhecimento perfeito do qual se aproximou no curso da vida, forçando ao máximo os próprios limites, seja conquistado pela alma no Além.

Mas essa não é a única perspectiva em que se pode e se deve ler as histórias humanas. Se isso fosse o "Platão completo", inteiras reflexões gnoseológicas, as reflexões éticas e políticas e também as experiências de Siracusa seriam desprovidas de sentido. De fato, no próprio *Fédon* 89E-90D, como vimos,[5] Platão sustenta que aqueles que duvidam da verdade cometem um grande erro, uma vez que existem *raciocínios verdadeiros e sólidos possíveis de serem reconhecidos como tais.*

Em síntese, devemos reconhecer pela enésima vez a polivalência estrutural do discurso platônico e o seu contínuo uso de "passatempos" para nos obrigar a refletir.

5 Cfr. *supra*, p. 56-57.

IV.

Dialética e mundo das Ideias

1. A filosofia de Platão

Abordando a filosofia de Platão, é preciso renunciar a qualquer hipótese de simplificação. O discurso platônico é intrinsicamente complexo, pelo menos porque vive de um estreito laço entre dimensão ontológica e dimensão gnoseológica.

1.1. A dialética

É preciso refletir sobre uma particularidade terminológica: Platão, nisto seguido por toda a tradição ocidental, utiliza o termo "dialética" para indicar duas realidades diversas. Para evitar as confusões que daí se seguem, é necessário distingui-las. Usamos *dialógica* para a técnica da discussão, que exige a presença de dois interlocutores e uma atenção ao papel diverso de quem pergunta e de quem responde. Trata-se de um procedimento educativo, que a interpretação tradicional supervaloriza, enquanto Platão o considera apenas uma das opções possíveis, útil em escritos protrépticos. De fato, não se compreende por que a investigação sobre os nexos entre conceitos deva *necessariamente* passar através do confronto com um interlocutor.

Dialética, termo frequentemente usado por Platão como sinônimo de *filosofia*, refere-se a uma visão do real que afirma a prioridade original das diferenças e que busca propor um modelo cognitivo adequado à complexidade do real. Tal instrumento 1. é baseado em um entrelaçamento de conceitos diversos que são *referidos* por sua própria *distinção* e *contraste*, 2. recusa o simples e o imediato, 3. não tem necessidade de um confronto entre diversos sujeitos: conta apenas o nexo *entre os* e/ou *nos* conceitos. Daí a presença de modelos diádicos e triádicos já encontrados.

Como confirmação disso, enquanto o mestre da arte do diálogo é Sócrates, quando chega o momento de apresentar a dialética, a função diretiva passa a Parmênides (no diálogo homônimo), que aborda a busca de um jovem Sócrates ou a um Estrangeiro de Eleia (em *Sofista* e em *Político*), que desenvolve as diéreses diante de um velho Sócrates, que escuta em silêncio.

Platão ressalta a importância da dialética com um particularíssimo jogo de dramaturgia. Temos uma trilogia compacta, *Sofista, Político, Filósofo*, com uma perfeita sequência de lugar e de personagens e uma estranheza: o último diálogo *não é escrito*. Porém, Platão teve tempo de fazê-lo, e, o que é ainda mais estranho, a investigação se desenvolve para esclarecer "o que é o filósofo e a filosofia", distinguindo-o de figuras semelhantes. *Falta, então, exatamente a finalidade de todo o trabalho.*

Esta trilogia é então coligada ao *Teeteto*, de modo *extraordinário*. De fato, ao fim daquele diálogo, encontramos uma figura dramatúrgica típica de Platão: a alusão a um encontro ulterior. Porém, *jamais* acontece das personagens se reencontrarem, com esta exceção: o *Sofista* começa a manhã seguinte *com as mesmas personagens que se encontram reevocando o acordo feito no dia anterior.*

Essa sequência é *excepcional* também por um outro motivo: Platão jamais cita as suas obras, mas aqui, *caso único*, *encontramos alusões*, que envolvem também *Parmênides.* Essas referências parecem ainda mais relevantes, porque frequentemente não são necessárias ao desenvolvimento argumentativo, por isso revelam-se ainda mais claramente *voluntárias*[1]. Estamos diante de uma pentalogia, com *Parmênides* e *Teeteto* conectados a dois diálogos, *Sofista* e *Político*, funcionais a um terceiro, *Filósofo*, que *não é escrito*: um longo caminho que fica *incompleto* – coisa *inexplicável para a interpretação tradicional*.

Ao contrário, se se aceita o conceito de passatempo e de procedimento protréptico, a coisa se revela compreensível: Platão indica que estes quatro diálogos devem ser lidos sucessivamente e como um bloco único, que apresenta a dialética valorizando a contribuição eleática. Antes de *Parmênides*, Platão *parece* ignorar a escola de Elea, coisa não crível por muitas razões: 1. a estatura do nosso filósofo; 2. na polêmica anti-heracliteia de *Crátilo* há ecos eleáticos; 3. conhece a relação entre sofística e eleatismo, a ponto de definir Górgias como "Palamedes eleático" (*Fedro* 261D); 4. as características das Ideias têm uma evidente ascendência eleática; 5. vários argumentos erísticos de *Eutidemo* dependem diretamente do eleatismo. Em uma forma de escrita controlada, que *decide* quais informações fornecer, o eleatismo emerge apenas no momento em que se deve apresentar a dialética: com um verdadeiro *coup de théâtre*, os Eleatas, *de desconhecidos, se tornam mestres.*

Nesta chave, a sucessão dos diálogos conquista sentido. *Parmênides* constitui um prólogo necessário, que repropõe de forma explícita uma sequência já proposta em *Fédon* 96A-102A[2]. No texto, Sócrates afirma que 1. o estudo físico da realidade falha por

---

1 *Parmênides* é citado em *Teeteto* 183E e em *Sofista* 217C; o *Teeteto* é relembrado no início de *Sofista* 216A e duas vezes em *Político* 257D, 258A; o *Sofista* é repetidamente citado em *Político* 257A, 258A, 258B-C, 266D5, 284B7, 284C, 286B.

2 Cfr. *supra*, p. 58-60.

uma série de aporias; 2. essas podem ser superadas remontando às Ideias; 3. se então alguém aporetiza as mesmas Ideias, é necessário proceder do mesmo modo, buscando outros Princípios superiores. De forma análoga, em *Parmênides*, 1. Zenão mostra que a realidade física é aporética; 2. Sócrates propõe como teoria resolutiva aquela das Ideias, que, porém, o *juveníssimo* filósofo não aprofundou: é uma teoria em sua forma elementar, primordial. 3. o velho Parmênides aprova a tese socrática, mas mostra ao seu interlocutor que também essa teoria levanta uma série de aporias[3]. Muitos interpretam esse texto como o sinal de dúvidas sobre a teoria das Ideias. *Contra essa leitura*, o diálogo apresenta um sinal muito forte: *antes e depois dessas aporias, Parmênides ressalta a irrenunciabilidade das Ideias.*

Antes das aporias, mediante pergunta de Parmênides, Sócrates declara 1. estar certo da existência das Ideias dos conceitos abstratos, 2. ter dúvidas sobre as Ideias das realidades físicas, 3. estar seguro sobre a *não-existência das Ideias de seres ridículos e vulgares.* Neste ponto, recebe uma reprimenda moderada na forma, mas muito dura na substância: "Claro, Sócrates, és ainda jovem e a filosofia ainda não se apoderou de ti como espero que o faça quando não desprezares mais nenhuma destas realidades. Agora, porém, *por causa da tua idade, levas em consideração as opiniões dos homens*" (130E1-4). O jovem deve aprender a não se deixar condicionar pelo juízo das pessoas: existem Ideias de conceitos abstratos, de realidades físicas e também de entes que *as pessoas* consideram ridículos e vulgares. De fato, se as Ideias justificam a existência

3 Cfr. *infra*, p. 95-98.

e a cognoscibilidade dos entes, se a lama ou o cabelo têm uma identidade ontológica sua, isso é possível apenas pela existência de Ideias apropriadas.

Depois da discussão sobre as aporias, Parmênides afirma que a filosofia não pode deixar de lado as Ideias: "Se alguém não quiser admitir que existem as Ideias das realidades, por todas as dificuldades já mencionadas e outras ainda, e não quiser admitir uma Ideia para cada realidade individual, não terá um ponto de referência para o seu pensamento, uma vez que não admitirá haver sempre uma mesma Ideia de cada uma das realidades: e assim destruirá a força da dialética." (135B5-C2). Portanto, se se renuncia às Ideias, abandona-se a filosofia.

Em síntese: as objeções *não são contra* as Ideias, que são necessárias, mas apresentam *aporias* que precisam ser resolvidas. Por isso, o velho filósofo convida o jovem Sócrates a se exercitar *naquela dialética que a maioria considera um puro jogo de palavras, mesmo sendo necessária para não deixar que a verdade fuja* (135A-D). Então, por *filia*, para ajudar este jovem amigo, Parmênides se deixa convencer a oferecer aquele *exemplo de exercício dialético*, que constitui a segunda parte do diálogo.

Depois desta apresentação "didática" da dialética, Platão apresenta, com *Teeteto*, o tema da ciência em um quadro socrático, como mostra *a invenção* da maiêutica e a discussão aprofundada da posição de Protágoras. O próprio Sócrates no fim afirma que, com ele, não é possível proceder além: *sua arte chega apenas até aqui*. Na ausência da dialética, a conclusão não pode ser positiva, porém os interlocutores parecem muito satisfeitos. Teeteto pariu mais do que esperava; o trabalho feito se revelará positivo até mesmo se o jovem matemático não for avante, e se, ao contrário, ele desenvolver uma discussão ulterior, *descobrirá a verdadeira riqueza dos raciocínios feitos*. Os resultados *provisórios* alcançados devem, portanto, ser aprofundados, e Sócrates marca um encontro com Teodoro – velho amigo e grande matemático – para o dia seguinte.

O *Sofista* começa exatamente na manhã seguinte: Teodoro leva consigo um Estrangeiro de Eleia – *um anônimo Eleata de terceira geração, aluno de Parmênides e de Zenão* –, que os fará ir além de Sócrates. O problema da ciência é retomado, mas na forma mais correta de investigação sobre a filosofia e com um procedimento dialético, que, porém, não é explicitado. Decide-se, de fato, proceder (de forma diairética) eliminando, em função da definição do filósofo (não escrito), antes o sofista, que parece um filósofo, mas é um inimigo, e, depois, o verdadeiro político, que é um filósofo dedicado à política ou um político dedicado à filosofia.

Esse movimento duplo explica o uso de um estratagema dramatúrgico: o Autor escreve *dois* diálogos lá onde, na realidade, há apenas um. Não existe nenhuma solução de continuidade entre *Sofista* e *Político*, mas são *dois* diálogos. Assim, Platão assinala tanto a continuidade quanto a ruptura entre os dois temas.

Eliminado este equívoco do sofista (*Sofista*) e evidenciadas as características de uma ciência próxima à filosofia (*Político*), restava escrever *Filósofo*, ou seja, revelar a própria filosofia, coisa que Platão evidentemente não quer fazer. O Autor, mesmo tendo dito (*Político* 257C) *que não se pode abandonar uma investigação antes de chegar ao fim*, não escreve *sobre o tema de maior valor desta sequência de diálogos*.

1.2. A centralidade da dialética

Platão alude com cautela à dialética, forma própria da sua filosofia, mas permite sua reconstrução, porque ele pôde escrever tanto, e, no crescimento da sucessão protréptica dos diálogos, o discurso se torna cada vez mais explícito.

A necessidade de uma abordagem dialética encontra fundamento na própria realidade. Sócrates se declara *amante das divisões e das unificações*, de modo a ser *capaz de falar e de pensar*; se encontra alguém capaz de olhar ao mesmo tempo o um e os muitos, um "dialético" *segue os seus passos como aqueles de um deus* (*Fedro* 266B-C). De fato, dialético é *aquele que sabe perceber a essência de cada coisa* (*República* 534B3-4), e *ela se revela intrinsecamente uni-multíplice*. Platão afirma isso em diversos diálogos e então tematiza (*Filebo* 14C), dizendo que é necessário abordar um discurso muito problemático: os muitos são um e o um é muitos. Quem assume uma posição unilateral, a favor do um (porque o múltiplo é um) ou dos muitos (porque o um é múltiplo), fica exposto a objeções, porque *ambas as afirmações são verdadeiras.*

Sócrates então chega a uma afirmação explícita: a *identidade* (*tauton*) entre o um e os muitos manifestada pelos raciocínios recorre toda vez em cada afirmação, sempre, no passado como agora, enquanto é uma característica intrínseca aos nossos próprios discursos (15D4-8). Mesmo que Platão mostre (*Fédon* 102D-103A; *República* 436B, 436E-437A) conhecer o princípio de não contradição, pelo qual os contrários se excluem, aqui afirma uma *identidade*, isto é, *a possibilidade de falar de uma mesma realidade intrinsecamente complexa seja como um, seja como muitos.* Toda realidade *una* é *intrinsecamente múltipla* se tem o conhecimento no momento em que se identifica a articulação do inteiro que se está analisando. Não basta saber que é *um, muitos e infinitos*, é preciso construir sistemas cognitivos que captem a sua articulação.

Pensa-se apenas distinguindo e unificando; de fato, todas as invenções foram feitas por meio da dialética (*Filebo* 16C), *ou seja, captando* a unidade de um gênero e as múltiplas diferenças específicas. Temos, então, nesse caso, também *duas* dialéticas. Uma é inerente ao nosso pensamento, desprovida de conhecimento metódico, mas eficaz – Platão afirma que *qualquer um poderia conhecer tal ciência* (*Filebo* 58A). A outra, filosófica, complexa e difícil, elabora uma metodologia e põe a questão sobre o fundamento ontológico dessa situação (como veremos no próximo capítulo).

Nenhuma ciência é superior *a essa dialética*: ela possui *a pureza do intelecto e da inteligência*, interessa-se apenas pelo desejo do verdadeiro, inerente à nossa alma. Tendo por objeto as realidades que permanecem idênticas, deve ser colocada no vértice das ciências (*Filebo* 57E-58E).

2. Valor, aporias e natureza das Ideias

Os primeiros diálogos se esforçam muito para fazer com que o leitor entenda que há uma pergunta de fundo da qual é necessário partir: "o que é x (o objeto da investigação)?", ou seja, qual é a sua natureza, o que o causa e o fundamenta? A resposta, como vimos em *Fédon*, não pode ser encontrada na realidade física, mas em formas superiores, as Ideias, que determinam a natureza e a cognoscibilidade dos objetos. Platão não *resolve* as aporias do mundo físico, mas constrói uma visão do real que evita tais dificuldades. Nesse sentido, *as Ideias são postulados resolutores enquanto modificam o paradigma*. De fato, em nenhum diálogo há *uma dedução das Ideias*, que são sempre apresentadas como um dado garantido e conhecido.

Todavia, *Fédon* hipotetiza a presença de dificuldades a respeito das Ideias, depois explicitadas em *Parmênides*. O velho Eleata apresenta duas aporias sobre a relação entre Ideias e coisas. *A primeira aporia* (130E-131E) propõe objeções similares às propostas em *Fedro* contra a teoria dos físicos e sustenta que é impossível acreditar que as coisas participem de uma Ideia, totalmente ou em parte. *A segunda aporia* (131E-132B) põe as Ideias ao lado das coisas que participam delas, o que dá lugar a um processo infinito com o movimento típico do *argumento do Terceiro homem*. Se tomam-se juntas tanto as coisas grandes *a b c* quanto a Ideia-G (que é grande), é necessária uma outra Ideia-G1 para coligar esses dois termos. O problema é reproposto para essa Ideia-G1 e assim por diante, com Ideias-G que se multiplicam infinitamente. O *Terceiro homem* é tão relevante para Platão que Parmênides pouco depois propõe uma segunda versão dele (132D-133A): se a coisa *a* é cópia da Ideia modelo A, é necessária uma Ideia comum B que as ligue; B deverá, por sua vez, ser similar a ambos os termos, por força de uma outra Ideia C, e assim por diante, com a chegada das Ideias D, E etc., que se multiplicam infinitamente.

A coisa interessante é que, para Aristóteles, o argumento do *Terceiro homem* é o mais válido contra as Ideias. Devemos então supor que Platão estivesse convencido de ter um modo para resolver essa aporia, modo que, por razões teóricas, não convencia de fato o Estagirita.

Parmênides propõe então duas *dificuldades maiores* (133A-134E), que nascem caso se estabeleça uma *total separação entre mundo das Ideias e mundo físico*. Nesse caso, a ciência em si terá como objeto as verdades em si, enquanto as nossas ciências empíricas se ocupam dos objetos concretos, e não das Ideias propriamente. Consequentemente, os seres humanos não teriam acesso à verdade das Ideias.

Há uma consequência mais grave: se as duas esferas do real fossem separadas, a divindade, que tem um poder absoluto e a ciência mais perfeita, não conheceria o mundo físico e não teria poder sobre ele. O tema é tal que Platão não quer deixar dúvidas: Sócrates afirma que tudo isso é impossível. *Portanto, é errada a premissa que leva a esses êxitos: não é possível pôr uma separação radical entre mundo das Ideias e mundo físico.*

Platão, que sabe bem que essas aporias podem gerar dúvidas no leitor, por um lado, sustenta a necessidade das Ideias e, por outro, lembra o quanto é difícil convencer quem sustenta a impossibilidade de conhecê-las. É preciso que o interlocutor seja especialista, dotado, capaz de seguir uma demonstração complexa e *deduzida de premissas remotas* (133B), ou seja, anterior às próprias Ideias. De fato, uma pessoa, posta diante de tais dificuldades, pode sustentar que as Ideias não existem ou que são incognoscíveis. Apenas um homem muito dotado pode compreender que existe um gênero em si e por si para cada realidade, e apenas uma pessoa ainda mais excepcional pode descobri-lo e ensiná-lo, depois de tê-lo examinado em todos os aspectos (135A-B). Portanto, Platão não coloca realmente em discussão a existência das Ideias, cujo conhecimento, porém, requer grandes dotes e capacidades dialéticas. Por isso, Parmênides aceita dar ao jovem Sócrates um *exemplo* dos exercícios dialéticos que um jovem deve fazer: uma série de passatempos, que constituem a segunda parte de Parmênides, deixando ao leitor a tarefa de pensar e elaborar *um exercício provocante, que, por sua natureza de "breve" exemplo, não quer, não pode e não deve ser conclusivo.*

De fato, já em *Fédon*, Platão alude ao procedimento a ser ativado para abordar as aporias relacionadas às Ideias. É preciso 1. *descer* para checar se as consequências do postulado concordam entre si, ou seja, se o paradigma é coerente; 2. *subir novamente* para explicar o próprio postulado, encontrando um mais elevado; 3. até que se identifique um *adequado*, ou seja, que possa ser posto como primeiro; 4. nessa tarefa, é preciso evitar misturar os dois procedimentos, como fazem, porém, os antilógicos (101D-E). Se o *termo primeiro* é identificado e compreendido, pode-se dizer que *essa* busca foi concluída (107B).

O procedimento é único: como a partir das aporias físicas se sobe à teoria das Ideias, da mesma forma das aporias das Ideias se procede a busca dos Princípios. O desenvolvimento de *Parmênides* realiza o que foi dito em *Fédon*, primeiro explicitando as aporias sobre as Ideias e então oferecendo um exemplo do trabalho dialético que é preciso fazer.

2.1. A natureza das Ideias

A dialética é absolutamente necessária, sobretudo por um dado da natureza das Ideias que pode parecer contraditório, mas não o é; ele revela apenas a natureza "complexa" desses entes "simples": as Ideias são feitas de Ideias e são partes de Ideias superiores.

Podemos, seguindo Reale[4], exprimir em seis pontos as características das Ideias: a inteligibilidade, a incorporeidade, o ser em sentido pleno, a imutabilidade, a perseidade (são absolutamente objetivas em si e por si) e a unicidade (toda Ideia é o princípio unificante das coisas que dela participam). Os problemas que esses entes nos colocam são muitos, mas dois têm uma importância particular.

Para Platão, as Ideias, entes simples, são compostas de outras Ideias; se não fosse assim, o procedimento diairético não teria sentido. Porém, os textos afirmam isso explicitamente, frequentemente ressaltando que, no procedimento dialético, é preciso dividir *por Ideias* (*kat'eide*) seguindo as articulações naturais (*Fedro* 265E). Em *Político*, fica explícito que é preciso proceder de modo que *a parte* (meros) *seja uma Ideia* (eidos) (262A-B). Não se faz assim quando, por exemplo, divide-se o gênero humano em Helenos e Bárbaros, porque a esta última palavra não corresponde nada de unitário, mas apenas povos diversos entre si. É preciso, em vez disso, proceder de modo *conforme às Ideias* (*kat'eide*), dividindo até que se torne impossível

4 REALE, G. *Per una nuova interpretazione di Platone. Rilettura della metafisica dei grandi dialoghi alla luce delle "Dottrine non scritte"*. Milão: Vita e Pensiero, 1987, 2003[21], p. 159-213, que indico para aprofundamentos necessários.

identificar dois termos para separar q*ue sejam ao mesmo tempo Ideia e parte* (262E-263A).

O Estrangeiro evita o esclarecimento adequado da questão – é a técnica que Platão usa para as questões de grande importância – e reconhece não ter formulado de modo claro a distinção entre *Ideia e parte*, mas afirma que, quando há uma Ideia, é *necessário* que ela também seja parte, ao mesmo tempo em que não há necessidade alguma de uma parte ser Ideia (263A-B). Da mesma forma, *uma parte pode ser também um pedaço desprovido de sentido e de unidade*, ou seja, que não se refere a nenhuma Ideia, *toda Ideia é feita de outras Ideias e é parte de uma Ideia.* O real, mesmo no nível das Ideias, é sempre feito de inteiros constituídos de partes. Isso explica a importância que têm a dialética, e o método dialético e a crítica voltada àqueles que unificam e dividem sem ordem (*Político* 285A-B).

O segundo tema de grande importância é aquele misto de transcendência e imanência que caracteriza as Ideias. De fato, por um lado, não há razão em duvidar da natureza transcendente das Ideias; por outro lado, temos uma série de dados de sentido oposto. Em particular, as objeções de Parmênides no diálogo homônimo levam à exclusão de uma *radical separação* entre Ideias e realidades físicas. Veremos no capítulo sucessivo que a realidade é um misto, o que leva a ressaltar a imanência da ação do elemento ordenador em uma realidade desordenada. Devemos, portanto, afirmar que 1. os âmbitos do real são dois, um sensível, com realidades que são e não são – portanto se tornam – naturalmente desordenadas, e outro inteligível, com realidades estáveis, incorruptíveis e simples, princípio de unidade, que subsistem em si; 2. a ação das Ideias é imanente ao mundo empírico, ao qual impõe uma ordem. Isso propõe um problema teórico quase insolúvel, do qual Platão certamente estava consciente e que está na base da constante polêmica de Aristóteles. Como prova, Ross[5] já havia esquematizado tanto as expressões que indicam a imanência das Ideias quanto as expressões que indicam a transcendência. Tal mapa, que poderia ser ulteriormente estendido, confirma que as Ideias têm características tanto de "imanência" quanto de "transcendência". Fica o problema teórico: como pode uma realidade transcendente ser operativamente imanente sem se comprometer com o próprio tornar-se? Platão responde com a tematização do instante em *Parmênides* 155E-156C. Para ressaltar a importância da discussão, Parmênides quase a isola, ressaltando que retoma *pela terceira vez* a questão do tempo, que já teve duas discussões, não por acaso muito paradoxais.

Em um processo temporal, uma realidade não pode, ao mesmo tempo e do mesmo modo, participar e não participar do ser: é necessário distinguir o momento em que participa, ou seja, nasce, do momento em que o abandona, perece. A passagem de um estado ao outro põe, porém, um problema de fundo: *quando* um objeto passa do movimento à estase e vice-versa? Claro que não no passado, que não existe mais, nem no futuro, que ainda não existe, e nem mesmo no presente, em que uma realidade é, e não se torna. Como esses são os três únicos momentos do tempo, é preciso pensar que a passagem

5 ROSS, W. D. *Plato's Theory of Ideas*. Oxford: Clarendon Press, 1951, 1953². Trad. it. G. Giorgini. *Platone e la teoria delle Idee*. Bolonha: il Mulino, 1989, p. 294 ss.

aconteça em um estado extraordinário fora do tempo – o instante (*to exaiphnes*). A realidade no instante, estando fora do tempo, configura um estado metafísico superior a todo o nosso sistema categórico, que é marcado pelo tempo: *uma realidade superior ao próprio ser*, uma eternidade que não é feita de um passado e de um futuro, mas de um presente estável. Esse estado *totalmente outro* é proposto por Platão como um momento intermediário – se assim se pode dizer – *interno a todos os processos temporais que interessam à realidade deveniente*. Nesse sentido, *o eterno não parece radicalmente destacado e ausente dos processos do tornar-se, mas é a este intimamente conectado*. De fato, *a Ideia intervém na realidade física para ordená-la*, mas não pode ficar envolvida no tornar-se, ou seja, *em um antes-e-depois temporal*.

2.2. Ideias para todos os entes

A Ideia é o princípio de ordem que explica a existência e a cognoscibilidade de cada objeto. Isso permite que se justifique o fato de que, contrariamente a uma opinião difundida, *Platão demonstra não ter dúvidas sobre a existência de Ideias de manufaturados*, afirmando-a em contextos em que não é necessário. Platão distingue três níveis de realidade, três camas: a cama em si, uma certa cama feita por um artesão – voltando o olhar à Ideia –, e a cama reproduzida em imagens (*República* 596B-597B); de forma análoga, ao marceneiro que faz a lançadeira e olha a Ideia *da lançadeira em si* (*Crátilo* 389B). Ainda, na lista dos objetos do conhecimento (*Sétima carta* 342D), fala-se "de todo tipo de corpo, *fabricado* ou gerado naturalmente".

Trata-se de um tema mais importante do que poderia parecer: já na primeira Academia, houve uma tentativa de limitar as Ideias apenas ao âmbito natural, eliminando aquelas dos produtos técnicos e aquelas "ridículas". Tratou-se provavelmente de um tipo de hipermetafisicação das Ideias, entes divinos que, 1. enquanto tais, não podem ser conhecidos por seres vulgares e 2. não podem ser atribuídos a certas realidades "humanas" ou inferiores.

A impostação platônica é mais coerente e não mostra falhas nesse campo: *se a Ideia é aquele princípio de ordem que permite que uma coisa qualquer exista e seja compreensível, identificável*, é necessário aceitar Ideias para todos os entes. De fato, todas as invenções técnicas foram feitas por meio da dialética (*Filebo* 16C); a metrética trinária[6], que tem uma relevância ontológica e axiológica e que se refere à justa medida, *é essencial para a existência das técnicas e de suas obras* (*Político* 283D-284D); o ótimo artesão (colocado *sem razão alguma* no mesmo plano do guardião) deve ser capaz de olhar o múltiplo e de operar para conhecer o uno (ou seja, deve ser dialético) de modo a orientar a este os outros elementos (*Leis* 965B-C). Todos os seres humanos têm uma relação com as Ideias e são, em certo sentido, dialéticos, mesmo que apenas os filósofos o sejam de modo pleno e consciente.

3. A dialética das Ideias

Em uma realidade uni-multíplice, as Ideias têm necessariamente uma relação entre si. Trata-se de

6 Cfr. *infra*, p. 223-224, 238-241.

nexos tão complexos que Parmênides propõe, *como exercício*, que se hipotetize para qualquer objeto 1.1. a existência, 1.2. a não existência e 1.3. um outro afeto qualquer, examinando depois 2. as consequências em relação 2.1. ao próprio objeto, 2.2. a cada um dos outros, qualquer um que se escolha, 2.3. a mais objetos entrelaçados entre si, 2.4. a todos tomados juntos. E o grande Eleata adiciona que tudo isso é necessário *se alguém quiser ver a verdade depois de ter desenvolvido completamente o exercício* (*Parmênides* 136B-C).

De fato, a análise dialética implica o esforço de identificar as Ideias que se relacionam entre si, levando em conta o fato de que algumas tornam possível o nexo entre *as outras*, enquanto outras têm a tarefa oposta, a de dividi-las (*Sofista* 253B-C). Por isso, Platão formalizou três tipos diversos de investigações, apresentadas nos diálogos em uma forma que pode ser enganosa. De fato, nestes textos encontramos *os modelos realizados*, fruto do trabalho desenvolvido na Academia; consequentemente, as análises são desenvolvidas de modo linear, sem aquelas dificuldades e aqueles "becos sem saída" que *certamente* se encontravam na busca.

3.1. Um primeiro modelo de diérese

Trata-se de um procedimento *descendente* que permite *definir a Ideia objeto da investigação* em relação àquela da qual se parte e àquelas das quais, no curso do processo, se distingue. Tomemos por exemplo a primeira diérese (*Sofista* 221C-223B) – o sofista *caçador de jovens ricos*. A sofística é uma arte aquisitiva, de apropriação com a caça a animais terrestres domésticos, usando a persuasão em particular, afirmando fazê-lo por virtude, enquanto visa ao dinheiro. Este é o modelo (o termo em itálico é aquele selecionado positivamente):

arte
produtiva *aquisitiva*
de troca *de apropriação*
com luta *com caça*
de inanimados *de viventes*
flutuantes *terrestres*
domésticos selvagens
com violência *com persuasão*
em particular em público
para lucro para doar
com prazer *diz fazê-lo por virtude*
para sustento *visando ao dinheiro*
arte da adulação *sofística*

A dificuldade que se encontra ao ler este esquema que reproduz exatamente o desenvolvimento do texto explica por que Platão dá *sucessivamente* um conselho de "bom senso": proceder colocando sempre à direita o conceito selecionado (*Sofista* 264E), coisa que, obviamente por razões *educativas*, ele não fez. Não é nem mesmo possível proceder sempre por divisões dicotômicas, porque é necessário respeitar a realidade (*Político* 287B-C): se um dado se divide em muitas artes, é necessário seguir as divisões naturais. A diérese é, de fato, um instrumento não rígido, mas dúctil.

Enfim, Platão convida todos a não esquecerem o negativo que foi eliminado (*Político* 280B), porque apenas assim se capta o sentido das escolhas feitas. A diérese enfatiza as diferenças, fazendo emergir aproximações e distâncias teóricas que, de outra forma, não seriam notadas. Nesse sentido, é *um método tipicamente dialético*, que recupera no plano da capacidade descritiva aquilo que perde em rigor. De fato, é *um método fraco* (tanto que Aristóteles chega a defini-lo, em *Analíticos anteriores* 46a31, como "um tipo de silogismo impotente") e nem mesmo heurístico, porque reelabora *aquilo que já se sabe* e se deve saber, caso contrário, não se pode proceder nas divisões. Todavia, é um método útil para indagar uma realidade que é um conjunto de *relações em que é posto e de que é constituído cada elemento.* Por isso, mesmo que a sua apresentação formal esteja em *Sofista*, rastros do procedimento dicotômico aparecem nos diálogos.

Movimentos diairéticos são identificados na distinção entre dois tipos de sapiência, a humana e a divina (*Apologia* 20D-E), entre duas partes do justo (*Eutífrones* 11E-12D) e dois tipos de cuidado (*Eutífrones* 13A-E), entre duas partes da arte dos feitiços (*Eutidemo* 289E). O caso mais evidente é a "diérese" insistida em *Górgias* (*passim* 463A-520A), que distingue arte de adulação (*kolakeia*), podendo ser esquematizada assim:

Um modelo tão complexo, extremamente importante para a ética e para a retórica, é justificado apenas com base em uma notável investigação diairética.

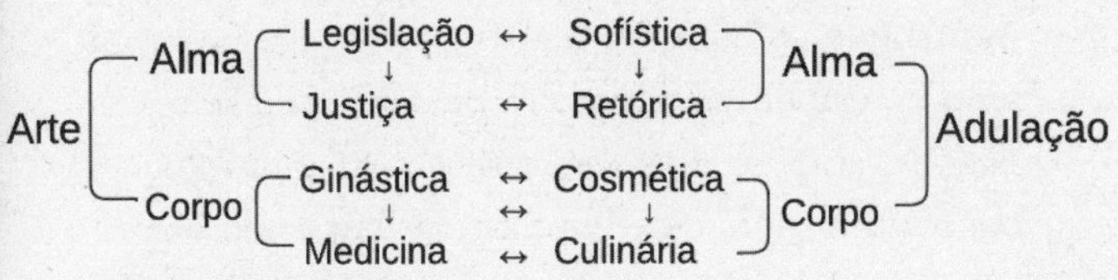

3.2. Um segundo modelo de diérese

Platão explicita um segundo tipo de diérese em *Filebo*: 1. é preciso pôr na base de toda realidade uma única Ideia; captada esta, 2. é necessário examinar se ela contém outras duas, ou três, ou outro número; 3. é preciso proceder do mesmo modo para cada uma destas unidades, 4. de modo a não se limitar a dizer que é uma, muitas e infinitas, mas para descobrir quantos são os elementos que a constituem: deve-se identificar o número determinado dos muitos, que é médio entre o um e o infinito. Trata-se de um trabalho que tende a descobrir a estrutura das Ideias, oposto aos procedimentos dos eristas, que unificam ao acaso e passam então com muita facilidade ao infinito, saltando totalmente as realidades intermediárias (*Filebo* 16C-17A).

3.3. O nexo dialético entre metaideias

As Ideias superiores, as Metaideias, têm um outro nível de abstração que torna impossível uma análise da estrutura delas. Isso não bloqueia Platão: deve-se questionar a relação entre duas Ideias opostas, que pode originar resultados diversos. Por exemplo, enquanto similar e dissimilar se evocam reciprocamente (no sentido de que se A é similar a B, necessariamente é também dissimilar a B), idêntico e diverso se excluem (no sentido de que se A é diverso de B, não pode em sentido nenhum ser idêntico a B); deve-se então investigar os vários gêneros, para verificar se e o quanto eles concordam e/ou se excluem ou, melhor ainda, quais e como conectam ou dividem as Ideias (*Sofista* 253B-E).

Platão faz menção a uma multiplicidade de nexos: 1. uma Ideia que se estende *através de* muitas outras, que se mantêm separadas trata-se de *uma Ideia pervasiva*, que não unifica realmente as outras Ideias; 2. muitas Ideias abraçadas *pelo exterior* por uma trata-se de um nexo de alguma forma *extrínseco*, um recipiente, em cujo interior as Ideias encontram colocação; 3. uma Ideia única que, atravessando-as, unifica muitas Ideias, de forma a conservar a sua unidade: nesse caso temos uma unidade forte; 4. muitas Ideias separadas e distintas: há termos que não encontram uma unificação verdadeira.

Esse é o trabalho que deve fazer a dialética, *ciência das identidades e das diferenças*, captar, em nível abstrato, entrelaçamentos e divisões, mantendo uma constante atenção na dimensão empírica e evitando confundir os três modelos: 1. no primeiro procedimento diairético temos *um tipo de definição* que coloca uma Ideia no contexto das Ideias às quais está *realmente* conectada; 2. no segundo modelo de diérese, captamos *a estrutura de uma Ideia complexa, de um sistema*; 3. na relação entre as Metaideias, prevalece o nexo de implicação (ou de negação).

3.4. A relação inteiro-todo-partes

Na visão dialética de Platão, o efeito ontológico que melhor exprime a natureza "sistêmica" da sua filosofia (verificaremos isso no capítulo sucessivo) manifesta-se no nexo inteiro-partes, já visualizado quando foi ressaltado o caráter uni-multíplice de toda realidade. Tal relação é tão relevante a ponto de ser posta como *ulterior em relação à dupla pervasiva idêntico-diverso*: toda realidade, em relação a uma outra, é ou idêntica ou diversa, *ou é uma parte ou o inteiro daquela* (*Parmênides* 146B). De fato, a relação inteiro-parte é muito estreita e não é correto, *em sentido próprio*, dizer que uma parte é idêntica ou diversa do inteiro.

Platão distingue *quatro conceitos* (mesmo que frequentemente se mova com a mesma desenvoltura terminológica): 1. *o inteiro* (*to olon*) é uma realidade que manifesta uma ordem que se impõe às partes que o constituem, sendo parte e inteiro termos correlatos; 2. *a parte* (*meros*) é uma realidade vista como componente de um inteiro; se a parte é tomada por si, enquanto dotada de uma lógica unitária, pode ser vista, por sua vez, como um inteiro composto de partes; em todo caso, a "parte" tem uma ordem sua e, nesse sentido, se distingue do "pedaço", fragmento mais ou menos casual que não constitui uma realidade sensata; 3. *os muitos* (*pollá*) são as diversas partes vistas em sua parcialidade e em suas eventuais relações recíprocas; 4. *o todo* (*pan*) é o conjunto das partes com sua completude ressaltada, que, no entanto, é topológica, ou seja, prescinde da lógica que constitui o inteiro.

Na relação recíproca entre inteiro e partes, a prevalência clara é do primeiro termo, que define a natureza do real. O inteiro não se reduz às partes, nem mesmo se são todas (*Parmênides* 145C-E), enquanto as partes têm sentido não em relação às outras partes, mas ao inteiro (*Parmênides* 157C-D). Isso todos sabem, um médico ou um artesão: de fato, eles operam tendendo ao "máximo bem comum", realizando a parte em função do inteiro e não o inteiro em função da parte (*Leis* 903C-D).

Isso remonta à função das Ideias. Se de fato tomamos um inteiro constituído de partes que são, por sua vez, inteiros, abre-se um processo de divisão ao infinito. Todavia, a realidade não se perde no infinito, porque sempre faz referência à lógica constituída pelo inteiro. Por isso, Platão ressalta que a parte não o é em relação à totalidade das partes, mas em relação a "uma certa Ideia individual e a um certo uno que chamaremos *inteiro*, que alcança a sua perfeição como unidade de todos" (*Parmênides* 157D-E). Portanto, 1. as partes dependem sempre do inteiro, que tem em sua base a Ideia que constitui o seu princípio de ordem; 2. tal inteiro alcança a sua perfeição quando unifica todas as partes. Para evitar equívocos, Platão explicita que a Ideia (do Inteiro) age sempre no curso dos processos que levam à completude do objeto real (153D-E): basta pensar em qualquer processo de construção para perceber isso.

A ligação entre inteiro e unidade é forte: o inteiro é o princípio de ordem que manifesta a unidade da coisa por força de seu ordenador específico, que é a Ideia. Ao mesmo tempo, salvos os Princípios primeiros, todo termo, que é em si mesmo "uno" em relação a uma multiplicidade subjacente, é, por sua vez, parte de um outro inteiro, ou seja, a sua razão de ser reside em uma unidade superior. O procedimento platônico resolve os problemas *remontando a* elementos superiores. Consequentemente, a própria "força unitária" de cada Inteiro, de cada Ideia individual, deve ser redimensionada. Cada inteiro não é uno perfeitamente e pela sua natureza, pois é também múltiplo, ou seja, é, por sua natureza, uni-multíplice. Em síntese, à parte o Uno em si, cada realidade e cada Ideia é uno porque participa do Uno (*Parmênides* 245A-B).

Trata-se de uma ênfase necessária, porque na natureza se dá um processo natural de divisão e, portanto, de multiplicação infinita do real. Não se chega a um puro indefinido caótico, porque em toda parte individual e no inteiro está presente o uno, ou seja, um princípio unificador. O próprio dividir-se e multiplicar-se é possível por força de uma atividade que unifica e limita (*Parmênides* 142D-143A). Sem o princípio de unidade, a multiplicidade se torna infinita (*Parmênides* 164C-D). A realidade é fruto de dois processos entrelaçados, que se reevocam e, ao mesmo tempo, se rejeitam: o dividir-se e o unificar-se. Platão liga a isso todos os outros processos: o uno se conecta ao processo de unificação, de assimilação, ao tornar-se igual; os muitos se ligam ao dividir-se, ao diversificar-se, ao aumentar e ao diminuir (*Parmênides* 156B).

Em conclusão, o nexo inteiro-partes, com a consequente uni-multiplicidade do real, constitui a chave para compreender a identidade de uno e de muitos sem ofender o princípio de não contradição. Isso exclui a coexistência contemporânea sob uma mesma relação de predicados opostos no mesmo sujeito – a contradição é aquela entre um termo e a sua negação, entre A e não A, que se excluem. A operação platônica consiste, em vez disso, em reconhecer a copresença sistêmica de dois termos correlativos, ou seja, um implicando o outro. Unidade e multiplicidade pertencem à natureza de toda realidade, que, portanto, *deve ser reconhecida em si com ambas essas características opostas*: o inteiro não existe e não é pensável sem a multiplicidade das suas partes.

Como veremos nos próximos capítulos, Platão tem uma preocupação: que se subvalorizem ou a unidade, a ordem, o limite ou a multiplicidade, a desordem, a infinitude. É preciso, em vez disso, manter juntos os dois termos, o uno e os muitos, o inteiro e as partes, a ordem e a desordem. A escolha de enfatizar um dos dois depende apenas das contingências analíticas ou expositivas.

3.5. Os procedimentos heurísticos e argumentativos

A multifocalidade encontra mais uma confirmação. Platão ativa dois modos diversos de proceder em sua busca: uma metodologia elementarizante e uma generalizante. O procedimento elementarizante, de origem matemática, decompõe a realidade em partes cada vez menores até alcançar os elementos últimos e mais simples; o generalizante, de origem socrática, sobe do particular ao geral, através das Ideias e das Metaideias, em direção aos Princípios dos quais deriva a realidade. Dado esse pluralismo metodológico, os Princípios podem assumir o status duplo ou de *elementos simples* ou de *gêneros universais.*

Tal duplicidade metodológica deve ser distinta da duplicidade da forma argumentativa: um processo, que pode ser definido *redutivo*, sobe, segundo os degraus do conhecimento, daquilo que é mais conhecido àquilo que é menos conhecido; um outro, *derivativo*, a partir de definições e demonstrações, desce segundo a ordenação hierárquica do ser, de dados remotos em direção aos elementos da experiência.

3.6. A dialética como busca de paradigmas

O resultado da investigação platônica corresponde àquilo que, na linguagem contemporânea, chamamos *paradigma*, um *modelo explicativo* útil para organizar e explicar a multiplicidade do real. Não por acaso, Platão, para abordar a questão da ciência, frequentemente propõe como modelo a gramática ou a música (*Político* 277A-278E; *Filebo* 17A-18D), ou seja, um paradigma que permite que se afronte, de modo uniforme, relações diversas. A alma se encontra em uma situação análoga àquela de um estudante em relação às "não fáceis sílabas" da realidade. Sem um paradigma que permita identificar a lógica que conecta os elementos de realidades complexas, pode-se saber tudo e, ao mesmo tempo, ignorar tudo: aquilo que se sabe em um contexto, é ignorado em outro; sobre um mesmo objeto, tem-se conhecimentos certos e, logo depois, opiniões oscilantes. O conhecimento isolado das coisas individuais é contraproducente, porque o sujeito se perde na infinidade das variantes possíveis.

Nessa chave sistêmica, compreendem-se os muitos casos em que Platão mostra verdadeiros e próprios confrontos entre paradigmas, como aquele entre monistas e pluralistas; e então entre materialistas e "idealistas", em *Sofista*; e o início de *Parmênides*, com o paradigma pluralista, que ridiculariza Parmênides; aquele eleático-zenoniano, o qual caçoa dos físicos com o sistema *juvenil* das Ideias de Sócrates – que resolve em um outro nível ontológico as aporias do mundo físico –; enfim com o pedido do velho Eleata por um sistema bem mais complexo de relações ideais (aquele proposto pela dialética de Platão).

3.7. Conclusão

Platão, fiel a uma impostação típica do pensamento grego, põe-se os problemas que vimos não tanto de um ponto de vista lógico-linguístico quanto daquele ontológico. Isso provoca o questionamento sobre o fundamento real desses processos: a dialética nasce e vive porque a realidade a faz nascer e viver. A metafísica, que começaremos a ver no próximo capítulo, é ao mesmo tempo mãe e filha da dialética, é aquilo que nasce dessa análise e aquilo que a exige.

A dialética se revela, portanto, um instrumento irrenunciável para o ser humano, que quer conduzir racionalmente e alegremente a sua vida pública e privada, fazendo escolhas adequadas sobre o plano ético e sobre o plano político. Não por acaso, no momento em que se aproxima da dialética, Platão a define não apenas a ciência maior, mas também a *ciência dos homens livres* (*Sofista* 253C). Como veremos, de fato, sem esse jogo multiforme de análises, que permitem que se captem nexos e distinções, inteiros e partes, ninguém pode se orientar na infinita desordem do real.

Apêndice

Valor e limite da dialética do ser

Esta discussão é necessária: o pensamento filosófico ocidental, a partir de Aristóteles, viu prevalecer o paradigma ontológico. A consequente centralidade do conceito de ser pode facilmente condicionar a leitura da filosofia platônica, em que esse contexto tem um papel importante, mas não decisivo.

1. Os diversos sentidos do verbo ser

Para nós, o verbo "ser"[7] pode ter o valor existencial, ou o valor predicativo, ou o valor proposicional/veritativo. *Essas distinções não agem no texto platônico, não lhes dá o peso que nós lhes atribuímos*. Foi amplamente demonstrado que, em um mesmo texto, Platão passa com facilidade de um uso de "ser" com valor predicativo a um com valor existencial. Ele se move em uma situação anterior a distinções para nós óbvias, portanto podemos pensar que, para ele, o valor existencial seja intrínseco àquele predicativo. Além disso, ele usa "ser" tanto como sinônimo da própria realidade quanto como gênero específico. As realidades são "entes", *ta onta*, portanto, entre os tantos "comuns", o ser tem um tipo de primado ligado ao fato de que toda realidade é uma *ousia* (*Teeteto* 186A). Ao mesmo tempo, o Estrangeiro afirma que "porque o ser, por sua vez, é partícipe do diverso, será diverso dos outros gêneros; mas porque é diverso de todos esses, não é cada um desses nem todos os outros tomados juntos, mas apenas si mesmo" (*Sofista* 259B1-4). Em síntese, o ser não é o princípio unificador e deve ser destacado dos outros gêneros tomados um a um ou todos juntos.

Portanto, não é o gênero supremo. Para confirmar isso, *antecipo* dois dados: 1. na *República* 509B9,

---

7 Nota da tradutora: O verbo "*essere*", em italiano, significa tanto "ser" quanto "estar".

o Bem é definido *superior ao ser*; 2. em *Timeo* 52D3, citam-se três realidades distintas – ser, espaço e geração –, postas na base do cosmo. De qualquer forma que se interprete, esses textos negam que o ser seja princípio primeiro ou gênero supremo.

2. A dialética do ser que é e que não é

Geralmente se sustenta que Platão tenha "descoberto" em *Sofista* o entrelaçamento entre ser e não ser; isto, porém, já é afirmado em *Parmênides*, na Quinta tese: existem quatro modos de participar do Ser e do Não Ser: 1. o ser do Ser que é, ou seja, a afirmação do Ser puro; 2. o ser do Ser que não é, ou seja, a afirmação relativa do Tornar-se; 3. o não ser do Ser que não é, ou seja, a negação relativa do Tornar-se; 4. o não ser do Não ser que não é, ou seja, a negação do puro Nada. Em resumo, propõem-se as duas teses extremas, a afirmação do puro Ser e a negação do Nada, e o espaço intermediário da realidade fenomênica que é e que não é, que, portanto, se torna.

Não há dúvida, porém, de que a verdadeira discussão do ser se encontre em *Sofista*. A questão de fundo é aquela do falso: de que modo se pode dizer que o falso existe sem cair em contradição (236D-237A). Platão ressalta a dificuldade da busca, que comporta a afirmação de algo que não é, coisa impossível, porque não se pode atribuir o não ser a "algo", ou seja, a um ente, porém, quem não diz *algo*, não diz nada, ou seja, "não diz". Além disso, o não ser não é nem múltiplo nem uno, portanto não se pode falar dele, porque nós dizemos algo sempre no singular ou no plural. Como não se pode dizer, assim não se pode nem mesmo negar o não ser, porque nos contradizemos falando de algo que se define indizível. O Eleata reconhece que *já há tempos* foi derrotado nesse terreno (239B1-3): impossível não pensar no tratado *Sobre não ser*, no qual Górgias utiliza os instrumentos lógicos eleatas contra o próprio eleatismo.

Todavia, Platão não contradiz Parmênides, uma vez que, em relação ao "absoluto não ser", confirma que não é possível dizê-lo ou pensá-lo (237B-238C). Portanto, a sua discussão tange uma outra dupla de ser não-ser, tomados em modo não absoluto, mas relativo. A discussão parte da primeira consequência da relação entre as Metaideias: todos os gêneros, por causa do diverso, não são, porém, sendo, cada um é em si e *não é* em relação a todos os outros; "assim, cada uma das Ideias encerra uma multiplicidade de ser e uma quantidade infinita de não-ser." (256E5-6).

Isso vale também para o *ser*: o *não é* não se revela contrário ao ser, mas apenas diverso. A partícula negativa tange o termo negado, não indica uma oposição radical e nem mesmo remete a um oposto indefinido, mas constitui apenas uma abertura a vários *diversos positivos possíveis*, sem nenhuma concessão ao nada. O diverso é articulado como a ciência, que é, de algum modo, una, mas, segundo o objeto, tem nomes e partes diversos, sendo que cada parte é diversa da outra, mas não é indeterminada e não é qualificada negativamente, mas positivamente, em relação aos objetos a que se refere. Também na relação positivo-negativo, toda parte do diverso que se opõe a uma outra não tem menos ser do que esta. Ontologicamente, *esse negativo* não é inferior ao positivo que nega: tem-se uma oposição entre dois modos de ser, um definido positivamente e o outro apenas como diverso daquele. Assim, "o não belo" – gênero distinto do diverso e diverso do próprio belo –, enquanto gênero, tem tanto ser quanto o belo, mesmo que (por ora) seja designado apenas negativamente.

Em síntese, o diverso subentende uma negação determinada e, portanto, não deve ser compreendido como o indeterminado contraditório, isto é, não contém tudo aquilo que, por exemplo, não é grande (cavalo, belo, mesa etc.), mas é ou pequeno ou igual. Na determinação do diverso, podemos não ser capazes de dizer positivamente o que é, mas estamos fora do indeterminado.

Dada a dependência do termo ao qual se contrapõe, o negativo nos coloca frente a "gêneros" que têm um grau diverso de pervasividade; diferentemente dos outros "diversos", o não ser "relativo" – ou seja, o não ser uma certa coisa, qualquer que seja ela – é pervasivo e vale para todas as realidades, como o ser, mesmo sendo ele também "um dos diversos": "segundo todos os gêneros a natureza do diverso, tornando cada um deles diverso do ser, torna-o não ser e assim diremos corretamente que todos para si mesmos são não ser" (256D12-E2).

3. O Ser é apenas uma das Metaideias

Temos um não ser relativo que não tem menos ser que o Ser, porque se contrapõe a ele de modo parcial. De fato, conclui-se que se demonstrou que a natureza do diverso é e que é dividida em relações recíprocas para todos os entes: esse é o não-ser buscado. O Estangeiro afirma que 1. de fato não recolocou em jogo o não ser contrário ao ser; 2. em relação ao que disse sobre não ser, ou se o refuta ou se deve reconhecer que o ser e o diverso penetram por toda parte, até mesmo um no outro; 3. o diverso é e é diverso do ser e, por isso, é não-ser; 4. o ser é diverso dos outros gêneros e, por isso, não é cada um deles nem todos tomados juntos, mas apenas si mesmo; 5. portanto, o ser não é em inumeráveis casos, e o mesmo vale também para os outros gêneros (258D-259B). O Ser é apenas uma das Metaideias, não é nem cada uma delas nem todas tomadas juntas, mas é apenas si mesmo, diverso de todas as outras.

Resta um problema teórico: como é possível falar de um não ser "absoluto", visto que o próprio falar disso parece implicar a contradição. Pode ser útil voltar ao ponto 4, da dialética do ser de *Parmênides*: sobre "não ser do Não ser que não é". O Não Ser é posto apenas *como retirado*, como *necessariamente negado*, ou seja, o predicado "não é" constitui o único possível. Se não se aceita e se não se faz essa operação, torna-se impossível distinguir *o Não Ser absoluto do Não Ser relativo*, ou seja, do Diverso.

V.

A metafísica: o processo ontogônico

Platão quer explicar a estrutura de uma realidade que é intrinsecamente uni-multíplice, a ponto de poder afirmar a *identidade* de uno e muitos, coisa possível enquanto as realidades *têm em si inerente limite e ilimitado* (*Filebo* C9-10). Isso é reiterado em "um deus, de algum modo, fez-nos ver nos entes tanto o ilimitado quanto o limite" (23C9-10). Assim, Platão logo antecipa que a realidade depende de uma polaridade de Princípios, e não de um princípio único. Há uma razão de fundo que leva Platão a essa escolha, e ele a explicita no fim da primeira tese de *Parmênides*, que teve como tema um Uno-uno que recusa qualquer determinação. Parmênides conclui que não é, não é um, aliás, nem mesmo algo – não tem um nome, nem definição, nem pode ser conhecido. Essa não pode ser a condição do Uno (142A6-8): com o exercício dialético, se está tentando explicar o real e um Uno-Uno – princípio muitíssimo simples, inefável e impensável –, não parece funcional para esse escopo.

1. Agir e sofrer como fundamento da realidade

Com a polaridade Limite-Ilimitado, estamos no centro da visão metafísica de Platão: A realidade é fruto da *ação* do primeiro, que implica a paixão do outro. Trata-se de um outro bom motivo para excluir o Uno-Uno: "De fato, uma realidade em sua inteireza não poderá contemporaneamente ter a dupla função de *sofrer* e *fazer*. De outra forma, o Uno não seria mais um, mas dois" (*Parmênides* 138B3-5). Isso é, *obviamente*, reiterado em outros textos, afinal uma mesma coisa não pode *fazer ou sofrer* coisas opostas (*República* 436B8); ninguém jamais poderá nos convencer de que uma mesma coisa *sofra*, ou também seja, ou também *faça* coisas opostas (*República* 437A1-2). Parece uma simples reafirmação do princípio de não contradição, no entanto, constitui a pedra angular do sistema.

Platão confirma isso em *Sofista*, analisando, depois das dos monistas e dos pluralistas, as posições dos materialistas e dos idealistas. Os primeiros identificam corpo e ser, reduzindo o real a contato e resistência. Sócrates não "discute" com os apoiadores desse posicionamento, demasiadamente rústicos para poder fazer uma busca em comum, mas com materialistas "ideais", melhorados e capazes de sustentar um confronto. Derrotá-los não é difícil, basta levá-los a admitir a existência de uma realidade incorpórea qualquer. Naturalmente, Platão reitera que isso vale apenas para os materialistas *melhorados*, porque os outros continuarão a reafirmar que aquilo que não se tem nas mãos é nada (246D-248A).

Nesse ponto, o raciocínio tem uma reviravolta *muito estranha*, uma vez que o Estrangeiro se *preocupa* com a dificuldade em que se encontram esses filósofos *por causa das objeções dele* e formula *uma proposta* sobre a realidade: "Digo que qualquer coisa que possua uma *potência* qualquer (*dynamin*), seja por natureza predisposta a *produzir* outra coisa qualquer, seja a *sofrer a ação, por menor que seja, do agente mais insignificante, mesmo que uma única vez, é um ser real.* De fato, proponho uma definição na qual os entes não são nada além de *potência* (*dynamis*)" (247D84-E4). Parece fácil reduzir o peso dessa definição pelo modo como ela é proposta, pela cuidadosa aceitação de Teeteto, pela possibilidade (afirmada pelo próprio Estrangeiro de Elea) de uma opinião diversa. Mas não é assim.

Passa-se a "discutir" com os Amigos das Ideias, que sustentam que existem *eide* – formas inteligíveis e incorpóreas, estáveis e conhecíveis com o pensamento. O mundo corpóreo não é, mas se torna e é conhecível com a sensação. Isso deveria levá-los a reconhecer que há "*um sofrer ou um fazer*, por meio de uma determinada potência (*dynameos*), a partir de coisas que se encontram uma com a outra" (248B5-6), mas, ao contrário, os idealistas não aceitam nem mesmo o que os materialistas haviam concedido: "Demos, se não erro, como *definição adequada dos entes*, que esteja presente a potência de *sofrer ou de agir*, também a respeito da menor realidade" (248C4-5).

Por duas vezes e sem necessidade alguma, Platão propõe aos materialistas e aos idealistas, em outras palavras, a todo o pensamento filosófico, considerar *a capacidade de agir ou sofrer como característica fundamental da realidade*. Aquela que parecia apenas uma via de fuga para os materialistas se tornou *uma definição adequada*. A filosofia, para Platão, é *uma dialética dinâmica*, que se manifesta 1. em nível psicológico: se a alma conhece e o ser é conhecido, há um fazer e sofrer; 2. em nível gnoseológico: o conhecer e o ser conhecido implicam ação e paixão; 3. em nível cosmológico: não se pode admitir que movimento, vida, alma e inteligência estejam ausentes na realidade que é em sentido pleno. O Estrangeiro exclui, então, as duas posições extremas, aquela da imobilidade absoluta e aquela da mobilidade total do real, porque, em ambos os casos, a inteligência não poderia operar (249B-D).

Não é de surpreender, portanto, que a ênfase do fazer e do sofrer recorra outras vezes nos diálogos. Particularmente indicativo é o modo com que Platão apresenta a realidade em *Fédon* 97B-99C, procurando a causa pela qual cada coisa *é gerada ou perece ou* é; deve-se encontrar qual é o melhor modo de *ser* ou então de *sofrer* ou de *agir* (97C-D). O texto passa das determinações ontológicas clássicas (ser, nascer e perecer) para essa *particular associação entre ser e agir-sofrer*. Como prova de que não se trata de uma (improvável) leveza, a dupla é reproposta logo depois: a Sócrates bastaria entender "de que modo para cada coisa é melhor *tanto agir quanto sofrer aquilo que sofre*" (98A5-6).

De forma análoga, em *Fedro* 269D-270D, depois de ter apresentado alguns aspectos da dialética e ressaltado que é necessário conhecer o inteiro, afirma que é preciso ver se o objeto é simples ou composto. Se é simples, é necessário examinar *a sua potência natural* (*dynamin*) *em relação ao agir e sobre que coisa, ou sobre o sofrer e por que coisa*; se é estruturado em múltiplas Ideias, é necessário enumerá-las e ver, para cada uma, qual potência natural ela tenha *de agir e sobre o que, ou qual de sofrer e por que coisa*. Ainda, nas *Leis* 903B, é necessário persuadir os jovens de que a divindade opera para a realização do inteiro, *no qual também cada parte age e sofre* aquilo que lhe compete. Sob o controle de governantes que regem até *a menor ação ou paixão*, cada parte realiza perfeitamente o fim último. Enfim, na *Sétima carta*, Platão coloca no topo do elenco de objetos conhecíveis *todas as ações e as paixões* (342D8).

Em síntese, ação e paixão são momentos constitutivos do real. Não pode ser de outra forma, visto o quadro cosmogônico e cosmológico que estamos por descrever, a partir de *Filebo*: um princípio de ordem – o Limite (*Peras*), – que age sobre um princípio de desordem – o Ilimitado (*Apeiron*). Por consequência dessa operação (*processo ontogônico*), todo elemento real existente é um *Misto.* A ação precisa de uma força, de uma causa eficiente, o *Nous*, que, com muita ênfase, é mantido separado, isto é, não é interno ao processo ontogônico, mas intervém para originar o cosmo (*processo cosmogônico*).

Esse complexo entrelaçamento explica por que Platão, em *Filebo* 23B-D, depois de ter dito que é necessário encarar uma longa e difícil discussão, imposta a análise de modo bizarro. Sócrates propõe dividir as realidades em dois blocos ou, se quiser, em três, mas a proposta faz com que ele se sinta um pouco ridículo. De fato, não parece possível decidir livremente em quantos gêneros dividir o real. Esse "jogo" serve para fazer-nos refletir sobre o fato de que os dados constitutivos, em um sentido, são dois (aqueles operantes no processo ontogônico); em outro sentido, são três, com o misto, que depende da mistura dos outros dois, mas que constitui *uma unidade*, ou seja, é real e subsistente (23C12-D1); em um outro sentido ainda, quatro (a causa que é externa ao processo ontogônico e permite a geração do cosmo). Como confirmação disso, Platão, *sem nenhuma razão plausível, ressalta essa dimensão numérica*, distinguido *repetidamente* os primeiros dois do terceiro e os três do quarto.

Os três gêneros forneceram o quadro de referência das *coisas que nascem* e daquelas *das quais tudo deriva* (27A11-12), sendo que para cada coisa mista, há um *peras* e um *apeiron* específico. Isso comporta, para evitar o regresso ao infinito, uma Polaridade original de termos não mistos, que dá início ao processo, cuja base do gênero dos vários *peras* e *apeiron* devem existir *um* Limite e *um* Ilimitado.

2. A realidade como misto

O "misto" constitui um gênero estável e determinado, a ponto de ser designado como uma Ideia (25B5-6); ao mesmo tempo, é uma realidade totalmente particular, visto que tange a totalidade dos objetos. Como consequência dessa infinita variedade de entes, o misto não pode ter um "signo distintivo", um *semeion,* como acontece com os outros gêneros. Sócrates se limita a dizer que se trata da *unidade* derivada dos outros dois, *uma geração em direção ao ser (genesis eis ousian) dependente das medidas que se produzem como consequência do limite* (26D7-9). A questão não parece complicada, aliás, essa "definição" parece quase uma tautologia: o misto nasce do entrelaçamento dos dois outros elementos e é uma geração. Assim, porém, não se compreende por que Platão insiste tanto na dificuldade.

Se o misto corresponde a *toda a realidade, Ideias incluídas*, é muito difícil defini-lo. A única indicação possível é ligada à sua razão de ser misto, tendo a ação do limite sobre o ilimitado. Platão, porém, também adicionou uma problemática *genesis eis ousian* – conceito reiterado pouco depois – falando de realidade *mista e gerada* (27B8-9). A crítica tende a entender *genesis* como "geração contingente", ou seja, a limitar a natureza do misto às realidades empíricas. Mas as Ideias, enquanto inteiro composto de partes analisáveis diaireticamente, parecem comportar necessariamente o conceito de misto. De fato, Platão não consente com essa limitação, como veremos bem no procedimento cosmogônico. Mas também, nesse contexto, ele distingue com ênfase dois gêneros, aquele da geração (*genesin*) e aquele do ser (54A). O ser é superior, venerável e existe por si, enquanto a geração é em função do primeiro, e isso vale tanto para os dados individuais quanto para a realidade em seu complexo (54C). Os dois termos podem, de um certo ponto de vista, ser contrapostos, enquanto, de outro, revelam-se conectados.

O ser, causa final, pode ser uma Ideia, estável em si, mas também uma coisa concreta. O exemplo proposto no texto é o navio, *que é e é estável* em relação ao trabalho no estaleiro, mas se mantém uma realidade *deveniente*. Se essa duplicidade tange o ser – a *ousia* –, ela pode ser facilmente aplicada à geração – à *genesis* –, que pode valer tanto para entes devenientes quanto para as Ideias.

Estamos, portanto, diante da possibilidade de um processo derivativo *atemporal*, baseado em uma dependência exclusivamente ontológica, coisa que será confirmada no capítulo sucessivo. Aqui, podemos lembrar que Aristóteles atribui a Platão e aos platônicos uma "geração" dos números (*Metafísica* 987a-988a, 1082b30, 1085b7, 1087b7, 1091a4-5). Por sua vez, Tefrasto, para a descendência dos Princípios às coisas, fala de "geração" (*genesin, Metafísica* 6b15). Portanto, Platão utilizava *genesis* também no sentido de *dependente, gerado atemporalmente.*

Em síntese, se o texto fala apenas das realidades empíricas, a dificuldade de Sócrates é inexplicável, se, ao contrário, pensamos 1. em uma fórmula que tange tanto *o tornar-se das coisas materiais* quanto o *derivar das realidades ideais,* 2. em mistos gerados ou *no tempo*, em uma relação entre mundo ideal e mundo físico, ou *fora do tempo*, no interior do mundo ideal, a dificuldade desse trecho é compreensível.

2.1. Misto, misturado, puro

Para entender o valor ontológico de "misto" é preciso evitar confundi-lo com misturado, um conceito sobre o qual, não por acaso, *Filebo* insiste desde o início. A diferença é de fundo: 1. o processo que leva ao misto *não é integralmente imanente*, enquanto *peras* e *apeiron* são momentos ontológicos "anteriores", assim, a realidade mista vem a ser pela ação de um ordenador sobre uma realidade indeterminada; 2. a definição de misto é em nível ontológico, afirma a complexidade de uma realidade uni-multíplice. Em vez disso, quando se fala de mistura, partimos do nível de agregados, entidades diferentes que estabelecem entre si uma ligação mais ou menos forte. Podemos ter realidades mistas não misturadas, ou seja, puras e "simples", e realidades complicadas misturadas bem ou mal. Esses agregados, se têm uma identidade, constituem entes reais que têm em sua base uma ideia; a complexidade do processo que os gera não constitui um problema. Veremos isso, por exemplo, na produção da alma que dá lugar a uma única ideia (*Timeu* 35A7), ou na definição de *kosmos asomatos, cosmo sem fisicidade* (*Filebo* 64B7), para definir o modelo de vida boa e feliz.

Platão assinala de dois modos a oportunidade de distinguir misto e misturado. Antes de tudo, usa a negação *ameiktos* apenas para dizer "não misturado", coisa óbvia, visto que, Princípios à parte, não há sentido falar de *uma realidade não mista* (no sentido ontológico). Além disso, desenvolve uma discussão sobre a *pureza* contraposta exclusivamente ao misturado. Por exemplo, é muito próximo à verdade *o que é puro, não misturado e adequado* (52D). Puro é aquilo que, em seu interior, não tem outro algo que o polua, o que o torna "veríssimo e também belíssimo" (53A-B), melhor que a própria realidade maior, mas misturada a outro algo. Enquanto o misto determina a natureza do objeto, a mistura tem o problema do quanto a presença de "outro algo" modifica a natureza do objeto. Isso permite estabelecer outra diferença entre as Ideias e as outras realidades: a estabilidade, a pureza, a verdade se encontram nas realidades sempre idênticas a si, *absolutamente não misturadas*. Todas as outras coisas devem ser consideradas inferiores (59C).

Em paralelo, Platão afirma que o conhecimento que os filósofos têm das técnicas a partir daquela dos números é mais puro que daquela dos outros (57B-D) e que "a dialética possui a pureza da inteligência e do pensamento mais que todas as outras" (58D6-7).

2.2. Uma consequência relevante

Se toda realidade é um misto, todo elemento no gênero *peras* e no gênero *apeiron* deve, antes de tudo, ser um misto. Vemos isso muito bem na distinção entre os prazeres "normais" e os prazeres "divinos". Os primeiros, desprovidos de medida e acompanhados de dores, são colocados no gênero do *apeiron*, porém são determinados a ponto de poderem ser objeto de muitas distinções ulteriores: prazer físico ou psíquico, do paladar ou da visão, do doce ou do salgado e assim por diante. De forma ainda mais explícita, o texto diz que todos estes prazeres são Ideias (51E5), portanto nenhum pode ser totalmente indeterminado. A diferença é que, nos prazeres divinos, puros, medidos, a ordem prevalece, enquanto que, nos prazeres "normais", domina a desordem e a impossibilidade de determiná-los adequadamente (51E-53C).

Toda a realidade é mista, mas em alguns elementos prevalece o limite, e em outros, o indeterminado. Todo ente é uma desordem ordenada, e isso permite a graduação das realidades enquanto mais ou menos determinadas.

3. O Princípio da desordem

O *apeiron* é o gênero em que confluem todas as realidades que recusam um limite. Dele fazem parte, em primeiro lugar, as *qualidades* marcadas com o mais ou o menos, como mais ou menos calor, mais ou menos frio. O *apeiron* tem uma *dynamis* (24C2), não é passividade pura, mas tem uma força sua que se opõe à medida: uma intervenção sua faz com que a quantidade determinada se destrua, a chegada de um limite qualquer o destrói. Isso, porém, tange apenas o mais e o menos, ou seja, *o modo de se apresentar de um objeto ou de uma qualidade*, que em si permanecem imodificados. Um objeto quente é *indefinido quanto ao calor*; se recebe uma medida, perdeu *a indeterminação e a mobilidade do mais ou menos*, mas ainda é o mesmo objeto e ainda é quente.

A situação muda para *as realidades*, que têm uma definição, mas são caracterizadas por forte ou fraco, por demais ou pouco. Isso vale, por exemplo, para prazeres e dores que são comparáveis, mas jamais qualificáveis com uma medida (41D-E). Como dissemos, não são, portanto, *totalmente indeterminados, são um misto em que o* apeiron é prevalente. Neste caso, a ação do limite *não faz com que os contrários desapareçam*, mas ordena os dados que antes se rejeitavam, enquanto agora, com a introdução do número, tornam-se confrontáveis (25D-E).

3.1. A desordem em outros diálogos

Para esclarecer a natureza do *Apeiron*, é útil não se limitar apenas a *Filebo*. Platão apresenta em vários outros diálogos o princípio da desordem, com uma contínua variação da terminologia. Aquilo que é necessário captar é a função ontológica do princípio em jogo.

Em *Timeu*, diálogo decisivo para a cosmogonia, o cosmo é gerado por uma mistura produzida por Necessidade e Inteligência (47E-48A). A realidade depende tanto das ações feitas pela Inteligência quanto das coisas geradas pela Necessidade. Ela manifesta o princípio da desordem, que opera com as causas materiais. A Necessidade não é dotada de vontade nem segue critérios, em outras palavras, tem *uma natureza errante*, mas não corresponde ao Acaso, enquanto produz efeitos necessários e constantes. Trata-se de uma Causa primeira e inconsciente, que se manifesta em um processo, de alguma forma obrigatório, de causas físicas. É um princípio que opera para a geração do mundo, portanto antes do movimento dos planetas, ou seja, fora do tempo que deles depende, tão potente que a Inteligência consegue, sim, condicioná-lo, mas não mudar a sua natureza ou eliminá-lo (48A).

O *Parmênides* evidencia muitas vezes que, deixado a si mesmo, o real está condenado a dividir-se ao infinito, a menos que intervenha um princípio de ordem que bloqueie o processo. De fato, em uma realidade em que o inteiro se estrutura em partes, que, por sua vez, são inteiros compostos de partes, tal processo parece inevitável: "Portanto, cada vez que consideramos *em si mesma a realidade diversa da Ideia*, seja qual for a parte examinada, sempre a encontraremos sendo uma multiplicidade infinita (*apeiron*)" (158C5-7). Consequentemente, o misto ordenado nasce por ação *quase extrínseca* da Ideia, expresso em: "Aos outros que não o uno acontece portanto de ter uma relação tanto com o uno quanto consigo mesmos: neles, pelo que parece, emerge *algo de diverso* que lhes fornece um limite recíproco; *a natureza deles, em vez disso, fornece a eles, em si mesmos, infinitude* (*apeirian*)" (158D3-6). Todo o real estaria condenado à indeterminação se não emergisse um princípio *outro*, uma intervenção *ulterior* por parte de um princípio limitante.

Parmênides desenvolve com grande liberdade a contraposição entre os termos em jogo. Como acabamos de ver no curso dos argumentos, o Eleata opõe ao Uno tanto o Não Uno quanto os Outros que não o Uno. A diferença é profunda: o segundo é uma multiplicidade de unidades, portanto tem uma relação com o uno ao qual se contrapõe; o primeiro, ao contrário, exclui a multiplicidade e qualquer relação com o Uno. Trata-se, portanto, de um Princípio anterior a qualquer determinação conceitual.

Platão ressalta que enquanto a diversidade é necessária para distinguir dois termos, no caso do Não

Uno, a Diversidade é excluída. *Uno e Não Uno se furtam de qualquer diferença recíproca* e, todavia, não são idênticos, porque, neste caso, o Não Uno participaria do Uno. A Diversidade, que vale entre Ideias e Metaideias, não vale entre o Uno e o Não Uno, que se mantêm separados de algum modo inexplicável. Como confirmação disso, ressalta-se que o raciocínio vale para ambos *tomados em sentido absoluto*. Eles, nessa acepção, *excluem também a relação parte-inteiro*, que conota toda a realidade (146E-147B).

O argumento é tão relevante que Platão lhe dedica toda a quarta tese, que trata os Outros que não o Uno tomados em sentido absoluto, ou seja, como Não Uno, contrapostos a um Uno tomado em sentido absoluto, que *não é um inteiro e não tem partes*. Nada pode unificá-los, ou seja, não há uma Ideia, como aquela de Diversidade, que os conecte. Esses Outros não são nem um nem muitos, não têm número (todavia Platão continua a defini-los *Outros, no plural!*) e não têm afetos, não são nem inteiro nem partes, enfim, precedem todo o sistema categorial (159B-160B).

Enfim, o *Político* mostra, no mito (268D-274E), que a condição da desordem é *natural*. O cosmo, abandonado a si mesmo, precipita na *antiga desordem* em direção à aniquilação no *mar da dessemelhança, que é infinito* (*apeiron*). Tudo isso é conforme à sua natureza original, que era partícipe de muita desordem antes que a Divindade lhe impusesse ordem.

Em conclusão, Platão alude a um Princípio negativo, totalmente contrário ao outro, de modo a poder ser qualificado como Não Uno. Tal dado tem como característica fundamental a mutabilidade, o seu ser mais-e-menos, grande-e-pequeno, que se manifesta sobretudo na dimensão corpórea, mas que é dominante em (quase) todos os níveis da realidade. Ele *por si* se divide infinitamente, não encontra *em si* um princípio de ordem, mas exprime desordem e infinitude. É necessário um princípio ulterior que impeça a desagregação de tudo.

4. O Uno-Bem-Medida

Platão fala com grande liberdade linguístico--conceitual sobre o princípio de ordem, que age em diversos planos (ontológico, axiológico, gnoseológico) e é definido Limite, Medida, Uno, Bem e Princípio primeiro anipotético.

4.1. O Princípio ordenador em *Filebo*

A discussão de *Filebo* se baseia em um jogo: aquilo que na primeira parte é chamado *Peras*, Limite, na segunda parte é definido Medida. Unindo essas duas discussões, compreende-se bem a que coisa Platão alude.

Ao qualificar *Peras*, Sócrates trabalha apenas sobre a contraposição. Pertencem-lhe as realidades que têm características opostas àquelas do ilimitado, ou seja, igualdade e tudo aquilo que é número ou medida. Parece quase que Platão não quer aprofundar o tema, enquanto, na realidade, ele fica claro, como o próprio texto ressalta (25D), apenas na discussão do misto. De fato, se o limite é *limitante*, isto é, o agente sobre o ilimitado, apenas no misto é que o podemos ver agir 1. no plano quantitativo, tornando possível relacionar os contrários introduzindo o número; 2. nos processos complexos, como as doenças ou a música, em função da justa associação, da *justa mistura*, da harmonia (24D-E). Isso explica porque esse gênero é *menor e menos articulado* que os outros. O limite não tem muitas formas: a ação ordenadora se revela organizável em poucos modelos, coisa difícil para o *apeiron* e impossível para o misto.

Todavia, no texto, *peras* é usado pouco, enquanto frequentemente são preferidos "uno" ou termos ligados à medida (*poson* e *metrion*). Tais termos reaparecem na parte final, que trata do Bem, tema que não podia ser evitado, visto que o diálogo se ocupa da vida boa. Platão mostra ter alguma "definição" do Bem, mas ostenta a vontade de não escrevê-la. De fato, para determinar o que torna boa uma vida é necessário captar a afinidade com o Bem (22C-E); se esse não existisse ou não fosse conhecível, a coisa resultaria impossível. Porém, também, no fim se reitera que é necessário ter uma noção precisa do Bem, *ou pelo menos algum rastro seu* (61A). Enfim, o diálogo chega a uma classificação dos *bens* (66A-C), coisa que, na ausência do *Bem*, seria absurda.

Não obstante, Sócrates afirma que, devendo encontrar o Bem (em vez de identificá-lo diretamente), ele se comportará como quem, procurando uma pessoa, informa-se sobre a sua casa (61A-B). Pouco depois, quando está *nos vestíbulos da casa do Bem*, limita-se a dizer que é necessária uma causa que realize medida e proporção (64D-E), assim fala só dos efeitos. Pior ainda, esse diálogo é truncado: Protarco afirma que há ainda uma "pequena questão" (67B11) a confrontar; ele, agora, a lembrará, certo de que Sócrates não abandonará o debate... E *aqui cai o pano*.

O jogo é duplo: 1. qualificar como "pequeno" um dado importante, coisa que Platão faz com frequência (por exemplo, em *Cármides* 154D, em *Protágoras* 328E-329B, em *Teeteto* 145D); 2. truncar o discurso, uma invenção dramatúrgica extrema, que pode ser justificada apenas pela não-apresentação do Bem. Platão assim mostrou que estamos diante de uma decisão sua.

4.2. A apresentação do Bem

Apesar dessa omissão voluntária, o diálogo revela muitas coisas sobre o Bem, a partir do fato de que Sócrates sabe do que fala, tanto que pode fornecer importantes esclarecimentos, seja sobre o tipo de causalidade, seja sobre sua natureza.

No início do diálogo, Sócrates propõe um acordo sobre *algumas coisas menores* (20C8), que são, na realidade, três características do Bem: 1. é completo; 2. é adequado; 3. é desejado por quem o conhece (essa é a característica mais importante). Indicam-se, assim, alguns elementos que assinalam a presença do Bem e que são repropostos (60B-C), com o adicional de *estabilidade e completude da posse*. Delineia-se, desse modo, um tipo de vida superior à humana, *que jamais possui estavelmente o Bem*.

Sócrates primeiro afirma que é necessário identificar em uma boa mistura o Bem, e depois, em vez de desenvolver tal busca, declara, repetidamente e com a máxima tranquilidade, que se trata de uma questão fácil: todos sabem "que toda mistura, seja qual for e como seja feita, se não realizou a medida e a proporção, determina necessariamente a ruína de seus componentes, e antes ainda de si mesma. De fato, não é nem mesmo uma mistura verdadeira, mas revela-se toda vez um puro conjunto não amalgamado, que arruína a realidade que o contém em si" (64D9-E3). Medida e proporção são necessárias para o agregado, para os componentes e também para a realidade em que se colocam. Esses dados se manifestam de modo primordial na beleza, à qual se junta, de modo *dogmático e insistente (por três vezes), a verdade.* Platão está, assim, delineando a natureza de um Princípio que tem uma polivalência causal: "Portanto, se não podemos captar o Bem em uma só Ideia, depois de tê-lo captado com três, ou seja, beleza, proporção e verdade, dizemos que atribuímos justamente a ele, tomado como um uno, a causa das realidades que estão na mistura, e que a bondade da mistura deriva dele, enquanto ele é Bem" (65A1-5). Se tomamos as três Ideias que exprimem a potência do Bem e as unificamos como se fossem uma unidade, *se as reconduzimos a um*, temos a realidade assim obtida é 1. causa ontológica, como é *explicitado* para os elementos da mistura; 2. causa axiológica, como é *explicitado*, pois esse Princípio é Bem; 3. causa gnoseológica *implicitamente* afirmada, visto que foi imposta a presença da verdade.

O Bem é também causa final, como faz com que se intua a ênfase da desiderabilidade, e como então é depois explicitado (53D-54C), existem coisas em função de outras, que constituem o seu fim. Essa relação, que, como vimos, se exprime no plano ontológico, no nexo entre ser e geração, tem também uma valência axiológica, porque o fim se encontra sempre do lado do Bem.

Enfim, *Filebo* evidencia a importância da Medida: na parte final do diálogo, a dupla limite-ilimitado é substituída pela contraposição entre "ausência de medida" e "justa medida", até que se fala do *gênero das realidades medidas* (52C-D). Todavia, a Medida parece então desaparecer em benefício do medido e do proporcionado. O jogo se torna explícito na proclamação final, que elenca cinco bens maiores. Em primeiro lugar, encontramos não a Medida, mas aquilo que está *nas imediações da medida e do medido e conveniente*, ou seja, realidades que *remetem* a outro. De fato, *a Medida não pode estar no elenco dos bens que se oferecem ao ser humano, enquanto é aquele Bem superior que é a sua fonte.*

Em conclusão, se unirmos as duas discussões teremos uma causa ontológica, axiológica, gnoseológica e final, que pode ser denominada Uno, Bem, Medida. A última denominação merece um aprofundamento, porque frequentemente volta nos diálogos de Platão, com ênfases também muito significativas: "Tudo aquilo que é bom é belo, aquilo que é belo não é desprovido de medida" (*Timeu* 87C4-5). Uma coisa que evidencia a sua importância é a presença pervasiva da metrética, técnica e ciência da medida. Falaremos disso no capítulo sobre a ética, que terá um papel decisivo para a virtude, para o prazer e para a própria vida boa e feliz.

4.3. O Bem em *República*

Platão dedica ao Bem páginas decisivas na *República*. Essas podem ser entendidas apenas no contexto de um bloco de textos que começa no fim do livro V e vai até o livro VII. Para essa discussão, remonto ao *Apêndice*, limitando-me aqui apenas às consequências relativas ao tema do Bem. É necessário, porém, começar com um dado: Sócrates explicita que, nesse contexto, não pode dizer o que pensa do Bem. A coisa é estranha, porque Adimanto já muitas vezes ouviu Sócrates sobre esses temas (504E-505A). Portanto, *na ficção*, seria fácil falar do Bem, visto que um interlocutor já possui muitos conhecimentos. Porém, *na realidade,* estamos frente a um escrito que começa a *se aproximar* dos Princípios, o que impõe muita cautela. De fato, Sócrates fala apenas do "filho do Bem e similaríssimo a ele" (506D-507A). Não dirá o que é o Bem, que Sócrates conhece, visto que afirma uma semelhança radical, mas dará apenas algumas indicações, que o leitor pode utilizar para aproximar-se de tal Ideia.

Já no fim do livro V, Platão diz *sem nenhuma razão aparente* que *a verdade é afim à medida* e *exclui a falta de medida* (486D). Mas a primeira verdadeira apresentação do Bem acontece com a analogia do sol: "Aquilo que é o Bem no mundo inteligível em relação à inteligência e aos inteligíveis é o sol no mundo visível em relação à visão e outros objetos visíveis" (508B13-C2). O sol age sobre os objetos, tornando-os visíveis, e sobre o sujeito, tornando possível a visão; exatamente por isso *pode ser captado pela visão*; de forma análoga, o Bem "confere a verdade às coisas conhecidas e dá a faculdade a quem conhece" (508E1-2); assim, sendo causa gnoseológica, deve ser conhecido (508E). O Bem é também causa ontológica: o sol gera e faz com que as coisas cresçam, mesmo não sendo uma realidade deveniente; de forma análoga, os objetos obtêm do Bem "a existência e a essência, mesmo sendo o Bem não ser, mas superior ao ser por dignidade e potência" (509B7-10). A analogia, além disso, é articulada sobre uma causa primeira e sobre causas próximas: o sol opera através da luz, o Bem age através da verdade e do ser.

A *Linha* define o Princípio *anipotético*, ou seja, como explicação primeira, colocada no ápice dos processos cognoscitivos da inteligência. Por consequência, devemos novamente colocá-lo entre as coisas conhecidas. Na *Caverna,* fica explícito que o prisioneiro, uma vez que sai dali, vê, mesmo com dificuldade, o sol, que, de algum modo, é causa de tudo: "Portanto, as coisas me parecem assim: no campo do conhecível, o termo extremo é a Ideia do Bem, captável com grande dificuldade, mas, uma vez vista, é racional considerá-la para todos a causa de tudo aquilo que é justo e belo, tendo gerado no mundo visível a luz e o senhor da luz, naquele noético, a si mesma, senhora que oferece verdade e intelecto. E quem quiser agir sabiamente na esfera privada ou na esfera pública deve vê-la" (517B7-C5). Sucessivamente (532A-B), Platão ressalta o destaque do Bem das outras Ideias, análogo àquele entre os astros e o sol.

Portanto, a Ideia de bem, primeira e transcendente, conhecível com dificuldade, é causa ontológica, gnoseológica e axiológica. Como confirmação disso, *Platão condena aqueles que não dão uma definição do Bem*. Enquanto a maioria erra crendo que o Bem seja o prazer, os mais inteligentes sustentam que seja o pensamento do Bem; depois, porém, não sabendo explicar do que se trata, acabam por se encontrarem em uma condição ridícula, porque não se entende o que é este "bem pensado" (505B-C). Parece impossível que Platão, depois de ter julgado ridículos aqueles que falam do Bem sem qualificá-lo, faça a mesma coisa. Isso justifica a clareza de certas afirmações: "Portanto, deves afirmar que aquilo que confere a verdade às coisas conhecidas e que dá ao sujeito conhecedor a faculdade de conhecer é a Ideia do bem; *sendo causa de ciência e de verdade, deves pensá-la conhecida* (508E1-4). *Deve* ser assim, visto que os políticos devem *necessariamente* ter disso ciência (504D-506B).

Todavia, mesmo nesse contexto, afirma-se que tal conhecimento não é adequado. Estamos na presença de um termo "primeiro", ou seja, em um âmbito extremo: não há nada sobre o que se basear para argumentar sobre a sua natureza; o sistema categorial é "a posteriori" e, portanto, não pode ser utilizado se não por via analógica ou negativa. O conhecimento do Bem deve ser admitido, mas só pode ser de tipo particular. Aqui há uma distinção, depois tematizada por Aristóteles: em si e por nós. *Em si*, o Bem, fonte de ser e verdade, é perfeitamente cognoscível, mas não o é *por nós* por *um excesso de clareza*. O *Sol* o exemplifica bem: quem pretende olhar a realidade *visível em si* arrisca perder a visão; de forma análoga, o conhecimento perfeito dos Princípios é impossível; todavia, a realidade inteligível analisada dialeticamente se revela mais clara do que aquela captada com outros instrumentos (511C).

Enfim, há o limite maior: aqui, Platão fala de *um* Princípio e parece um monista, enquanto nós sabemos por *Filebo* e por *Timeo*, pela própria articulação da dialética e dos Testemunhos indiretos, que ele colocava como Princípios uma Polaridade. Portanto, a apresentação do Bem único torna impossível falar dele de modo aceitável, ainda mais que, na *República*, estamos *em um contexto não dialético e diante de interlocutores não filósofos.*

O leitor abandona a leitura da *República* com indicações, mas também com muitas perguntas sobre a natureza de uma realidade superior ao ser, sobre como é possível conhecê-la, de que modo pode ser causa. Se Platão parasse aqui, estaríamos impossibilitados de responder. As *imagens* da *República* são úteis, mas insuficientes: não se pode pôr questões teóricas fortes. Mas, por sorte, o filósofo teve tempo de escrever os diálogos dialéticos e *Filebo*, de onde, não por acaso, partimos.

4.4. O Uno em *Parmênides*

Já pudemos ver que *Parmênides* insiste em um dado: deixado a si mesmo, o real é condenado a uma divisão infinita; *a intervenção de um princípio ordenador bloqueia o processo e remonta à unidade os dados de outra forma dispersos*. Não é de surpreender, então, nesse diálogo, que o Princípio se manifeste como Uno, onipresente ordenador, uma vez que o próprio dividir-se exige uma atividade que unifique e limite as partes em relação ao todo (144E-145A). O Uno opera tanto para o inteiro quanto para a parte (158A-D); nos processos, age no início, no meio e no fim, ou seja, está sempre presente e operante (153D-154A).

Platão explicita também a distinção de fundo. Se os outros, como inteiro e como partes, participam do Uno, não são Uno. Em sentido pleno, apenas o Uno em si é uno (158A), completamente diverso das coisas que dele participam. Além disso, *Parmênides* faz com que se vislumbrem os Princípios polares, Uno e Não Uno, que existem apenas em sua relação recíproca, ou seja, apenas como *uma* Polaridade.

Em conclusão, essa análise impõe *uma reflexão de bom senso*. Não é crível que Platão tenha colocado em jogo Princípios primeiros diversos, um Uno que é outro em relação à Medida, um Princípio anipotético que não tem nada a ver com o Bem. O Princípio pode ser compreendido apenas unificando as diversas qualificações, *acentuando o modo de escrever do Autor e trabalhando nos textos de modo ativo*, reconhecendo a polivalência do Princípio e a sua transcendência radical, que leva Platão a usar uma "hipérbole": no sentido próprio, o Princípio "não é" porque é superior ao ser. Encontraremos *a confirmação textual dessa necessidade na discussão cosmológica*.

4.5. Um passatempo platônico sobre a Polaridade original

Filebo nos coloca diante de uma outra *estranheza* exatamente pelo uso da dupla *Peras-Apeiron*. Aristóteles, de fato, no livro A da *Metafísica*, afirma que a doutrina de Platão *em muitas coisas segue a dos Pitagóricos*; em outras coisas, é totalmente estranha a esses (A 6, 987a29-31).

Esse nexo pode também ser rejeitado, tratando-se de uma interpretação, afinal, a vizinhança teórica entre duas filosofias depende da leitura de alguns dados. *Com argumentações adequadas*, pode-se contradizer Aristóteles sem prejuízo *das informações* que ele dá. A primeira é que, para Platão, as coisas existem por participação das Ideias, afirmação similar àquela dos Pitagóricos, que, porém, falam de "imitação dos números" – se não é assim, *Aristóteles mente*. Pode-se observar que também Platão muitas vezes *usa essa terminologia pitagórica* falando de imitação, *mimesis*. Aristóteles, que conhece os diálogos, sabe disso, mas evidentemente a coisa não o perturba de fato.

O Estagirita afirma depois que Platão coloca na base de tudo, como matéria, o Grande-e-Pequeno, e como forma, o Uno: destes ele fazia com que as Ideias e os números dependessem. Aqui está evidente a leitura em chave, com as categorias aristotélicas de matéria-forma; os dados de fato são, porém: 1. há uma polaridade, cujos termos se chamam Uno e Grande-e-Pequeno; 2. na Polaridade, um termo é passivo e o outro é ativo; sem isso, a interpretação em chave de forma e matéria seria impossível; 3. deles derivam as Ideias e os Números ideais, já que Platão pensa gerar de modo fácil, a partir do Grande-e-Pequeno *como a partir de uma matriz*, os números – salvo os números primos –; 4. temos uma estrutura vertical complexa, que previa Ideias e Números. O quadro se torna claro: as Ideias são causa das realidades, enquanto que, para as Ideias, a causa é o Uno; a matéria que age como substrato é a díade, o Grande-e-Pequeno. São afirmações claras pelo menos na terminologia. Aristóteles, que ressalta muito as semelhanças, precisa que é próprio de Platão pôr o princípio dual, e não uma unidade, como o ilimitado dos Pitagóricos (*apeiron*).

Não há sentido pensar em uma mentira de Aristóteles, teríamos *um falso grosseiro e tolo, atacável pelos mestres da Academia*, e não há provas de que isso tenha acontecido. Porém Aristóteles, *de novo*, não dá importância a *Filebo*, com a sua (paradoxal) terminologia pitagórica. Evidentemente, o Estagirita sabe que Platão utilizava a técnica do *passatempo* nos escritos e não se surpreende com o fato de que ele, no momento em que se aproximou tanto dos Princípios, tenha "escondido" as suas ideias utilizando uma terminologia que não lhe pertence (o mesmo vale para a *mimesis*). Paradoxalmente, *Filebo* confirma o testemunho aristotélico, enquanto, como vimos, Platão frequentemente, em vez de *Peras*, utiliza o termo "Uno", ou outros que se ligam facilmente à Medida.

4.6. Algumas reflexões sobre a polaridade

Podemos nos perguntar por quais razões Platão fez esta escolha terminológica. A primeira, banal, é que a natureza variável do gênero se tornou mais evidente falando de Grande-e-pequeno. Essa variação contínua, do grande ao pequeno e vice-versa, explica a insistência com a qual Aristóteles acusa Platão de utilizar três princípios, enquanto o Grande-e-Pequeno é duplo. Mas uma reflexão dialética deve considerar a dupla: na pitagórica, *Apeiron* depende de *Peras*, porque o primeiro é simples privação do último, enquanto o Uno-Grande-e-Pequeno se apresenta como uma polaridade em que a relativa autonomia dos termos opostos é plenamente respeitada.

Um outro dado requer uma reflexão. Do Princípio negativo, Platão fala pouco e apenas nos últimos diálogos; na *República*, uma ampla alusão ao Bem é até confrontada pela ausência de referências ao Princípio oposto. De fato, sem dialética, a apresentação do Princípio polar é impossível. Platão explicita tudo aquilo que pode explicitar nesse contexto. Além disso, há um problema em si, conexo ao papel do negativo: Platão afirma que a causa do mal não pode ser Deus e nem mesmo o Bem, mas deve ser uma outra (*República* 379B-C). Mas uma causalidade do negativo enquanto negativo parece improponível. De fato, a dialética platônica insiste na natureza do diverso, que deve ter tanto "ser" quanto o termo ao qual se contrapõe. Do negativo em si não pode brotar nada de positivo.

Esse é o maior problema: a relação entre dois termos contrapostos. É necessário partir de um problema que tange todas as Metaideias e que exemplificamos no Belo. Uma coisa é bela por causa do Belo em si, que, por sua vez, deve ser belo. Por força de que coisa? Muitos estudiosos hipotetizaram uma forma de autopredicação, como se a Beleza pudesse participar do Belo, isto é, de si mesma. A resposta de Platão é diversa e dupla.

1. Há coisas que são *sempre em si mesmas belas por natureza* (*Filebo* 51C6-7), *belas em si e por si* (51D7-8), não em relação a outro. O próprio *logos* se refere a algo de retilíneo e de circular, às figuras planas e às figuras sólidas. Agora, o belo ocupa o segundo lugar no elenco dos bens (66B); as realidades belas manifestam *no plano sensível* a potência do Princípio, ou seja, a ordem e a medida. As Ideias matemáticas, que exprimem pela sua natureza *a idêntica ordem e medida*, devem ser consideradas belas por si, afinal, tendo tudo aquilo que se manifesta no belo, não precisam participar dele. Nem mesmo a participação é necessária em absoluto.

2. Platão explicita a questão de fundo em *Parmênides*: a Grandeza em si, que torna grandes as coisas, é grande? E a Pequeneza em si é pequena? A resposta está baseada no nexo dialético que liga dois termos opostos: "Mas a Grandeza em si não pode ser maior que outro que não a Pequeneza em si, nem a Pequeneza menor que outro senão a Grandeza em si" (150C4-6). Um corpo é grande porque participa da Grandeza, enquanto essa se revela grande, mas apenas em relação ao seu oposto, a Pequeneza. Podemos generalizar já que uma Metaideia realiza o dado que participa das coisas enquanto nega radicalmente o seu oposto. Isso vale principalmente para a Polaridade: os Princípios primeiros se "definem" apenas em seu negar-se e entrelaçar-se.

Isso resolve também o problema posto pelo *Terceiro homem*: mesmo se um corpo é grande e a Grandeza é grande, não é necessária uma terceira Ideia que as relacione, porque as duas grandezas são afirmadas sobre a base de relações diversas.

Resumindo: o procedimento dialético, entrelaçando todas as formas cognitivas, leva às proximidades do conhecimento do verdadeiro ser; o *nous*, que é congênere e similar à Ideia (*Sétima carta* 342D-E), tem a intuição dos Princípios polares, que se alimenta dos esclarecimentos que derivam dos processos que a eles levaram e que deles brotam, o que permite qualificá-los de vários modos, na medida do humanamente possível.

Resta, porém, um importante ponto final: a estrutura polar proposta por Platão chega a uma verdadeira e própria aporia. Uma Polaridade exige elementos (se assim podemos dizer) postos no mesmo terreno, ou seja, não ontologicamente e axiologicamente opostos. Em Platão, o Uno é Bem, por isso o outro é Mal; analogamente, se o primeiro é superior ao ser, o outro é inferior. Desse ponto de vista, apenas o Uno-Bem pode ser considerado divino e positivo/útil, coisa que não vale para a outra extremidade da Polaridade, que também é original, como o próprio "Uno". Essa é *a contradição mortal que impediu que o platonismo de Platão sobrevivesse ao seu autor.* Não é necessário, de fato, esquecer que, afora as voluntariosas tentativas dos primeiros Acadêmicos (que, porém, não praticam ortodoxia alguma), o platonismo não teve continuadores, o que nos faz pensar que o sistema era *minado a partir do seu interior.*

Os dois herdeiros de seu pensamento, Aristóteles e o neoplatonismo, traem, cada um de um modo peculiar, alguns dos postulados da posição original. Aristóteles modifica o sistema, eliminando o Demiurgo, torna rigoroso o processo ontogônico, colocando nos extremos um Primeiro Motor Imóvel e uma matéria-prima, e conserva o agir e o sofrer como dado constitutivo, mas o imanentiza. Os Neoplatônicos renunciam à Polaridade em prol do primado absoluto do Uno, Princípio inefável, enquanto o *outro* se torna um derivado e débil resíduo obscuro que deve ser confinado em baixo. *Duas posições fortes*, destinadas a um grande sucesso em mil variantes na história da filosofia ocidental.

A posição que Platão sustenta é diferente e mais fraca, mas, por muitos aspectos, mais aberta e fascinante; rica de uma tensão contínua: uma visão reconfortante e perigosa de um mundo conhecido e nosso, e, todavia, misterioso e estranho, objeto de uma conquista sempre reposta sob um olhar crítico, como deve sempre fazer um dialético quando tem a coragem de olhar com frieza e participação para a grande desordem que há sob o céu.

Apêndice

O itinerário em direção ao Bem na República

1. O Sol

Na parte final do livro V, Platão afirma que o filósofo é aquele que conhece as coisas estáveis, uma realidade divina e ordenada, em cujo vértice deve ser colocada a Ideia do Bem (505A). Para explicar a sua natureza, Sócrates propõe a analogia do *Sol*. Isso, como vimos acima, mostra que o Bem é causa ontológica e gnoseológica.

2. A Linha (509D-510C)

Glauco convida Sócrates a completar o discurso. O filósofo reconhece ter deixado suspensas muitas coisas e afirma que deixará de lado outras coisas, mesmo tentando omitir o menos possível. Em síntese, Platão já declarou que *o esquema da Linha* não é completo. Na realidade, é um *quadro gnoseológico* útil para colocar o leitor em condição de confrontar *a Caverna*.

Platão dá, implicitamente, uma tarefa ao leitor: desenhar uma linha, dividida em duas partes, uma para o gênero *inteligível* e uma para o mundo *visível*. As duas são desiguais, uma vez que Platão não faz menção à proporção entre as partes, porque o que conta é a estrutura. A relação é livre, mas deve ser mantida para fazer uma segunda divisão dos segmentos. O resultado é uma série descrescente à qual Platão liga quatro formas cognitivas: imaginação (*ekasia*), crença (*pistis*), pensamento (*dianoia*) e inteligência (*noesis*). A discussão é quantitativo-matemática, mas o texto esclarece que a diferença é qualitativa, já que as partes se distinguem "por uma relação de clareza e obscuridade entre si" (509D9).

Para exemplificar, coloquemos uma linha de 12 centímetros com uma divisão feita com uma relação 1:3 (na realidade, deveria ser maior, dada a diferença entre os dois âmbitos). O resultado é *eikasia* 9, *pistis* 3, *dianoia* 3, e *noesis* 1: as duas zonas centrais são sempre iguais, qualquer que seja a relação proposta. A parte de comprimento maior é reservada à ampla faixa das imagens, compreendidas no sentido comum, como o reflexo na água ou nos espelhos e sobretudo as sombras. No outro setor visível, a *pistis*, são inseridos objetos, animais, vegetais e *todo o gênero dos manufaturados*. Mas é a alma que conhece verdadeiramente, posto que o primeiro segmento do inteligível é de comprimento idêntico porque a *dianoia* pensa os mesmos objetos da *pistis*. Nesse contexto, a alma é *forçada* a partir de hipóteses a usar imagens, procedendo em direção às coisas que precisam ser explicadas. O salto acontece com a *noesis*, que parte de hipóteses, mas sem imagens, apoiando-se sobre um *Princípio primeiro antipotético* (*remontando* para fundamentar as soluções precedentes) e cumprindo a investigação com as Ideias, destacando-se da dimensão sensível (510B).

Para não restarem equívocos, Platão usa um truque dramatúrgico elementar: Glauco não entendeu e, portanto, Sócrates é obrigado a dar mais esclarecimentos. Ele distingue o comportamento dos filósofos do dos matemáticos. Estes usam postulados sem fundamentá-los, contentando-se com o resultado funcional; além disso, utilizam ajudas sensíveis com as quais buscam ver aquelas realidades que podem ser captadas apenas com o pensamento. Assim, a *dianoia* utiliza as Ideias. Em vez disso, no processo de ascensão e descida da dialética, fica-se na esfera do puro pensamento; busca-se o fundamento das várias hipóteses remontando ao Princípio antipotético, *que explica todo o resto e não precisa de nenhuma hipótese ulterior*. Isso permite tanto evitar o regresso ao infinito quanto descer para verificar as consequências, ou seja, a estabilidade do sistema inteiro.

O *exemplo* pitagórico induziu muitos estudiosos a pensar que a *dianoia* se *identifica* com as matemáticas, excluindo as outras formas cognitivas. Se assim fosse, seria necessário negar 1. o nexo entre o âmbito da *pistis* e o da *dianoia*; 2. o conhecimento teórico, ou seja, ideal, das realidades biológicas e físicas, uma vez que existiriam apenas as matemáticas e a dialética; 3. a existência das Ideias, enquanto restariam apenas os entes matemáticos.

A Linha forneceu um esquema útil, mas incompleto. Basta pensar, por exemplo, na *opinião sobre o Belo*: essa não encontra uma colocação, porque aqui a *doxa* tem uma forte ênfase empírica. Mas Platão, *antes*, no fim do livro V, colocou em campo dois esquemas. Naquele triádico, conhecimento-*doxa*-ignorância, a *doxa* tem um valor, que perde se assumirmos o esquema diádico ciência-*doxa*[1]. Isso confirma

1 Cfr. *supra*, p. 69-72.

o que foi dito no início por Sócrates, visto que *teria omitido muitas coisas.*

3. A *Caverna* (514a-521B)

A *Caverna* completa o quadro oferecendo-nos uma versão *dramática*, conectada explicitamente à estática discussão precedente (517A-B). Muda, porém, o ponto de vista, porque o raciocínio não está em função de uma reflexão onto-gnoseológica, mas "em relação à educação e à falta de educação" (514A2).

Platão conta um tipo de parábola na qual um ser humano está aprisionado e pode ver no fundo apenas sombras, de si mesmo, dos próprios companheiros e de objetos que homens carregam do outro lado de um muro. Fora, há uma dupla fonte de luz: uma fogueira e o sol. Esse prisioneiro é libertado por *algum outro* e *obrigado* a virar a cabeça. *A libertação não é fruto de uma ação livre*, não tem nenhuma explicação, parece o produto de um tipo de milagre. O sujeito, entre incertezas e dores, sai e começa a ver gradualmente o real: das sombras aos reflexos na água, às coisas, às estrelas e, no fim, com dificuldade, vê o sol. Compreendida a natureza do real, ele despreza aquilo que na caverna é apreciado, e está disposto a sofrer qualquer pena para não voltar para lá (516D-E). De fato, quem entra novamente na caverna no começo não vê nada, depois começa a ver as sombras, mas tão mal que parece ridículo aos outros; se então tentasse libertá-los, esses resistiriam e, por fim, tentariam matá-lo[2].

---

2 Para a dimensão ético-política da *Caverna*, cfr. *infra*, p. 234-235; 274-276.

Platão explicita o sentido da imagem, que deve ser ligada à *Linha*: 1. o mundo perceptível é a caverna, 2. o fogo corresponde ao nosso sol; 3. a subida reproduz a ascensão da alma em direção à dimensão noética e em direção ao Bem. Fica também claro que a fratura entre as várias passagens é menos radical do que parece. Para Platão, essa conversão não é uma passagem da cegueira à visão (518B-C, 518D), mas um tipo de reorientação: a alma possui sempre a visão, mas essa *normalmente* não parece orientada ao objeto ao qual devia se voltar (518C-D). A inteligência, que é divina e jamais perde seu poder, revela-se *útil ou danosa segundo a orientação* (518C-519A).

Sucessivamente, Platão reconfirma o paralelo em virtude da visão, que antes olha os seres vivos, depois os astros e, enfim, o sol, vértice e limite extremo do mundo visível. De forma análoga, o procedimento dialético, apenas com o raciocínio, busca a essência de cada coisa e não para antes de captar o Bem, vértice e limite extremo do inteligível (532A-B).

VI.

A metafísica: o processo cosmogônico

Filebo, em estreita ligação com *Timeu*[1], é o diálogo que mais claramente alude à concepção cosmogônica de Platão. Em particular, a *Causa divina* é posta em um quadro filosófico e se revela até determinante para compreender a gênese da realidade, o que torna impossível eliminá-la como um dado religioso estranho à filosofia.

1. A causa eficiente divina em *Filebo*

A causa eficiente divina é proposta por Sócrates desde a primeira discussão sobre o prazer, na figura de uma Deusa que, tendo captado a maldade de todos os entes desprovidos de limite (*peras*), impõe *lei e ordem, que têm limite*, e, desse modo, os salva (26B-C). Temos logo, em um quadro que conecta ontologia e axiologia, uma dupla causalidade, aquela eficiente da Deusa e aquela formal de realidades ordenadoras.

A causa é apresentada depois dos três gêneros do processo ontogônico: "considera a causa da mistura destes gêneros entre si e adiciona-a como quarto àqueles três" (23D7-8). Não é o *peras* que mistura, mas a Causa que, através do *peras*, dá lugar ao misto. Isso se revela confirmado em toda a discussão: a verdadeira causa é diversa de *peras* e *apeiron*, que, *nesse sentido*, agem como concausas. De fato, a Causa é separada das outras com uma insistência quase excessiva: este artífice, demiourgos, é "diferente": um produtor deve ser diverso do produto e, sobretudo, deve ser anterior não só no tempo, mas *por natureza, ontologicamente*. Portanto, se *o*

1 Cfr. *Apêndice 1, O estreito nexo entre* Filebo *e* Timeu.

gerado compreende também as Ideias, é impossível identificar a Causa demiúrgica com o Uno-Bem.

Platão resume a sua concepção com uma fórmula icástica em "portanto será melhor afirmar, como já dissemos muitas vezes, que no todo há muito ilimitado e suficiente limite e, sobre esses, uma causa não pouco importante, a qual, ordenando e regulando os anos, as estações e os meses, pode, legitimamente, ser chamada sapiência e inteligência" (30C3-7). O cosmo não é regido pelo acaso, mas por uma Inteligência divina ordenadora (28D-E). De fato, Sócrates declara ter feito esse discurso para ajudar aqueles que sustentam que o *Nous* governa o universo.

1.1. Causas e concausas

Platão utiliza aqui uma distinção fundamental, aquela entre causa e concausa, que apresenta em vários diálogos, procedendo gradualmente, fiel à sua atitude protréptica. Em *Primeiro Alcibíades* 129C-E, distingue "quem se serve de algo" de "aquilo de que se serve". Tal reflexão é desenvolvida com exemplos que permitem que se ponham a causa e dois níveis diversos de concausas: 1. o sapateiro usa 2. as mãos e os olhos e 3. corta com instrumentos.

Em *Fédon*, o tema aparece na passagem das causas físicas às causas metafísicas. Sócrates narra a desilusão sentida lendo Anaxágoras, que, de fato, não atribui o papel de causa à Inteligência, mas às realidades materiais. O erro é análogo àquele de crer que alguém esteja sentado por causa dos ossos e dos nervos. Claro que, sem essas partes materiais, não seria possível agir, mas é preciso captar *a causa verdadeira*, a inteligência ou a vontade (97B-99B). Finalmente, em *Político*, Platão explicita a distinção entre causas e concausas: as concausas, na qual fornecem os instrumentos sem os quais as causas não podem agir; ao mesmo tempo, são condicionadas pelo fim que as causas impõem (281D-E, 283A-B).

2. O papel do Demiurgo em *Timeu*

Muitos estudiosos propuseram considerar a cosmologia de *Timeu* como um dos mitos platônicos. Na realidade, não há nada de mítico no diálogo, que evidencia apenas as cautelas impostas ao escrito quando se chega às "coisas de maior valor". De fato, a cosmogonia de *Timeu* se baseia em um passatempo: que consiste em *duas discussões*, como o texto declara explicitamente. *A primeira* apresenta as ações do *Nous*; *a segunda adiciona* a ação da Necessidade, com causas materiais "mais aptas" às realidades físicas. De fato, esse cosmo é uma mistura, gerada da ação conjunta da Necessidade e da Inteligência (47E-48A).

A *primeira discussão* (29E-47E) parte de dois dados: 1. o cosmo é gerado; 2. portanto, necessariamente tem alguma causa. Tal causa é o Demiurgo, que realiza a ideia e a potência (*dynamis*) do paradigma ideal eterno. A Ideia não é, portanto, um modelo a se copiar, mas *uma potência a se realizar*, uma causa. Platão esclarece que não tratará do Demiurgo tanto porque é um tema difícil quanto porque é assunto do qual não é possível falar com todos. De novo, encontramos uma afirmação que não tem sentido *na ficção cênica*, em que temos interlocutores de alto nível, mas tem sentido *na realidade*, em razão de estarmos diante de um escrito que "fala" com todos. A Causa divina é, como o Bem, um tema fundamental da filosofia platônica, sobre o qual encontraremos apenas menções, mesmo que significativas.

O Demiurgo, que *fabricou* o cosmo, do qual é feitor e pai, é uma causa boa, desempenha uma *função paterna e providencial*, pensa, produz, quer e está contente de sua realização. Tais expressões implicam *necessariamente* uma ação pessoal na qual ele *quer* que as coisas sejam boas e que nada seja, na medida do possível, ruim, por isso põe a si mesmo como um primeiro modelo. Querendo que o mundo seja o máximo possível quase igual a ele (29E), toma *a realidade visível*, que se move em modo desordenado, e a leva à ordem, que ele julga melhor que seu oposto. Depois, pensando que uma realidade inteligente é superior a uma que não o é, compõe o cosmo inteligente e animado, *tão estável que só a Divindade pode destruí-lo*. Portanto, "este cosmo, vivente, dotado de alma e de inteligência, foi verdadeiramente gerado segundo o projeto providencial (*pronoian*) da divindade" (30B7-C1). Temos *um primeiro nível de imitação, baseado na divindade*, que, *pensando, deu pensamento e vida ao cosmo, tornando-o tão similar a ela quanto possível.* Como confirmação, essa realidade é divina.

Não devemos nos deixar enganar pela evidência do dado material: muitos creem que os quatro elementos (terra, ar, água e fogo) sejam causas verdadeiras, mas quem ama a ciência deve buscar como primeiras as causas racionais e considerar secundárias aquelas que geram e são geradas por outras, por sua vez geradas. Essas são concausas utilizadas pela Inteligência, que, à luz do Bem, busca realizar o melhor possível. Temos uma série de causas diversas, inteligentes e mecânicas, metafísicas e físicas. Portanto, encontramos em Platão as quatro causas depois distintas por Aristóteles, sendo elas a causa eficiente; o Demiurgo – causa final – que age em função da ordem, que é o Bem; uma causa material; e uma causa formal (Ideias e princípios matemáticos).

A causa final está conectada à bondade do Demiurgo, um dado que Platão afirma sem nenhuma argumentação, baseando-se no testemunho de "homens sapientes". Sob esse dogmatismo aparente, se esconde um problema teórico: se a divindade *é boa por ação do Bem*, a separação entre processo ontogônico e Causa demiúrgica entra em crise. A motivação da bondade deve ser interna ao próprio Demiurgo. Entra em ação um princípio socrático-platônico continuamente reafirmado, em que, quem vê o bem, faz o bem. Tal tese dá lugar a vários problemas para o ser humano, mas não para a divindade, que não pode não realizar o Bem que vê perfeitamente. O Demiurgo é bom não por uma dependência qualquer do Bem, mas porque não pode errar, ou seja, agir mal, dada a sua natureza inteligente: "o pensamento da divindade é nutrido de inteligência e ciência pura" (*Fedro* 247D1-2). A divindade, sapiente e, *portanto*, *boa*, *quer e pode* cuidar do mundo; também das realidades menores, mas sempre em função do inteiro (*Leis* 902E-903B).

A *segunda discussão* tematiza a causa material, todavia *a figura divina não desaparece*, aliás, é citada em passagens importantes, que reiteram a existência de duas causas. Em um sentido, o Demiurgo (causa eficiente) produz ordem; em outro, quem a realiza são as figuras matemáticas (causa formal). A ação divina também aqui é relembrada como verdadeira fonte da ordem cósmica. Apenas a divindade tem o conhecimento adequado e o poder de combinar os muitos em uno e de dissolver o uno nos muitos, construindo um cosmo divino. O Demiurgo 1. toma as realidades devenientes provenientes da Necessidade; 2. realiza ali o Bem; e, 3. usando-as como causas auxiliares, 4. gera esse "deus auto-suficiente e perfeitíssimo" (68E).

A natureza divina do cosmo explica por que, nas *Leis* 821A-822A, a reflexão astronômica é proposta em chave religiosa: Por exemplo, os gregos consideram que, por respeito, não se deve indagar sobre a divindade e sobre o cosmo, enquanto é justo fazê-lo para não errar ao fazer preces e sacrifícios e para não ser blasfemo (por exemplo, crendo que os astros possam modificar a sua trajetória).

3. A figura demiúrgica em outros diálogos

A figura demiúrgica aparece com papeias relevantes também em outros diálogos. *República* (596B-597D) tematiza a *fabricação* das Ideais com um paralelo entre o operar humano e o operar divino. O pintor reproduz a cama aparente, enquanto o artesão fabrica a cama física olhando a ideia, que certamente – *diz-se duas vezes* – não fabricou (*demiourgei*). Tal insistência serve para destacar a divindade que *produz, na natureza*, a cama verdadeira, aquela que realmente é. Para conciliar esse dado com a *ingenerabilidade* das Ideias[2], é necessário distinguir a geração no tempo

2 Uma situação análoga será proposta para a alma, que, segundo *Fedro* 245C-246A, não pode ser gerada, enquanto, em *Timeu,* encontramos uma longa descrição de sua geração.

da geração fora do tempo, tema já abordado no capítulo precedente, que logo reproporei.

Político nos oferece uma contribuição no mito (268E-274E), que apresentamos de forma mais analítica no *Apêndice 2*. O universo recebeu *vida e inteligência daquele que o compôs desde as origens*. A ação divina intervém em um contínuo alternar-se de fases: o Demiurgo leva o mundo à máxima ordem *possível*, depois o deixa a si mesmo; o cosmo busca conservar aquilo que recebeu de seu *artífice e pai*, mas, dada a sua natureza desordenada, começa a degenerar. Portanto a divindade, preocupada com o fato de que, *na tempestade produzida pela desordem, o cosmo se dissolva no mar da dessemelhança, que é infinito*, intervém novamente e restaura a ordem. Esse alternar-se de fases torna o universo *imune à morte e à velhice*. O cosmo, guiado por uma causa divina *diversa dele*, recebe de seu artífice (*demiourgou*) a única eternidade que pode receber uma realidade superior, mas corpórea.

Enfim, a última diérese do *Sofista* (264B-268D) não procede linearmente. Em primeiro lugar, separa-se a atividade humana da divina, aprofundando essa última, coisa "inexplicável", porque o termo, abandonado no procedimento diairético, não recebe muita atenção. De fato, essa discussão se mostra inútil *em relação à conclusão sobre a figura do sofista*. Em segundo lugar, modifica-se o próprio esquema da diérese, operando uma *dupla* divisão entre coisas e representações, entre produção humana e divina. Ressalta-se que ambos os gêneros de arte produtiva fazem com que se passe do não ser ao ser, o que, na natureza, jamais acontece espontaneamente e irracionalmente. Os animais, as plantas, as realidades materiais são levados do *não ser ao ser* por uma causa verdadeira, um *demiurgo divino*. O paralelo com a produção humana serve para evitar hipóteses criacionistas, como um oleiro que leva ao ser (usando a argila) um vaso que antes não havia. O demiurgo divino faz a mesma coisa.

3.1. Duas observações sobre o "Demiurgo"

1. Nessa chave, é preciso prestar a atenção necessária à escolha da palavra "demiurgo", muito presente (154 ocorrências) nos diálogos, que originalmente designa o artesão. A ênfase *da natureza prática da causalidade divina* não é comum na filosofia grega, mas Sócrates parece fazer uma exceção quando afirma, em *Memorabilia* de Xenofonte (I 4), que quem fez os seres humanos, com olhos, ouvidos etc., agiu de modo finalístico e *providencial*, como *um demiurgo sapiente e amigo dos viventes*. Além disso, ele não crê que o homem seja o único ser inteligente, visto a ordem do cosmo. Trata-se de uma posição propriamente *socrática*, muito próxima àquela de *Timeu*. Xenofonte morreu muito velho, mas antes de Platão, sendo assim, mesmo que quiséssemos considerar *Memorabilia* uma obra tardia, não é crível que ele tenha tirado esses dados de um dos últimos diálogos platônicos.

Há um debate *entre quem sustenta que o demiurgo seja o Deus de Platão e quem o nega*. Os dados, como de costume polivalentes, que emergem dos diálogos são: 1. falta alguma menção a formas de culto a uma figura à qual, todavia, atribui-se uma superioridade radical e também atividades providenciais; 2. falta qualquer dado que leve a uma forma de monoteísmo, ao mesmo tempo que não se pode dizer que Platão reproponha uma concepção politeísta similar àquela tradicional, porque o Demiurgo se revela totalmente diverso das divindades secundárias e geradas; 3. a causa divina tem características pessoais, mas tem, também, um papel causal fundamental no sistema. Portanto, não parece possível negar a função divina do Demiurgo, que não implica um retorno a formas de antropomorfismo. Dessa forma, temos, ao contrário, uma purificação da figura divina, retomada na Idade Média em chave monoteísta e em um contexto totalmente diverso, o que não exclui que, para Platão, deve haver uma relação com a divindade, relação esta configurada em analogia com a dupla patrão-servo (*Eutífron* 13C-D).

4. A cosmologia de *Timeu*

Platão imediatamente põe algumas premissas: 1. os dois planos da realidade são apresentados na forma de uma diversidade radical de origem (gerado-não-gerado), de estado ontológico (ser no sentido pleno e estável, ser no sentido parcial e instável) e de cognoscibilidade (a inteligência, a sensação desprovida de raciocínio); 2. se o cosmo foi gerado, deve haver um *princípio* gerador, ou seja, é necessária uma causa. O problema é se o cosmo teve *início*. Se a resposta é positiva, é necessário então se questionar se terá *um fim*. Trata-se de uma questão "extrema", tanto que o Autor pede aos deuses para poder confrontá-la segundo a inteligência deles, deixando um papel secundário à inteligência humana.

A resposta é formulada de modo peremptório, com uma frase feita apenas de um verbo: "*foi gerado*" (28B7). De fato, é corpóreo, afinal a distinção dos dois âmbitos do real permite essa colocação imediata do cosmo. O Demiurgo fez esse mundo belo porque empregou o modelo das Ideias e, com esse, ordenou a matéria desordenada. Foram colocados em campo todos os dados necessários à cosmologia, sendo eles uma realidade material desordenada, um modelo perfeito princípio de ordem, uma causa inteligente que opera finalisticamente em função do Bem.

Se a matéria sobre a qual o Demiurgo opera se move com um movimento desordenado, não há ainda a Alma do mundo e nem mesmo o tempo, que é conexo ao movimento ordenado dos céus. Além disso, o Demiurgo age sobre uma matéria *visível* que já deve estar formada: *a geração* não começa a partir dessa intervenção divina, mas deve ser anterior. Platão o explicita em: "digamos então por qual razão o Artífice compôs *a geração e este universo*" (29D7-E1) e logo depois reitera que é necessário admitir "um princípio *da geração e do cosmo*" (29E4). Os termos são dois, cosmo e geração, e dois também são os processos e seu papel, como veremos agora.

4.1. Um cosmo estável

O Demiurgo coloca a si mesmo como modelo e desenvolve toda uma construção do mundo gerado segundo *o projeto providencial da divindade* (29D-30C). Ele compõe um cosmo vivente que tem em si todos os viventes, mortais e imortais. Das realidades divinas é artífice ele mesmo, enquanto a geração dos entes mortais é confiada a divindades secundárias e geradas (69B-C). Por sua vez, o modelo é um vivente ideal. De fato, se o paradigma não fosse assim, seria inferior à sua cópia, e, sobretudo, não teríamos uma imitação verdadeira. Além disso, o modelo do cosmo vivente não pode ser algum vivente que seja parte, porque aquilo que é imperfeito não é belo, uma vez que o inteiro é ontologicamente superior às partes, menos perfeitas por definição.

Por isso, o Demiurgo se refere a um modelo que tem em si todos os animais inteligíveis. O cosmo, seja aquele ideal ou aquele realizado, constitui um inteiro que tem partes, viventes inteligíveis no primeiro caso, visíveis no segundo. Isso evidencia uma estrutura vertical na qual os animais são partes, seja como espécie, seja como indivíduos. Temos um cosmo articulado nas diversas espécies, que, então, têm uma articulação individual, um inteiro constituído de partes que, por sua vez, são um inteiro feito de partes.

Platão afirma também a unicidade desse inteiro, porque o Demiurgo imitou o modelo e utilizou os elementos em sua inteireza, sem deixar nenhum resíduo com o qual fazer um outro. Mas aqui temos também uma afirmação reveladora da impostação multifocal do filósofo. Ele, que parece certo da unicidade do mundo, nega validade à hipótese de que os mundos sejam infinitos, enquanto reconhece a plausibilidade da tese da multiplicidade deles. O seu raciocínio é apenas um raciocínio provável, então é possível que alguém, considerando outros fatores, pense coisas diferentes (55D4-6). Na ausência de provas certas, as teses inaceitáveis devem ser combatidas, enquanto é necessário reconhecer a plausibilidade de outras, talvez consideradas menos convincentes.

Na base do cosmo material há dois elementos: o fogo para a visibilidade, e a terra para a tangibilidade. Como para unir de forma estável duas realidades é necessária uma terceira, o Demiurgo utiliza a melhor ligação, dada pela proporção matemática, tipo 4:8 = 8:16. O primeiro termo está para o médio como o médio está para o último, e, assim, o médio está para o primeiro como o último está para o médio, ou seja, 8:4 = 16:8. Os papéis são intercambiáveis, afinal o médio se torna primeiro e último, o último e o primeiro se tornam médios. Isso mostra a profunda unidade da proporção, confirmada pelo fato de que, multiplicando-se extremos e médios, temos sempre o mesmo resultado: 8 x 8 = 4 x 16 = 64.

Todavia, para a construção do cosmo, que exige sólidos e não superfícies, há necessidade de dois médios. Por isso a divindade põe água e ar no meio de fogo e terra:

Fogo:Ar = Ar:Água = Água:Terra

Dada essa forte ligação entre os elementos, o Demiurgo realizou um mundo tão estável que pode ser desagregado apenas por si mesmo. Mas apenas um ser malvado destruiria um composto harmonioso e bem feito, portanto, ele não o fará jamais (41A-B). De fato, realizou um inteiro vivente e perfeito na medida do possível, imune à velhice e à doença, feito de partes que são inteiros perfeitos. "Este foi, de um modo global, o desígnio do Deus que é eternamente em relação ao *Deus que havia de vir a existir um dia*, e com base nisso fez um corpo liso e homogêneo, equidistante em todas as partes do centro, inteiro, perfeito e composto de corpos perfeitos" (34A8-B3). Dada essa perfeição, esse deus redondo também é feliz.

Tal cosmo divino pode ser definido eterno apenas de modo impróprio. Trata-se de uma realidade que escorre *entre o passado e o futuro*, enquanto o *verdadeiro eterno* é aquele que sempre e apenas está "*no instante*". Mas essa eternidade não é atribuível a uma realidade que tem um início. Portanto, o Demiurgo fez uma "imagem móvel da eternidade", o escorrer do tempo que permite que as coisas sensíveis imitem a eternidade. Platão bem sabe quantos problemas afetam esses temas e, de fato, *escreve* que não é o momento de desenvolver tais argumentos de modo preciso (38D).

4.2. A segunda discussão

Timeu ressalta a passagem a uma avaliação diversa em que assume-se o ponto de vista das coisas derivadas da Necessidade, ou seja, o *físico e material*, mais apto à realidade do nosso mundo. A nova discussão *não se contrapõe à precedente, mas "se adiciona"* àquela centrada nas ações da Inteligência divina. O modelo fica mais complexo com a Necessidade, um Princípio definido "Causa errante", que age no nível do *Nous* para dar origem ao Cosmo. Como confirmação desse paralelo, não se falará da Causa errante, como antes não se falou da Causa divina, mas daquilo em que a Necessidade se manifesta, isto é, da estrutura das causas físicas.

Todavia, muitas coisas emergem sobre a natureza desse Princípio. É potente, tanto que a Inteligência pode condicioná-lo, mas não mudá-lo ou eliminá-lo; não pensa nem quer; é "errante" enquanto causa *inconsciente e não racional*, que dá lugar a um processo de causas físicas. Sobre esse terreno, critica-se os tantos que consideram os *assim chamados elementos*, as quatro matérias primas, como *as letras do universo, enquanto esses não são nem mesmo as sílabas* (48B-C). Essa afirmação permite captar um dado a partir da sucessão que Platão ilustra muitas vezes, através de sons, letras, sílabas, palavras. Se os elementos não são *sílabas*, são palavras, portanto têm ao menos três passagens ontológicas antecedentes.

4.3. O Receptáculo

Como confirmação de uma técnica expositiva particular, o texto não segue falando dos elementos, mas propõe *um terceiro gênero*, ignorado pela análise precedente, que *havia utilizado paradigma e imitação*. Portanto, enquanto a Causa errante é colocada em confronto com o Demiurgo, esse *terceiro* se move em um nível mais baixo, aquele da relação paradigma--imitação. Platão enfatiza a novidade com a afirmação de que o *logos* nos obriga a buscar esclarecer um gênero difícil e obscuro. Este é, por natureza, *receptáculo de toda geração, como uma ama de tudo quanto devém. Esta é a verdade* (49A).

Desse terceiro gênero não se ressalta a função de *causa* da geração: É uma *ama de leite, uma conotação mais material e passiva*, ainda que determinante, que o coloca *em contato direto* com aquilo que se gera. De fato, há três gêneros: *aquele que é gerado (definido intermediário*, metaxo), *aquele em que se gera (o receptáculo)* e *aquele à semelhança do qual se gera (o paradigma)* (50C-D). É confirmado o modelo triádico visto no processo ontogônico, dado que *um misto se gera em algo à semelhança de um paradigma.*

Quanto ao modelo ideal, Platão, que já colocou o leitor frente a dois sentidos de *terceiro*, duplica o jogo, qualificando o paradigma como "pai" – termo muitas vezes atribuído ao Demiurgo. Pode fazê-lo de forma legítima: em um sentido, o Demiurgo é pai (*causa* eficiente); em outro sentido, o Paradigma ideal é pai (*causa* formal). O jogo serve como *provocação para aumentar a atenção do leitor, que deve raciocinar e fazer filosofia, ou seja, distinguir aquilo que parece similar ou idêntico, enquanto não o é.*

4.4. Receptáculo e elementos

O Receptáculo – realidade material que recebe todas as formas e todos os corpos – deve ser amorfo visto que é o substrato por excelência. *Não é um princípio primeiro* como a Causa errante, mas *matéria-prima*, em cujo interior se delineiam elementos, que, porém, não o modificam. É um tipo de cera *desprovida de forma*, uma realidade material continuamente móvel, uma amálgama indiferenciada, que, todavia, não é mera passividade, porque tem uma estabilidade sua que se manifesta na capacidade de manter-se ela mesma enquanto recebe realidades diversas, que, *imitando as ideias que as modelam*, fazem com que ela apareça ora de um modo, ora de outro.

Isso vale particularmente para as matérias-primas, que são mutáveis, tanto que não podemos atribuir a elas realidade substancial; são apenas aquela parte do Receptáculo que recebeu uma certa determinação – modos de ser daquela realidade única. *Apenas o substrato permanece.* O Receptáculo é, portanto, *arché*, em um sentido duplo em razão de que são como matéria 1. da qual derivam e à qual voltam todas as coisas, que aparecem e depois desaparecem,

2. que se encontra idêntica em todas as coisas. O demiurgo forma os sólidos determinando a matéria com o triângulo escaleno e o triângulo isósceles. Nem mesmo esses entes geométricos são primeiros, uma vez que há outros superiores conhecidos apenas pela divindade e "por quem é amigo deles" (53D), assim dizendo, pelo filósofo.

Enfim, o texto fornece um quadro mais completo do Receptáculo (51A-B): é uma matriz na base de todas as coisas materiais, *invisível e amorfa, portanto não (plenamente) sensível, e, todavia, material e móvel, ou seja, gerada.* Isso explica por que é tão difícil compreendê-la, mesmo que, *de algum modo, participe do Inteligível*, em outros termos, não é puro caos. Com base nisso, é necessário destacá-la tanto daquilo que gera, ou seja, os elementos e as realidades materiais, visíveis e *totalmente* sensíveis, *quanto daquilo de que eles próprios nascem.* Essa última afirmação constitui um ponto tópico. *O Receptáculo é distinto de algo que está antes dos elementos.* De fato, por efeito do movimento caótico, partes similares se unem. Por exemplo, antes da geração do universo ordenado, temos um tipo de agregação, por causa da homogeneidade, dos proto-elementos. Esses são *sem proporção e sem medida*, têm apenas um indício de si, como é óbvio, uma vez que a Divindade ainda não interveio para modelar os sólidos com formas e números (53A-B).

No plano teórico, o quadro é aporético, posto que não é possível entender o que constitui "o indício" dos futuros elementos na ausência de entes geométricos. Todavia, *esse discurso provável*, apresentado *sem uma justificativa teórica adequada, afirma* que há proto-elementos. Tal presença serve, talvez, para superar uma aporia, afinal, *as imitações corpóreas entram e saem de uma realidade invisível.* Além disso, na primeira discussão, a divindade ordena uma matéria "visível", que *não* é o Receptáculo invisível. Porém, podem sê-lo os proto-elementos que se formam espontaneamente, sendo e não sendo eles mesmos, e sim uma realidade fantasmática, nem totalmente material, nem totalmente imaterial, mas visível. O Receptáculo *aparece como* (*phainesthai*, 51B4-5) fogo na parte afogueada e, assim, também para os outros elementos. A divindade pode operar nele.

Quanto aos outros elementos, transformam-se entre si, com exceção da terra, que é a mais estável, tendo em sua base o cubo. Ela pode ser *dissolvida* no fogo, na água ou no ar, mas, no fim, volta a ser terra, porque não pode passar para uma outra forma: *pode desaparecer aparentemente, mas não se dissolver ontologicamente* (55B-E).

4.5. A Chora

Platão faz outro jogo, propondo um (novo) *terceiro gênero*, a *Chora*: "há também um terceiro gênero, aquele do espaço (*choras*), *sempre*, não sujeito a destruição, que oferece uma localização a todas as coisas que têm geração, captável sem sensação, por meio de um raciocínio espúrio, a custo crível, que consideramos como no sonho" (52A8-B3). A *Chora* está próxima ao Receptáculo, mas, contrariamente àquilo que tantas críticas afirmam, não pode ser identificada com ele. Platão qualifica a eternidade da *Chora* de modo forte, evitando dizer que *existe sempre* e colocando, só e isolado, *"sempre"*. A estabilidade desse gênero é oposta à motilidade do Receptáculo, que, além do mais, intervém diretamente no processo gerador. Além disso, enquanto o Receptáculo *recebe também imitações* informadas e é a matriz tanto das matérias--primas quanto das coisas sensíveis, na *Chora* se realiza a imagem, que, não tendo em si nenhuma razão de ser, é *phantasma* mutável, sombra que necessita de um suporte para ser algo, e não um puro nada (52C).

O que confirma a particular *não materialidade* da *Chora* é o fato de que nem os sentidos a testemunham, nem o raciocínio a garante adequadamente, visto que é uma realidade espúria e quase incrível. Trata-se de um tipo de postulado que devemos pôr, porque aquilo que existe, portanto também o Receptáculo, deve ter um lugar e ocupar um espaço. Tal pressuposto de toda geração e de toda realidade deve então ser colocado em um nível ontológico anterior àquele do Receptáculo. *Platão o explicita*: "É este, portanto, o discurso que sintetiza o raciocínio, pelo que penso. Havia *três realidades distintas* antes mesmo que se gerasse o céu, Ser, Espaço e Geração" (52D2-4). Portanto, *antes que iniciasse o processo gerador*, havia *três* pré-condições, sendo uma para a existência, uma para o tornar-se (o que confirma as primeiras afirmações do *Timeu*, que falam de "cosmo e geração") e a *Chora,* para tudo aquilo que existe. Compreende-se por que Platão *não disse que o espaço "é" sempre, mas se limitou ao "sempre"*, afinal o entrelaçamento com o "ser" é possível apenas a partir desses três elementos. Tais realidades não são *primeiras*, enquanto são definidas *três, o que implica* a existência de Números Ideais. Como se vê, não é apenas o Bem que é *superior ao Ser por dignidade e potência*.

Em síntese, enquanto o mobilíssimo Receptáculo é parte material dos processos geradores do Cosmo, a *Chora* é pré-condição metafísica totalmente estável, como Ser e Geração. Nessa acepção, a ausência de uma referência sensorial deve ser compreendida em sentido forte.

Se agora voltamos à sequência do modelo "gramatical", temos, em primeiro lugar, a Necessidade, o princípio da desordem, a Causa errante que a divindade – causa eficiente –, *convence* na medida do possível; segue a *Chora*, o espaço que, com *Geração* e *Ser*, constitui um primeiro nível de pré-condições para a própria realidade; depois o Receptáculo, a matéria na sua informalidade, que, todavia, tem algum nexo misterioso com a Inteligência e contém em seu interior os proto-elementos; seguem os elementos, que se constituem pela ação de um princípio formal, de natureza geométrica, que é colocado em ação pela divindade; daqui, os primeiros corpos. Neste ponto, com a geração do cosmo se dá início a uma gênese no tempo. Tudo aquilo que até agora foi descrito é um processo *antes do tempo*, porque Timeu ressalta duas vezes que *o tempo nasce junto com os astros.*

5. Conclusão

Filebo fornece um quadro dialético geral e trata os quatro princípios de modo diferenciado: apresenta bem o *apeiron* e também o *peras*, precisa o papel do Bem-medida, aborda a questão do misto, mas o distingue do misturado. Enfim, esclarece a natureza divina da causa. O *Timeu*, por sua vez, aborda explicitamente a questão da natureza dos princípios e se interessa pelos procedimentos que o Demiurgo e a Causa errante colocam em jogo para produzir uma realidade mista. Ambos confirmam a bondade da divindade e a sua preferência pela ordem que é boa. Ambos ressaltam que há um jogo complexo de causas, mas que a verdadeira causa é a divina.

Quanto aos processos, se tomarmos juntas as duas exposições do *Timeu*, temos:

1. Na primeira discussão, a divindade realiza no cosmo material e gerado o poder do paradigma; na segunda, impondo as figuras geométricas, produz as matérias primas.
2. Na primeira discussão, o Demiurgo opera sobre uma matéria visível e gerada que se move de modo desordenado; na segunda, essa matéria aparece nos proto-elementos que se agitam no Receptáculo invisível.
3. Há, na primeira discussão, menções evidentes *a um tempo antes do tempo*, confirmadas na segunda por todos os processos anteriores à geração do céu.
4. A presença do Demiurgo, tematizada na primeira discussão, encontra confirmação na segunda através da gênese do cosmo como um misto produzido por Necessidade e Inteligência.

Pode-se talvez entender, nesse ponto, por que Platão pôde dizer que, uma vez bem compreendidos pela alma, não há necessidade de se transcrever os Princípios primeiros por razões mnemônicas, dado que se reduz a breves proposições (*Sétima carta* 344D-E). De fato, o modelo platônico se baseia em uma simples concepção de fundo na qual tudo deriva da tensão dialética entre dois opostos, com ou sem termo médio e com a necessidade de uma causa eficiente ulterior. Não é isso que eventualmente é memorizado, mas o resto. Dada a estrutura da realidade, as articulações ontológicas são muito diversas, o que exige um complexo tecido de distinções e de ligações. Isso caracteriza (também) a cosmologia platônica em relação às posições monolíticas dos pré-socráticos.

Apêndice 1

O estreito nexo entre Filebo *e* Timeu

Muitos elementos ligam fortemente estes dois textos, tanto que nos levam a supor que Platão quer induzir o leitor a "usá-los" em uma estreita conexão. Por razão de espaço, eu me limito e *elencar* os dados[3]:

1. Esses dois textos devem ser colocados na última produção platônica, substancialmente *contemporânea*.
2. Ambos se referem a *dramatis personae*. Filebo é o personagem que discutiu com Sócrates *apenas antes do início do diálogo*. O texto fornece vários indícios que levam a crer que esse personagem esconda um indivíduo existente em carne e osso, reconhecível em sua época, que, provavelmente trata-se de Eudoxo, matemático e filósofo que lecionou na Academia, em cujo interior sustentava um posicionamento hedonista. Portanto, em um diálogo sobre o tema da vida boa e feliz, não podia ser ignorado, mas nem mesmo colocado em cena, por evidentes incongruências cronológicas. Ele

3 Para os aprofundamentos necessários, cfr. *Il disordine ordinato*, p. 443-491.

é deixado de fundo, evitando-se, desse modo, os problemas que uma intervenção direta sua, mesmo que apenas como "máscara", poderia determinar. Quanto a *Timeu*, temos um personagem inventado e, contudo, tratado com uma grande riqueza de referências. Consequentemente, os antigos lhe atribuíram uma vida e um escrito, *Sobre a natureza do cosmo e da alma*, que Platão utilizaria em *Timeu*. Nesse caso, dada a pobreza de nossos conhecimentos, mesmo podendo hipotetizar o pitagórico Filolau ou talvez Arquitas, devemos nos limitar a dizer que o título se refere a uma máscara.

3. Ambos se reconectam, de modo diverso, a uma discussão precedente. *Filebo* inicia naquela que, em outros diálogos, seria uma *virada* dentro de uma longa discussão. Depois de um confronto evidentemente duro, o hedonista Filebo decidiu abandonar a discussão. Para continuar, o jovem Protarco está disposto a assumir as teses do outro. De forma análoga, *Timeu* inicia com a referência a um encontro do dia anterior, em que se apresentou um modelo de cidade ideal, que é brevemente reproposto.
4. Ambos terminam com um ato dramatúrgico extremo, uma ruptura narrativa, uma escolha demasiadamente extraordinária para ser um puro acaso. Em *Filebo*, Sócrates diz que a busca terminou e pede que o deixem ir, mas Protarco o para: "Ainda permanece, Sócrates, uma pequena coisa: como tu certamente não desejarás retirar-te antes de nós, eu te lembrarei do que resta" (67B11-13). Aqui acaba o diálogo, cortado depois de uma afirmação extraordinariamente significativa, enquanto dá lugar a uma situação paradoxal. *Na*

Ficção, Protarco diz *justamente* que Sócrates não pode retirar-se antes de ter completado o discurso, mas Platão, *na realidade*, o faz! O Autor diz que falta uma coisa, mas parece tão decidido a não nos dizer qual é, que, por assim dizer, deixa cair a pena. Isso demonstra que não se trata de um dos tantos argumentos que poderiam ser completados, coisa que aqui não teria sentido. A discussão não acabou: o leitor pode ter intuído o que é o Bem, qual relação tem com as suas manifestações ou com o *Nous*, mas a coisa não foi esclarecida. É do Bem que é preciso falar, mas Platão *interrompe o seu canto e evidencia o seu silêncio*. Qualquer outra hipótese deixa esse fechamento brutal *inexplicado e inexplicável*. Quanto a *Timeu*, a discussão continua após o fim desse diálogo. Sem nenhuma cesura, em *Crítias, Timeu* apresenta uma provocação extrema em que Crítias, um dos Trinta tiranos, conta que Zeus, querendo punir os homens para torná-los melhores, convocados todos os deuses, disse... Nenhum autor e nenhum curador deixaria uma frase na metade, mas a fecharia de alguma forma. Encontramo-nos frente a um sinal: não sabemos o que Zeus poderia dizer aos outros deuses; ele que, no entanto, operaria com sabedoria e justiça, provavelmente invocando o Bem, mas, certamente, um personagem como Crítias é o menos indicado para falar a respeito disso. E Platão lhe retira a palavra. Em todo caso, permanece o fato de que ambos os diálogos são – caso único – abertos *dos dois lados*. Iniciam referindo-se a uma discussão já acontecida e terminam com uma evidenciação do não dito.

5. Ambos apresentam uma excepcional multiplicidade de temas, o que levou muitos críticos a julgá-los negativamente ou a considerá-los "anormais". Na realidade, Platão, aproximando-se com ambos – e mais ainda com a conexão deles – às coisas mais importantes de seu pensamento, exaspera os jogos a ponto de transtornar o leitor. Em particular, como vimos, ambos apresentam um tema de grande importância em uma formulação dupla, diversa na linguagem e na ótica. Desse modo, o conteúdo do diálogo é bem captado apenas se o leitor entende o jogo e conecta as duas discussões.
6. Ambos se estruturam sobre um eixo que une discussão metafísica e antropológica e, ao mesmo tempo, reivindicam a unidade das duas esferas, dando indicações sobre tal nexo. Depois, no concreto, cada um deles desenvolve apenas um aspecto e se limita a fazer menções até importantes sobre o outro: *Filebo* desenvolve uma discussão antropológica e fornece uma contribuição decisiva no plano metafísico e teológico, e *Timeu,* por sua vez, desenvolve uma reflexão cosmológico-metafísica e dá, desde o início, importantes elementos de antropologia. Tal estrutura é construída para haver um êxito *em encaixes*, que fica evidente sob dois aspectos: para a antropologia, *Filebo* desenvolve um quadro ético, enquanto *Timeu* propõe elementos do quadro político; para a metafísica, *Filebo* propõe o quadro teórico dos Princípios e do Bem, já *Timeu* desenvolve a discussão da Causa demiúrgica e da material derivada da Necessidade. O complexo jogo de distinções de *Timeu* e a sua cosmologia *vertical* encontram sentido apenas em

uma reflexão dialética, substancialmente ausente nesse diálogo, enquanto *Filebo* se ocupa disso de modo decisivo. Com esse *jogo*, Platão conseguiu se manter fiel à sua impostação paidética, dizendo muito, mas apenas em forma de alusões que a ação do leitor deve recompor, compreender e aprofundar.

7. Ambos os diálogos se movem em um contexto implicitamente pitagórico. Em *Filebo*, a apresentação dos Princípios acontece em linguagem pitagórica; em *Timeu*, os sinais são tantos e tais que os antigos colocaram Timeu no elenco dos Pitagóricos e acusaram Platão de ter copiado uma fonte pitagórica. Tais acusações mostram que os antigos viam fortes nexos com o pitagorismo.

Os elementos aqui listados podem ser julgados de várias formas, mas constituem uma *massa crítica* que não pode ser liquidada como "um acaso". Se um autor atento colocou esses sinais, é legítimo supor que ele quisesse indicar ao leitor que os dois textos devem ser lidos e utilizados filosoficamente, *encaixando-os* juntos.

Apêndice 2

O mito do Político *(268E-274E)*

Platão parte de três lendas famosas – a inversão do movimento dos céus por ação de Zeus na história de Atreu e Tiestes[4]; a idade do ouro sob o reino de

4 Filhos de Pélope, que havia matado, por ciúmes, Mírtilo, filho de Hermes. Esse, para se vingar, fez nascer um carneiro de tosão de ouro no rebanho de Atreu, que queria exibi-lo, depois da morte do pai, como sinal da aprovação divina à própria sucessão ao trono

Cronos; a geração dos homens pela terra – e propõe um mito capaz de explicar essas narrativas. O cosmo, um inteiro que recebeu *vida e inteligência daquele que o compôs desde as origens, daquele que o gerou*, passa por duas fases diversas. Em uma, a divindade governa o movimento circular e se ocupa do cosmo. Nessa fase, todas as partes do universo são governadas por divindades, sendo que as inferiores administram, cada uma, uma raça diversa de viventes. A humanidade recebe tudo aquilo de que precisa visto que é o reino de Cronos. Quando então se adiciona o tempo, ou seja, quando o mundo alcançou a máxima ordem possível, o Deus pastor e guia abandona o timão e deixa o mundo a si mesmo. A ação divina não é, então, livre, uma vez que os ciclos são estabelecidos por uma ordem intrínseca que limita a potência divina.

Começa a segunda fase em virtude de que o cosmo não pode ser estático, porque é vivente, nem pode ser imutável, porque é corpóreo. Deixado sozinho, esse começa a girar em sentido oposto, tentando manter, na medida do possível, a ordem recebida de seu *artífice e pai*. O movimento retrógrado dos céus, dado o seu nexo com o passar do tempo, provoca um processo oposto ao envelhecimento, com a geração, pela terra, de indivíduos velhos, que, pouco a pouco, rejuvenescem até desaparecer. Nessa fase, os homens devem confrontar o mundo com as suas fraquezas, por isso, recebem aquilo que a tradição chama de "dons dos deuses", como o fogo, as técnicas, as sementes das plantas.

---

de Micenas. Tiestes conseguiu que a cunhada lhe desse o carneiro, mas Zeus intervém a favor de Atreu, fazendo voltar o curso do sol e das estrelas no sentido contrário ao normal.

O fato mais relevante é que o cosmo começa a se precipitar na desordem, em direção à própria aniquilação. A causa disso está no corpo, que, por *sua antiga natureza, é partícipe de muita desordem*. Em sequência, o cosmo chega perto da ruína. Isso comporta uma nova intervenção da causa divina para salvar o cosmo antes que *na tempestade produzida pela desordem afunde, dissolvido no mar da dessemelhança, que é infinito*. A divindade restaura progressivamente a ordem, *tornando, assim, o cosmo imune à morte e à velhice*. A contínua repetição dos ciclos garante a única eternidade que pode ser atribuída a uma realidade superior, mas corpórea.

O processo cósmico é único, com dois movimentos opostos que se repetem ciclicamente, como em um pêndulo, ao infinito. De fato, até mesmo a intervenção da divindade é estável e não pode mudar, agindo ora de um modo e ora de modo contrário.

VII.

O problema da alma

A *invenção* do conceito de alma constitui uma das maiores contribuições da filosofia grega ao pensamento ocidental. Falamos disso brevemente no *Apêndice 1.*

1. Unidade e polivalência do ser humano

Há três problemas que se referem à alma: a relação com o corpo, a unidade das funções psíquicas e a sobrevivência após a morte. O filósofo é totalmente consciente da dificuldade do tema: "Quanto à verdadeira natureza da alma, devemos dizer isso: definir qual é exigiria uma discussão absolutamente divina e longa, enquanto que falar disso por imagens é humano e mais breve. Falemos então deste modo" (*Fedro* 246A3-6). Por isso, Platão aborda tal tema elaborando uma *pluralidade de esquemas*, diversos entre si, mas não contrapostos, porque exprimem termos de referência diversos e todos legítimos.

1.1. A unidade do ser humano

Platão não tem dúvidas neste campo. Em *Cármides* 156C-157B, Sócrates apresenta a concepção da medicina grega que se ocupa da parte curando o inteiro, enquanto este último prevalece sobre a primeira. Mas tal prática exige que se identifique *qual é o inteiro*. Sustentar que é absurdo curar a parte independentemente do corpo inteiro é justo, mas limitado, enquanto, *por inteiro, se compreende apenas o físico*. Em vez disso, uma tradição trácia afirma que todos os males e todos os bens, *tanto para o corpo quanto para todo o homem*, vêm da alma. Os dados em jogo são, então, três: 1. o ser humano, feito de alma e corpo, 2. *apenas* o corpo, 3. *apenas* a alma, da qual afirma-se o primado.

1.2. A alma como verdadeiro ser do homem

O ser humano é feito de alma e corpo, mas *Primeiro Alcibíades* já identifica o *verdadeiro ser* do homem na sua alma. De fato, para cuidar de nós mesmos, devemos saber quem somos. Sócrates utiliza uma figura teórica baseada na necessidade de distinguir "um X", que é X, do "verdadeiro X". Isso vale para a causa verdadeira (*Fédon* 98E5), para a natureza mais verdadeira da alma (*República* 611B1) e para *o verdadeiro si mesmo*, ou seja, o homem em sua natureza profunda (128D-E). Nestes termos, Platão recorda o imperativo délfico "conhece-te a ti mesmo".

Como quem usa é diverso daquilo que usa, o sujeito não é o seu corpo nem o conjunto de alma e corpo, mas é a alma, que usa o corpo como um instrumento. Em sentido próprio, o ser humano é apenas alma (130C), e conhecer-*se* significa conhecê-*la*. A busca do verdadeiro ser, com a distinção "governante" e "governado", leva a uma polarização com desvantagem para a unidade do sujeito. Apesar disso, a duplicidade que caracteriza o ser humano é reafirmada, mesmo que indiretamente: quando Sócrates dialoga com Alcibíades, não volta as palavras ao rosto, como parece, mas ao *verdadeiro* Alcibíades, ou seja, à sua alma (130D-E). A relação entre dois sujeitos que usam *palavras* e se olham *na cara* é diferente daquela de duas almas que se comunicam *através* do corpo, que, porém, *não pode ser esquecido*, afinal quem conhece algo do corpo, conhece algo de si, mas não a si mesmo (130E-131A).

2. A natureza tripartida e unitária da alma

O tema da tripartição emerge com clareza em *Fedro*. Sócrates pergunta se a alma é uma besta multiforme como um monstro ou como um animal manso e simples, partícipe de uma relação com o divino (230A). Platão joga com o leitor, afirmando que ambas as alternativas resultarão incorretas, mas o leitor pode descobrir uma terceira hipótese na figura da biga alada, uma realidade *diferenciada*, não simples, tampouco monstruosa.

Em uma dimensão ultraterrena, um cortejo de bigas aladas, divinas e humanas, sobe em direção ao mundo das Ideias. A biga tem um cocheiro e dois cavalos, um belo e bom, enquanto o outro é de natureza oposta. A biga dos deuses apresenta, ela também, um modelo ternário, mas todos os componentes são bons, sendo os carros divinos equilibrados e fáceis de conduzir, diferentemente dos carros humanos. As três partes são: a racional – *sempre representada como um ser humano* –, a volitiva e a desiderativa – *sempre representadas como duas bestas.*

Esta tripartição é esclarecida na *República*: há uma alma racional, uma irracional e uma intermediária (436A-441C). No livro IX, Sócrates apresenta as três partes da alma unitária. A primeira é "uma única *ideia* de uma besta compósita e policéfala" (588C7-8); a parte desiderativa tem, então, outras partições, que, para Platão, não é interessante aprofundar. A ela se juntam uma seção com forma de leão e uma outra com forma de ser humano. A concupiscível constitui a parte maior, enquanto a racional, *que tem função diretiva*, é a menor.

O que conta é a unidade desses elementos, pois que a alma é um inteiro, uma unidade de partes. O modelo ternário da biga é, nesse sentido, também unitário.

Tal unidade é repetidamente afirmada e garantida pela *função de comando* da parte racional. Essa é a *justa* condição da *psychè*, na qual quem louva a injustiça, quer, ao contrário, reforçar o animal polimorfo e o leão, e não aceita que esses animais convivam, mas quer que sejam livres para que se ataquem reciprocamente. A justiça se realiza quando cada parte desenvolve a própria função; isso faz com que a racional comande. Esse tema é tão decisivo que desde *Críton* se menciona a alma, sem citá-la, mas qualificando-a duas vezes como aquela que, *com o justo, se torna melhor, enquanto que, com o injusto, vai à ruína; aquela que é danificada pela injustiça e favorecida pela justiça* (47D-48A). Nos diálogos sucessivos, a injustiça é apresentada como a pior condição da alma, uma *doença* determinada pelo contraste entre opiniões, desejos e razão, ou seja, entre as diversas atividades das partes da alma (*Sofista* 227C-229A).

2.1. Uma visão articulada

Ao mesmo tempo, Platão multiplica as referências ao modelo diádico, baseado na dupla humano-divino. Fala-se repetidamente da parte divina e da parte racional, da melhor e da pior. Nesse caso, a diferença é ontológica, como aquela entre homens e animais.

Temos, portanto, três tematizações diversas da alma humana: monádica, diádica e triádica. Tal copresença de modelos diversos encontra uma manifestação particularmente evidente em *Fedro*. No início, o termo *alma – psychè* – recorre sem que nada faça pensar em uma tripartição. Depois, em 245C2-3, introduz-se a demonstração *citando alma divina e humana*, ou seja, apresentando uma distinção em chave diádica, *em seguida jamais mencionada novamente*. De fato, a demonstração da imortalidade da alma (245C-246A) também não tem nenhuma referência a tal duplicidade, pois que a discussão é unitária. Então, nesse diálogo, apenas o leitor pode entender se ambas são imortais, a divina e a humana, ou apenas a primeira o é. Então, é apresentada a mais clássica figura triádica – a biga alada –, sem referências ao tema da imortalidade. Tudo em poucas páginas de um mesmo diálogo. Se houvesse três modelos alternativos – monádico, diádico e triádico –, Platão teria feito uma confusão extraordinária *exatamente no diálogo em que dá as regras para construir bem um discurso.*

Em síntese, devemos aceitar a coexistência de diversos modelos, confirmando a multiplicidade de abordagens que caracteriza a filosofia de Platão. Se renunciamos à pretensão de reconduzir o seu pensamento *sempre* a uma única chave, podemos reconhecer que, quando explica a natureza do homem ou demonstra a imortalidade, o Autor não parece interessado em distinguir partes; quando fala em termos ontológicos da estrutura da alma, apresenta-a segundo um esquema diádico, porque a questão fundamental é a distinção entre a parte divina imortal e a parte humana mortal; quando se concentra na função operativa, o modelo se torna triádico.

Sobretudo em *Timeu*, encontramos essa estratificação de níveis. Falando do ser humano e do cuidado da alma, a discussão é monádica enquanto trata "do ser vivo em seu conjunto" (89D2); "a parte que deve guiá-lo" (89D4-5) deve ser a mais bela e a melhor na medida do possível. Quando se fala da *psychè*, ela é apresentada em três formas (*eide*, 89E4), três realidades postas em três lugares diversos com movimentos diversos. De fato, os deuses, para evitar que os *dois* tipos de almas se misturem mais que o devido, colocam a imortal na cabeça, separando-a da mortal, colocada no tórax, através do pescoço. A melhor parte da alma mortal – a irascível – é colocada na zona alta, perto da razão, e é dividida com o diafragma daquela apetitiva, a pior, deixada em baixo (69C-70A). Confirma-se, assim, a imagem de *Fedro*, retomada e aprofundada no livro IV da *República*: Platão primeiro contrapõe a alma racional à alma concupiscível, depois fala da parte agressiva, que não deve ser confundida com a racional, mesmo que às vezes contrarie o desejo e colabore com a razão para controlar a concupiscível, que é a maior parte da alma.

Enfim, Platão, em *Fedro,* tenta nos fazer entender que as almas não são, de fato, iguais, porque logo se inserem em um contexto que as influencia. De fato, as fileiras de carros alados são doze, cada uma seguindo uma divindade. As almas tentam imitar o guia na medida do possível; assim, os seguidores de Zeus suportam melhor as dores de amor, enquanto os seguidores de Ares estão dispostos a morrer. De forma análoga, em *Timeu*, o Demiurgo distribui as almas sobre os vários astros, antes descritos como veículos (41E2), depois definidos como afins (42B4) à alma, que, de fato, volta para lá. Toda alma tem uma natureza específica sua, que de algum modo condiciona o seu comportamento.

2.2. Alguns esclarecimentos

A afirmação de que uma parte da alma tem como função própria a de desejar não quer dizer que as outras partes não tenham pulsões próprias que podemos definir como "desejos". Na *República*, há três classes de prazeres, cada uma para uma das três partes da alma, à qual são ligados três tipos de desejos (580D): a parte concupiscível ama as riquezas; a parte animosa, a honra; a parte racional, o saber. Portanto, devemos dizer que a alma concupiscível manifesta o prevalecer da função desiderativa, não a posse de uma atividade exclusiva.

Mas Platão diz mais e mostra que é possível pensar sob a perspectiva de relações transversais complexas. A propósito dos desejos das partes inferiores, Sócrates afirma que aqueles que operam racionalmente captam os prazeres mais verdadeiros, aqueles próprios a eles. Se, ao contrário, predomina uma parte não racional, ela própria não descobre o próprio prazer e exige que as outras persigam um prazer estranho e não verdadeiro (*República* 586D-587A). Assim, se a parte racional domina, orienta as outras na escolha, mas o mesmo acontece, de modo enganoso, no caso do domínio de uma das almas mortais. Tal complexidade explica por que Platão considera a relação entre as partes um problema, uma fonte, por sua vez, de problemas. O acordo não é fácil, e apenas uma boa educação impede que as almas mortais induzam ao erro a racional.

2.3. Funções e partes da alma

Frequentemente se tenta entender a partição da alma não em sentido ontológico, mas apenas como diferenciação de funções. Tal tese encontra intransponíveis obstáculos textuais. 1. Como veremos daqui a pouco, em *Timeu*, os deuses gerados *adicionam algo à alma imortal* que a Divindade formou primeiro; eles recebem o princípio imortal, formam um corpo mortal e *forjam dentro dele uma outra espécie de alma, aquela mortal* (69C). 2. Se não há partes ontologicamente diversas, mas apenas funções dependentes do corpo, essas devem desaparecer com a morte. Veremos, em vez disso, que no Hades as almas conservam as características humanas. 3. Se a alma é só uma e não é formada de partes diversas, todo o discurso sobre a justiça da *República* se torna muito problemático e não funciona mais o paralelo com a cidade, que tem partes diversas com características próprias e uma forte autonomia. 4. Apenas se são partes, as diversas almas podem ter uma origem e um destino diversos. 5. Apenas no complexo jogo das partes se entende por que, enquanto *no plano funcional* a parte iracunda colabora com a parte racional contra a desiderativa; *no plano ontológico* a ligação é sempre entre aquelas que são definidas humanas, mortais, irracionais, enquanto a racional, divina e imortal permanece sozinha, separada, com um papel de comando que, sem partes, tem pouco sentido. 6. Há tantos diálogos que de modo explícito falam de três partes que fica quase impossível dar conta de todos. Às vezes as expressões são muito fortes, como na *República* 588C4-5: a alma resume em si, por natureza, muitas e inumeráveis formas (*ideai*) reunidas em unidade. 7. Se não há partes, a imagem da biga alada de *Fedro* é enganadora, ainda mais porque até as almas dos deuses aparecem tripartidas.

Concluindo, se aceitamos captar os múltiplos pontos de vista que Platão coloca em jogo, evitamos correr o risco de confundir aspecto ontológico e aspecto funcional. Por força do princípio de não contradição, é impossível que uma mesma realidade em relação ao objeto idêntico possa, ao mesmo tempo e no mesmo sentido, fazer ou sofrer coisas opostas. Uma mesma alma não pode, *por ser só uma*, desejar uma coisa e recusá-la, todavia, os conflitos interiores são uma situação normal do psiquismo humano. *Exatamente por isso Platão coloca em jogo as partes de um inteiro, que, por serem partes, podem ter atitudes diversas em relação a um mesmo objeto e, portanto, explicar os conflitos da única alma e do único indivíduo.* Para exemplificar essa possibilidade, de um indivíduo que está parado e move as mãos não é correto dizer que ao mesmo tempo se move e está parado; é preciso, em vez disso, distinguir as partes e dizer que algo dele está parado e algo se move (*República* 436C-D). Esse exemplo fala de partes em sentido pleno, uma vez que com o nexo inteiro-partes é possível salvar tanto a unidade do inteiro quanto a (maior ou menor) autonomia das partes.

2.4. A alma divina como verdadeira alma

É preciso, então, que sejamos muito cautelosos ao falar de posições "contraditórias" ou até opostas nesse terreno, porque se trata de ver em que acepção é usado o termo *psychè*. Por exemplo, na *República* 603D, Sócrates afirma que o ser humano, aliás, a própria alma é cheia de conflitos e contradições. Pouco depois, porém, diz que não se deve crer que, *em sua natureza mais verdadeira*, a alma possa ter variedades de formas e discórdias no seu próprio interior, coisa que faria com que se duvidasse de sua imortalidade. Logo depois, para não deixar equívocos, ressalta-se que a alma é imortal, como consequência necessária tanto da prova que acabou de ser fornecida, quanto de outras provas não citadas aqui (611B). Então, a *verdadeira natureza* da alma imortal não é aquela tripartida do livro IV.

Isso já havia sido esclarecido no *Primeiro Alcibíades*, em que Platão *logo* propõe a superioridade da alma divina. Como vimos, trata-se de aplicar o "conhece-te a ti mesmo", já que devemos saber quem somos identificando *o verdadeiro si mesmo*, ou seja, o homem em sua natureza mais profunda. Faz-se um paralelo com a visão. Se se dissesse ao olho "olha-te a ti mesmo", ele poderia se ver em um outro olho, aliás, em sua parte melhor, a pupila, aquela em que se realiza a virtude do olho, a capacidade de ver. Ela funciona como um pequeno espelho, enquanto, se se aponta a uma outra zona do olho, não se tem o mesmo resultado (133A-B). Com base nisso se constrói um paralelo: "até a alma, se quer conhecer a si mesma, deve olhar na alma e sobretudo *neste seu lugar* em que há a virtude da alma, a *sabedoria*" (133B7-10). Trata-se da alma racional, que é a mais divina. Olhando-a, a alma pode conhecer a si mesma do melhor modo possível (133C).

Em síntese, deve-se tomar a "alma" em seus diversos sentidos, em razão de que a alma tripartida, sendo composta, não pode ser imortal, enquanto a alma, em sua natureza mais verdadeira, o é. De fato, na própria *República,* Sócrates afirma que, *para conhecer verdadeiramente* a alma, ela deve ser observada não desfigurada da comunhão com o corpo, mas purificada. A alma na sua forma humana não coincide com a sua mais verdadeira natureza. Ela emerge se considerarmos o seu amor pelo saber, pela filosofia, e assim, vemos que ela é congênere àquilo que é divino, imortal e eterno. A verdadeira natureza da alma, que pode aspirar à imortalidade, é a racional, à qual são adicionadas as outras partes mais ligadas à realidade terrena.

2.5. A construção da alma

Tal modelo tem a sua coroação e a sua fundamentação em *Timeu*, dentro de um quadro que se torna complicado pela contínua passagem da alma do mundo às almas dos astros e às dos viventes. De fato, como para a cosmologia, sobre esses temas não é possível construir raciocínios perfeitamente coerentes e é necessário limitar-se às propostas mais verossímeis (29C-D), mas o próprio Platão reconhece que o discurso é desordenado, visto que nós participamos do acaso e nos exprimimos do mesmo modo (34C). Opera-se com o modelo binário: uma alma imortal e uma mortal (72D). A alma racional é superior, divina, é princípio imortal, um demônio (90A) que quer voltar ao lugar de origem. A Divindade constrói tal alma com uma complicada série de passagens, que, porém, levam a uma única realidade, um inteiro (35A-B). A divindade se ocupa diretamente da parte imortal, que é divina, mas menos pura do que aquela dos outros seres divinos; mostra a ela as leis do universo e as normas morais (que, portanto, conhecerá *a priori*); então confia a formação ulterior às divindades inferiores e geradas. Estas *adicionam* a parte mortal que lhe faltava, *que tem em si terríveis e inevitáveis paixões, de modo a permitir que ela seja humana*. Então plasmam o corpo, que lhe dão como um veículo.

Forja-se, assim, uma realidade tão sensível à influência do corpo que se torna privada de juízo (*anous*, 44A8) por causa da presença do outro. Consequentemente de um lado, a alma é tão ligada ao corpo que pode ser condicionada por uma doença (nesse caso, não é justo considerar malvado o sujeito); de outro lado, por força da alma racional, é possível considerá-la secundária, depois das divindades (*Leis* 726A-727B). Ela, de fato, é a mais antiga entre as realidades geradas, é imortal e tem poder sobre todos os corpos, por isso está presente até nos astros: o próprio cosmo vivente é impensável sem a Alma do mundo. Características como movimento, vida, alma e inteligência não podem faltar na realidade que é em sentido pleno. Tanto menos se pode aceitar que ela tenha inteligência, mas não vida, ou que tenha as duas coisas, mas seja privada de alma. Enfim, seria absurdo atribuir-lhe a alma e fazê-la imóvel (*Sofista* 248E-249B).

Isso é confirmado na discussão das passagens com que é construída a Alma do mundo, a melhor entre as realidades geradas, gerada do melhor dos seres eternos (*Timeu* 36E-37A). Trata-se de uma discussão quase enigmática, e por isso falamos dela no *Apêndice 2*.

2.6. A aporia da alma

O fato de a alma ter a função de dirigir o corpo e de que constitui o verdadeiro ser do indivíduo levanta um problema teórico destinado a incomodar o pensamento ocidental por séculos: o que permite que a alma controle o corpo? O tema é mais relevante ainda porque Platão atribui à alma quase tudo, não apenas as funções humanas relevantes, como as paixões ou os desejos, mas também as próprias sensações, de forma que a alma vê e ouve *mediante* os órgãos do sentido (*Teeteto* 184B-D). Mas essa presença de uma entidade *imaterial* em uma realidade *material* é aporética. Pode-se hipotetizar que o *medium* seja pensado de modo *análogo* àquele que Aristóteles proporia (*De generatione animalium* 736b27 ss.), o qual fala de um "espírito inato" localizável no sangue e de uma substância análoga ao éter. De fato, em *Timeu,* se fala de um "rio" que nutre o corpo e comunica informações e advertências da razão ao corpo (70B). Todavia, o sangue continua sendo uma realidade material, logo não resolve a aporia, dado que nada explica como possam se comunicar dois *movimentos diversos por natureza*, como os da alma e os do corpo.

3. A imortalidade da alma

É preciso refletir sobre as *razões* que levam Platão a sustentar que a alma racional deve ser imortal. A primeira é constituída pela divisão da realidade em dois planos, que comporta a afinidade da alma com as Ideias e com a esfera do divino. Já a segunda é conexa à necessidade de explicar a anamnese. Há, então, o problema do prêmio e da punição para os comportamentos humanos. Enfim, é lembrado o papel da Alma no mundo.

Mas há um dado ainda mais desconcertante: Platão não se limita a afirmar uma convicção e/ou uma esperança em algo que pertence a uma outra esfera do real, mas tenta *uma justificativa racional* para isso. Sem esquecer os limites do ser humano, ele se propõe a *demonstrar* tal imortalidade e, dessa forma, se obriga a abordar o tema do destino da alma após a morte.

3.1. Uma presença precoce

A imortalidade da alma não é, no contexto grego da época, uma *convicção* difundida, posto que os diálogos ressaltam várias vezes que, para as pessoas, a alma se dissolve no momento da morte. Platão, porém, ostenta desde as primeiras obras a sua *convicção* a favor da imortalidade da alma. Em *Apologia*, Sócrates *espera* que a morte seja um bem, porque ou o morto não tem mais nenhuma sensação, como um sono sem pesadelos, ou a alma se transfere para outro lugar, como dizem antigas histórias. O filósofo fala muito sobre a felicidade que se obteria nessa segunda hipótese. Além disso, diz-se que os deuses se ocupam de nós: a um homem bom não pode acontecer nada de mal *nem na vida nem na morte* (41C-D). Tal afirmação implica a sobrevivência da alma.

De forma análoga, em *Górgias* 523A-527A, encontramos uma história, que, para Sócrates, não deve ser considerada uma fábula, mas uma verdade. Tal mito, que toma por certa a sobrevivência da alma, conectava-se com os raciocínios anteriores, o que permite que tiremos disso algumas consequências lógicas: 1. a morte não é outra coisa que não a separação de duas realidades, a alma e o corpo; 2. cada uma conserva o estado que tinha na vida, como o corpo conserva as cicatrizes. As almas que viveram *de modo pio e na verdade* são enviadas à Ilha dos Bem-Aventurados, enquanto que aquelas que levam os sinais de uma vida de vícios são enviadas para se corrigir.

De forma mais explícita, em *Mênon* 81A-E, recorda-se uma tradição de homens e mulheres, sapientes sobre as coisas divinas, que disseram *uma coisa verdadeira e bela*: a alma é imortal e ora termina (aquilo que chamamos de morte), ora renasce, mas não perece jamais. Aqui o jogo platônico é claro, uma vez que o fim e o renascimento tangem o vivente, não a alma, que é declarada imortal. O texto deixa isso explícito, dizendo que a alma é "tanto imortal quanto nascida muitas vezes" (81C5). De fato, a mesma anamnese implica a aquisição dos conhecimentos em um outro tempo, em que havia a alma, mas o ser humano ainda não.

3.2. A demonstração de *Fédon*

Fédon apresenta um extraordinário entrelaçamento de dúvidas e de convicções sobre o relacionamento com o divino e sobre a sorte da *psychè* após a morte. As certezas são muitas[1], confirmadas pelo fim sereno do filósofo. O próprio Fédon declara não

1 A morte é a separação da alma e do corpo; os deuses cuidam dos homens; há prêmios e castigos; a alma capta melhor a verdade quando se liberta do corpo e não é perturbada pelos sentidos nem no plano cognitivo nem no plano emotivo; isso comporta a esperança de vir a ter a posse, no Além, da *perfeita verdade*; a morte não é, em si, um mal, aliás, abre perspectivas melhores à alma, coisa decisiva para os filósofos; no Hades, os bons habitam com os deuses; citam-se com respeito os mistérios e uma antiga doutrina que propõe a metempsicose.

ter tido compaixão pelo mestre, que parecia um homem feliz. Porém, Cebes relembra logo as dúvidas que tantos têm sobre a imortalidade da alma e sustenta, aprovado por Sócrates, que, para compartilhar essa "grande e bela esperança" (70A8), é preciso provar que 1. a alma vive após a morte do homem 2. conservando poder e pensamento, ou seja, demonstrar a sua imortalidade perguntando-nos se isso comporta também a sobrevivência do sujeito.

As demonstrações da imortalidade da alma são confrontadas com base nas indicações que o próprio Platão fornece. De fato, estamos frente a uma investigação que é impossível ou muito difícil, para a qual é necessário ou apreender de outros como são as coisas ou descobri-lo por si. Se não for possível descobrir a verdade, é preciso limitar-se a aceitar o raciocínio melhor e menos fácil de ser refutado sempre que não seja possível ter a ajuda decisiva de um tipo de revelação divina (85C). Essa é a chave para compreender o diálogo, na medida em que o tema é tal que é necessário *indagar com a razão e discorrer com mitos* (61E). Trata-se de trabalhar sobre ambos os planos, sem por isso pensar que a demonstração não exista ou que seja um elemento secundário. Sócrates, no momento em que convida Fédon a não cortar no dia seguinte os belos cabelos, em outras palavras, a não tomar luto, declara estar pronto a fazê-lo junto dele se não conseguir responder às objeções de Símias e Cebes. O luto é empregado se estamos incertos sobre o destino de quem morre. A demonstração é *necessária* tanto porque um *filósofo* não pode se contentar com *uma confiança tola e insensata*, quanto porque seria justo ter medo se não se demonstra que a alma é imortal (95C-D).

Exatamente por essa dificuldade, Platão propõe um esquema complexo, constituído de três passagens que levam à prova.

Primeira passagem. O argumento dos contrários (70C-72D) não tange a alma, mas o vivente. Segundo a doutrina órfica da reencarnação, o vivo nasce do morto. É uma confirmação do princípio no qual um contrário deriva do contrário, assim como dormir deriva do estar acordado e vice-versa. O procedimento parece forçado e pouco convincente se não se capta a ambiguidade da formulação: a alma vive (dá origem à vida de um ser) e morre (se destaca do corpo). Sem essa alternância, que se liga à visão cíclica da cosmologia platônica, a realidade terminaria totalmente consumada na morte (72A-D). Como confirmação, o texto sucessivamente esclarece que aqui não se falou do contrário em si, mas das realidades que têm contrários e que derivam do próprio contrário, isto significa, nos movemos no plano das realidades sensíveis (103A-C).

Esse argumento, isolado, constitui apenas um plano de fundo teórico no qual inserir o tema da imortalidade. A *segunda passagem* o completa, lembrando a reminiscência (72E-77B) e ressaltando a forte afinidade entre almas e Ideias. Como logo fazem notar Símias e Cebes, isso demonstra que a alma existe antes do ser humano, mas não diz nada sobre o depois: pode-se pensar que a alma pereça. Sócrates, porém, considera que a prova funcione se se conectarem os dois argumentos já que, se o princípio cíclico valer, a preexistência implica a sobrevivência como premissa para uma nova vida. Platão demonstra considerar essa prova válida, mas limitada.

De fato, de um lado, os dois interlocutores não fazem objeções, e, de outro lado, Sócrates considera que se deve indagar mais a fundo. De fato, tal "prova" vive de postulados, afinal, *se há* aprendizados *a priori*, devemos *postular* uma vida precedente da alma.

A *terceira passagem* (78B-80B) é baseada na afinidade entre alma e Ideias. Dada a existência de duas formas de realidade, o corpo é similar e afim àquela visível, composta e mutável, e a alma, àquela invisível, imortal e estável do mundo ideal. Esse argumento também não é muito probatório, mesmo tendo sua plausibilidade em uma visão binária da realidade.

Cebes, que aceita a demonstração da preexistência da alma, põe uma objeção forte: *pode-se pensar que a alma viva mais que o corpo, mas que, ao fim, morra, enquanto se deve demonstrar que é imortal* (86E-88B). Desse modo, é introduzido um tema muito importante, no qual "sobreviver à morte do corpo" e "ser imortal" são dois dados diversos. Segue *a demonstração*, precedida da longa discussão filosófica que leva do questionamento naturalístico à doutrina das Ideias. Sócrates pensa que, a partir da existência dessas realidades, será possível demonstrar que a alma é imortal (100B). De fato, distingue-se a predicação essencial da predicação acidental. No caso da última, é possível dizer que uma mesma realidade participa, por exemplo, da ideia de Grandeza e da ideia de Pequeneza. Ao contrário, na predicação essencial, os contrários se excluem, porque uma realidade, para manter-se si mesma, não pode adquirir características contrárias àquelas que a definem. Ora, a alma é intrinsicamente conectada à Ideia de vida, portanto ela exclui a morte e é, então, imortal.

A prova, para Platão, é válida, visto que Sócrates afirma duas vezes que "a alma se revelou imortal" (107C8, 114D4). O próprio Cebes, que *não se deixa convencer logo daquilo que lhe é dito* (63A), acha a demonstração adequada (105E, 107A). A essa questão se junta Símias, que ressalta a dificuldade, justificada pela vastidão do assunto, pela fraqueza humana e pelo tema. De fato, Sócrates também está de acordo. As Ideias e os Princípios parecem dignos de fé, mas devem ser aprofundados de forma a serem compreendidos "na medida do possível a um ser humano. E se isso também ficar claro, então não tereis nada mais a buscar depois" (107B8-9).

O valor da prova é confirmado pelo fim de Sócrates cujos últimos gestos são de apoio aos amigos e de prece aos deuses para que "a migração deste mundo ao outro se cumpra de forma feliz" (117C2-3). A sua última frase sintetiza tudo isso com uma passagem poética, lógica e dolente, da primeira à segunda pessoa do plural, do "nós", ainda hoje, no fazer da noite, ao "vós" de amanhã: "Críton, devemos um galo a Asclépio: dai-lo a ele, não vos esqueçais disso" (118A7-8).

3.3. A demonstração de *República* X, 608C-612C

Platão, *fiel à sua impostação protréptica,* elabora outras provas. Aquela do livro X da *República*, apresentada no texto (608C-D) como um argumento simples, escandaliza muitos intérpretes, que a consideram *fora de lugar em relação ao resto do diálogo*. Mas, em uma obra rica de filosofia, que argumenta sobre o plano da vida social e humana, Platão não podia ignorar *a outra dimensão.* De fato, a questão da sobrevivência da alma é antecipada desde o livro 1, no qual Céfalo afirma que frequentemente alguém, ao se aproximar da morte, começa a se preocupar com as histórias contadas sobre o Hades e a pensar que são verdadeiras. Também no livro VI, 486A, o filósofo, que visa ao todo, contempla *a totalidade do tempo e da realidade* e, por isso, não considera relevante a vida humana e não julga a morte terrível. Então, no livro IX, 580D-585C, ressalta-se a igual natureza que têm as Ideias e a alma racional. Enfim, no livro X, Sócrates afirma que ainda não se falou dos *prêmios máximos*, tema relativo à alma, e exige *como premissa* uma demonstração da sua imortalidade e *como consequência* uma reflexão sobre o seu destino final. O argumento é, então, introduzido *no quadro de uma operação de completamento e em preparação do sucessivo mito de Er.*

Sócrates parece certo da imortalidade da alma, enquanto Glauco se mostra surpreso e pergunta se o filósofo é capaz de demonstrá-la. Isso permite que o outro dê respostas quase provocatórias, afirmando que trata-se de uma questão simples, ao alcance de todos. Obviamente, Glauco ironiza essa "simplicidade". Trata-se de um movimento dramatúrgico importante, que permite *excluir a ironia nas palavras de Sócrates.* Glauco, ironizando, mostra que é preciso *levar a sério as palavras do filósofo*, como ele faz. O leitor é assim informado que o que o espera é um argumento simples, quase intuitivo, distante da complexidade de *Fédon* e realmente apto a um contexto filosoficamente modesto como aquele da *República.*

Parte-se de uma definição, na qual ruim é aquilo que faz perecer e destrói, bom é aquilo que salva e beneficia. Para cada realidade há um mal inerente, que pode agredi-la e, enfim, destruí-la. Consequentemente, *se não há um mal próprio capaz de destruir uma coisa, nada pode fazê-lo.* Aquilo que torna a alma ruim são os vícios, como a injustiça, a vileza, a ignorância, que, porém, jamais determinam a sua morte. Portanto, a alma é imortal. Podem-se fazer objeções a esse argumento, mas, *em sua simplicidade*, a afirmação tem sentido, tanto que, como veremos, facilmente vai de acordo com as outras provas.

Sócrates adiciona alguns esclarecimentos. É absurdo pensar que uma coisa pereça pelo defeito de um outro, mas não por um defeito próprio. Consequentemente, deve-se excluir que a morte da alma dependa do corpo. *Essa tese, sustentada de modo extremamente redundante, indica que estamos no centro do argumento.* A morte do corpo *não é razão suficiente* para a morte da alma.

3.4. A demonstração de *Fedro*

Em *Fedro* 245C-246A, finalmente temos uma prova que desde o início aponta para a natureza da alma.

O argumento pode ser assim esquematizado: 1. uma realidade que se move sempre é imortal; 2. apenas o que move a si mesmo se move sempre, porque não se afasta jamais de si, enquanto, por sua vez, aquilo que é movido por outro, quando cessa o movimento, cessa de viver; 3. aquilo que move a si mesmo é fonte e princípio de movimento; 4. aquilo que é princípio não pode ser gerado, ou então não seria princípio, ao mesmo tempo que tudo o que é gerado se gera necessariamente de um princípio; 5. aquilo que não é gerado é também incorruptível, e, se de fato perecesse, não poderia mais gerar-se de algo e nada poderia mais ser gerado por ele – consequentemente, céu e terra deveriam ser imóveis, e não haveria um princípio para recolocá-los em movimento.

A premissa implícita é que a alma move a si mesma. O movimento – *kinesis* – para um grego, resume em si todas as modificações que caracterizam a realidade e, assim, de modo precípuo, a vida. Por exemplo, um corpo é inanimado quando o seu movimento é provocado pelo exterior e é animado quando recebe o movimento do interior, da alma. Como as coisas ou são movidas por outro ou se movem por si, as primeiras exigem necessariamente a existência das segundas, sob pena de um regresso ao infinito.

A terminologia e o estilo rigoroso mostram que Platão leva a demonstração a sério quando afirma que a alma é princípio de vida e de movimento. Se nos perguntamos qual natureza deve ter, conclui-se que necessariamente deve ser imortal.

3.5. A demonstração das Leis

No livro X das *Leis*, afirma-se que a existência da alma precede a dos corpos, tanto que se pode dizer que ela veio a estar entre as primeiras realidades. Todavia, é preciso demonstrá-lo (892B-C). A dificuldade do tema é tal que o Hóspede ateniense invoca a ajuda da divindade e procede com um diálogo consigo mesmo para distinguir vários tipos de mudanças. Feito isso, o filósofo observa que faltam exatamente os dois movimentos pelos quais se está fazendo essa investigação. São eles: 1. aquilo que move os outros, mas não a si mesmo, ou seja, é movido por outro, e 2. aquele diverso que sempre move tanto a si mesmo quanto os outros. Este último deve ser considerado o verdadeiro movimento, o mais importante e potente, *primeiro por geração e potência de acordo com o* logos (894D6). De fato, se há uma sequência de objetos movidos por outro, é preciso um primeiro motor que dê origem ao movimento. Em caso contrário, ou há um processo infinito ou o movimento não tem explicação. Esse primeiro motor deve mover a si mesmo e, então, transmitir o movimento aos outros, dado que é princípio de todos os movimentos e é também primeiro em dois sentidos, enquanto *mais velho* e *mais potente* de todos.

Se nos perguntamos *o que sofre* uma realidade que tem tal movimento, devemos responder que *vive*, visto que move a si mesma. Fala-se de *afecção* porque a alma é *gerada* como aquela que dá a vida, a medida que o conceito de alma coincide com o de *primeira geração e movimento* de todas as coisas. Portanto, ela *foi gerada antes do tempo*: "demonstrou-se de modo totalmente adequado que a alma é a mais antiga de todas as coisas, sendo *gerada* como princípio do movimento" (896B2-3), aquela que, sendo anterior, comanda o corpo.

Em síntese, dada a ligação intrínseca entre vida e alma, esta deve ser pensada como imortal, aliás, eterna, porque o raciocínio mostra que a alma não pode ter origem. Temos um problema análogo àquele visto com as Ideias e o Cosmo, que faz com que seja posta uma geração atemporal.

3.6. A unidade das provas

Recapitulemos os diversos argumentos. A prova se baseia 1. em *Fédon*, sobre a ligação entre alma e

Ideia da vida, uma predicação essencial, que torna impossível qualquer nexo com a Ideia da morte; 2. na *República*, sobre a inexistência de um mal próprio capaz de fazer com que a alma morra; 3. em *Fedro*, sobre o nexo entre automovimento de um princípio e vida imortal e 4. nas *Leis*, sobre a natureza do primeiro motor, anterior a todas as coisas e ao tempo, de um "movimento capaz de mover a si mesmo".

O nexo forte entre os vários argumentos emerge com esta última definição de que a alma é causa de vida e movimento, como se diz no plano onto-predicativo em *Fédon*, com um argumento *e contrário* na *República*, enquanto a consequente capacidade necessária de mover a si mesma é afirmada em *Fedro* e esclarecida nas *Leis*. Não se trata de um mesmo argumento, mas *de um horizonte idêntico de pensamento*, afinal: *Fédon* e *República* desenvolvem o mesmo eixo de raciocínio de forma positiva e negativa, enquanto que *Fedro* e *Leis* explicitam a fundamentação, a capacidade de automovimento da alma. Dessa forma, a sequência das provas é ordenada e justificada.

3.7. O destino da alma

Dado que a alma é imortal, Platão deve abordar o problema de seu destino após a morte, com os prêmios e as punições que a aguardam. Move-se naquele contexto "religioso" que o filósofo explicita em seu último texto: "podemos agora dizer ter demonstrado de modo suficiente as três afirmações propostas, que os deuses existem, que cuidam das coisas humanas e que são absolutamente inflexíveis sobre a justiça" (*Leis* 907B5-7). Platão tem sempre presente o tema do juízo divino conectado à sua visão de uma divindade providente, tanto que, não por acaso, três diálogos decisivos como *Górgias*, *Fédon* e *República* terminam com um grande mito.

Para evitar equívocos, é bom recordar o que Sócrates afirma em *Fédon* 114D: não se pode saber exatamente o que acontece no Além, por isso, não é inteligente afirmar que as coisas sejam como ele as expôs, enquanto se pode afirmar que são similares àquilo; vale a pena crer que seja assim, *porque o risco é belo.*

O livro X da *República* expõe com força a questão dos prêmios máximos, antes evitada para demonstrar que a justiça é, *em si e por si*, a melhor coisa para a alma. Demonstrou-se, de fato, que deve-se agir de modo justo, ainda que se possua o anel de Giges, que, com invisibilidade, garante a impunidade, porque o mal danifica a alma (612B). Agora há liberdade para completar a discussão, considerando a dimensão "superior" ao nível humano próprio da *República.*

A extraordinária grandeza desses prêmios deve ser vista, em primeiro lugar, no plano quantitativo-temporal, ligado à brevidade da vida em relação ao eterno. Depois, intervém um dado qualitativo, porque não se trata de recompensas extrínsecas, uma vez que a alma que se purifica recupera a própria natureza.

3.8. O mito de Er e a sobrevivência da alma

A próxima pergunta – qual é o sujeito de punições e prêmios? – pode parecer sem sentido, visto que *apenas a alma racional e divina é imortal*. Todavia, o mito de Er faz com que se diga uma coisa diversa, retomando a distinção entre *imortalidade* e *sobrevivência* da alma.

Encontramo-nos frente a um homem ressuscitado depois de 12 dias por causa da decisão divina de fazer com que os outros seres humanos conheçam a situação do Além. Er viu as almas que se preparam para voltar para a Terra: elas sobem do subsolo ou descem do céu íntegras e cheias de recordações das experiências tidas durante seu período de 1000 anos, 100 na Terra e 900 no Além. As almas, à parte aquelas que saem, em positivo ou em negativo, do ciclo da metempsicose, devem escolher a nova vida. A ordem da escolha é confiada à sorte, mas o número das vidas disponíveis é superior aos presentes, e por isso, a escolha é livre. Os fatores em jogo, porém, são muitos, e, por isso, ocorrem também decisões erradas, tomadas com base nas experiências da vida precedente. Feita a escolha, as almas se esquecem de tudo bebendo a água do rio Ameletes.

Afirma-se com frequência que o ponto central do mito é a liberdade da escolha, mas, na realidade, há bem mais que isso. Em primeiro lugar, essas são almas tripartidas, com individualidade, sentimentos, recordações, como é lógico, assim, os prêmios e as punições tangem o sujeito, ou seja, a alma inteira. Isso fica claro em muitos diálogos. Por exemplo, em *Górgias*, se diz que, depois que corpo e alma são separados, cada um conserva o próprio estado, aquele que tinha quando o homem estava vivo, isto é, conserva as marcas de seu comportamento (542B). Certamente, isso não tange só ou principalmente a alma racional. Em *Fédon*, ressalta-se que o corpo resiste por algum tempo após a morte, aliás, em certas condições – por exemplo, embalsamado – conserva-se "por um período de tempo enorme", e algumas de suas partes, como ossos e nervos, são, por assim dizer, imortais (80C-D). Por conseguinte, é impossível que a alma, *que é superior ao corpo*, destrua-se logo. Cebes, por sua vez, afirma que a *psychè*, por sua natureza, pode durar mais que o corpo e, então, enfrentar muitos nascimentos, mas, no fim, morre (87B-E). A coisa é reiterada (88A-B) e recordada por Sócrates (95B-E). De fato, afirma-se *uma coisa de bom senso*, que a alma *deve* durar mais que o corpo, visto que é ontologicamente superior.

O mito de *Fedro* também leva às mesmas conclusões. Há um ciclo de 1000 anos, que, depois de 10 vezes, exige um novo início, porque as almas voltam a ver as asas crescendo. Exceções são aqueles poucos, os filósofos, que, depois de terem levado três vezes uma vida totalmente positiva, saem do ciclo das reencarnações. As outras almas, porém, sofrem um juízo e vão ou para lugares de expiação ou para algum lugar do céu. Depois, escolhem uma nova vida terrena, incluída a possibilidade de encarnar em um animal, o que confirma que devem ser almas tripartidas. Tal representação corresponde àquela tirada da visão cósmica de Platão de um andamento "pendular", pelo qual se recomeça tudo de novo.

Em síntese, é preciso distinguir a *imortalidade* da alma racional e divina da *sobrevivência* da alma tripartida, se não quiser contradizer o texto que afirma que a alma tripartida é *imortal* ou que apenas a alma racional *sobrevive* à morte do ser humano.

Em segundo lugar, a individualidade é conservada até o momento de beber a água do rio Lete, que faz com que se esqueça de tudo e, dessa forma, torna possível uma *nova vida individual*. O sujeito, que nós valorizamos tanto, para Platão dura 1000 anos, depois se dissolve. No fim, *não há nenhuma sobrevivência* do sujeito, porque não se conserva nenhum dado pessoal. A alma é a mesma, mas não tem mais nada do indivíduo precedente, que se dissolveu.

A diferença do nosso modo de pensar é radical, a relação entre dimensão objetiva e subjetividade parece do avesso, já que, em Platão, a imortalidade tem a ver com a dimensão ontológica, a alma que em si sobrevive, enquanto à subjetividade se garante apenas uma longa sobrevivência e a possibilidade de uma vida feliz no Além.

Mas tudo isso tem a ver com a alma, não com o ser humano. De fato, para o *Simpósio*, assim como para as *Leis*, a única forma de imortalidade *humana* é aquela garantida pela procriação, afinal, a sobrevivência da espécie e o desejo natural do indivíduo não têm outra possibilidade.

Apêndice 1

A invenção grega do conceito de alma

1. A concepção homérica

Em Homero, falta uma terminologia que exprima adequadamente aquilo que nós entendemos como corpo e alma. Temos, para ambos os conceitos, uma multiplicidade de termos que indicam o inteiro através da referência a partes do corpo (*demas*, a figura, a estrutura do corpo; *melea*, os membros; *chros*, a pele) ou a funções mais ou menos localizáveis (*ker*, coração; *phrenes*, diafragma, pulmões, que indica sobretudo "mente"; *thymos*, ânimo; *noos*, pensamento). As palavras destinadas a se afirmarem em seguida, *soma* e *psychè*, são usadas apenas pelo morto.

Não estamos frente a uma pobreza léxico-conceitual, uma vez que a descoberta da multiplicidade que marca o indivíduo suscita maravilha e pede definições e nomes, que, porém, *indicam sempre o inteiro*. A unidade do sujeito, evidenciada pelo nome, não tem necessidade de ser ressaltada depois. Quando então ele não existe mais, é preciso usar outros termos para designar as duas presenças umbráticas, sendo aquela aparência residual que é o cadáver e aquele algo que deve ter *ido embora*, visto que o sujeito não existe mais. A sucessiva evolução do conceito de alma se baseia na típica forma grega de pesquisa filosófica, de remontar da multiplicidade à unidade. No nosso caso, o fundamento unitário é identificado exatamente nos dois termos antes destacados dos outros: *soma* e *psychè*.

2. A tradição órfica e a filosofia

Na visão tradicional da morte, que comporta a dissolução do sujeito, não há espaço para uma justiça divina que puna ao menos os piores delitos. De fato, as terríveis punições das lendas se configuram apenas como vinganças dos deuses. Foi o crescimento da sensibilidade ético-filosófica o que exigiu uma alma imortal a ser punida ou premiada. Um movimento religioso do século VI, o Orfismo, afirma que a alma é obrigada, por uma culpa, a sofrer uma série de reencarnações, das quais pode se libertar através de uma prática de purificação. Essa visão tem sucesso, talvez por oferecer uma explicação à dor inocente, que pode ser justificada como punição pelas culpas de uma vida anterior. Além disso, como os casos extremos que merecem uma pena ou um prêmio definitivos são raros, o ciclo das reencarnações oferece uma solução adequada para todos aqueles que não merecem nem um nem outro destino.

Tal concepção comporta, porém, a clara contraposição entre alma e corpo, que tem uma função negativa. De fato, os seguidores de Orfeu tinham inventado um jogo de palavras, no qual o corpo – *soma* – é tumba – *sema* – da alma (*Crátilo* 400C). Tal situação se torna explosiva no momento em que a alma começa a ser identificada com o eu pessoal na elaboração dos filósofos, a partir dos Pitagóricos da Magna Grécia, que retomam a metempsicose. Para Heráclito, na Jônia, a alma é a sede do *logos* interior (DK22 B115), o que põe o ser humano frente a algo que é ao mesmo tempo seu e mais elevado que ele (B45), com a primeira aparição do clássico tema do conhece-te a ti mesmo (B101). Enfim, Sócrates faz com que *psyché* e sujeito coincidam, de forma que: o indivíduo arrisca ser só alma, com exclusão do corpo.

Apêndice 2

A alma do mundo

Os elementos que inicialmente Platão coloca em jogo para forjar a Alma do mundo são dois: o ser, a *ousia*, indivisível e sempre idêntica, e aquele divisível, que se gera nos corpos. Desses, o Demiurgo faz com que se derive uma terceira forma de *ousia* intermediária. O mesmo procedimento é aplicado ao Idêntico e ao Diverso. Temos, assim, três duplas de realidades, constituídas por uma Ideia e por um tipo de "imitação concreta" da mesma, que dão lugar a três realidades intermediárias:

1. Ser indivisível	S. divisível → S. intermediário
2. Identidade indivisível	I. divisível → I. intermediária
3. Diversidade indivisível	D. divisível → D. intermediária

O procedimento confirma a natureza dialética do pensamento platônico: Ser, Idêntico e Diverso se apresentam diaireticamente colocados em dois âmbitos diversos. Não se trata da divisão em ideal e material, porque a matéria é sucessiva à formação da Alma. De forma análoga, não se pode pensar que o Ser indivisível represente o mundo ideal, visto que *não está antes, mas no mesmo nível* do Idêntico e do Diverso, que pertencem ao mundo das Ideias. Nós estamos, portanto, em uma esfera ideal próxima aos Princípios; para deixar claro, no nível de "Ser, Geração e *Chora*", vistos na cosmogonia.

A Divindade mistura os três intermediários *em uma única realidade*. Feito esse *inteiro*, divide-o em tantas partes quantas forem necessárias, cada uma com os três elementos. Os três gêneros intermediários são utilizados por inteiro para constituir a alma do mundo, que encontra uma colocação intermediária entre a esfera do mundo ideal e a do mundo empírico. Temos uma *systasis* – uma composição de partes obtidas com um complexo trabalho matemático –, que é dividida em duas, com uma metade posta sobre a outra de modo a formar um X. O Demiurgo une essas metades em dois círculos: o externo tem a natureza do Idêntico e o interno tem a natureza do Diverso.

Feito isso, ele compõe dentro da alma tudo aquilo que tem caráter corpóreo, fazendo coincidir o centro disso com o da alma, que, movendo-se circularmente, origina uma vida inexaurível e inteligente. O círculo do Idêntico roda no interno do círculo do Diverso, que, por sua vez, roda sobre o cosmo material. De tal modo, a Alma *toca* tanto as realidades superiores quanto as inferiores, julga tanto a identidade quanto a diferença, avalia os processos do mundo deveniente em suas relações recíprocas e nas relações com as realidades superiores, assim, os dois círculos formam a alma dos conhecimentos que adquirem na esfera de pertinência. Essa estrutura de relações e misturas confirma o que vimos no processo ontogônico, no qual Platão não propõe nada que se assemelhe a uma dedução a partir de um princípio único e simples.

Quanto ao cosmo interno, a geração dos astros e dos planetas, que são divindades, tem uma importância particular enquanto conectada à existência do tempo, a medida que tempo e céu se originam juntos, dando lugar àquele escorrer infinito do tornar-se, que imita, na relação entre passado, presente e futuro, a verdadeira eternidade imóvel. Por isso são feitos o Sol, a Lua e os cinco planetas, Vênus, Mercúrio, Marte, Júpiter e Saturno. Tudo depende da ação da divindade que os coloca na órbita conveniente, depois os torna vivos através da alma, confere-lhes uma tarefa específica, move-os de modo articulado por efeito das relações entre o movimento do Diverso e o movimento do Idêntico. O tempo depende do movimento de todos os oito astros, que, depois de um certo período, o ano perfeito, voltam ao ponto de partida. Desses astros se diferencia o céu das estrelas fixas, colocadas no círculo mais potente. Estas cobrem todo o céu com um movimento uniforme e unidirecional, o único adequado à natureza divina. Consequentemente, elas parecem imóveis em relação aos outros astros errantes. Mas, em vez disso, a complexidade de movimento destes últimos é tal que é impossível falar dela sem ter sob os olhos alguma ajuda concreta, como uma esfera armilar.

Para completar, adicionamos *Leis* 987B-C, onde é reproposta a questão sobre a natureza da Alma, – "senhor do céu, da terra e de toda a revolução do universo" – para concluir que deve ser a natureza inteligente, o que é demonstrado pelo movimento circular de translação do céu. De fato, o movimento mais parecido com o da Inteligência é o movimento rotatório em torno de seu centro, pois que ambos se movem da mesma forma, no mesmo âmbito, em função das mesmas coisas, segundo uma só regra e uma só ordem (898A-B). Como o movimento oposto mostra a total ausência de inteligência, é preciso reconhecer que uma alma superior guia o cosmo e os astros individuais.

Platão formula diversas hipóteses sobre o modo como ela pode se mover: 1. enquanto interna ao corpo, como acontece nos seres humanos; 2. por contato com um outro corpo ígneo ou aeriforme; 3. sem corpo, por poderes milagrosos. O texto não escolhe e se limita a dizer que essas almas são divinas e que tudo é cheio de deuses.

VIII.

A filosofia da práxis: a ética

1. Premissa

A apresentação da ética de Platão deve ser medida com uma dificuldade: aquela que nós chamamos de "ética" é uma parte daquela filosofia da práxis que o pensamento clássico chama de "política". No seu interior, os diversos aspectos são distintos com base na relação com âmbitos específicos, porque a política considera a cidade, a economia trata da administração da casa, a ética se ocupa das escolhas pessoais. A unidade é garantida pelo fato de que tudo roda em torno das mesmas duplas conceituais, como justo-injusto, ordenado-desordenado, medido-sem medida. As fundamentais são bem-mal e felicidade-infelicidade, intrinsicamente conexas, que indicam a finalidade. Tais conceitos evidenciam que o que se segue pode ser incompreensível e fundamentado apenas na base das reflexões teóricas dos capítulos precedentes. Esse entrelaçamento é típico do pensamento dialético de Platão, visto que, não por acaso, encontramos no mesmo diálogo, *Filebo*, tanto o esclarecimento da vida boa quanto a mais explícita *alusão* à protologia.

2. A virtude

Encontramos nos diálogos dois modelos de vida em radical oposição, sendo eles uma virtuosa e temperante, controlada racionalmente, e outra baseada na expansão dos prazeres e no desprezo às regras sociais. A discussão entre Sócrates e Cálicles, em *Górgias*, é o momento paradigmático de tal contraste, e, para compreendê-lo, é preciso esclarecer o valor do termo *aretè*. Devemos traduzi-lo como "virtude", mesmo que a palavra em italiano não tenha o sentido da palavra grega, que remonta ao conceito de "excelência", "plena realização de si", "cumprimento da própria natureza", de forma a poder ser atribuída também a animais e a objetos. Ela está conectada ao fazer, ao desenvolver bem a própria função, como um cão virtuoso, que é dotado de um bom faro com o qual caça, ou um campo virtuoso, que produz muito. O ser humano, que é complexo e tem muitas potencialidades, possui, portanto, muitas virtudes.

Platão distingue oito formas de vida contrapostas (*Leis* 733D-E), como temperante-intemperante, sábia-tola, corajosa-covarde, e saudável-enferma. As virtudes caracterizam o sujeito em seus aspectos psíquicos (temperante, sábia), no comportamento social (corajosa) e no corpo (saudável), com um *clímax* descendente, sendo nos vértices, a sábia temperança[1], e no fundo, a saúde. A vida que combina em si as quatro virtudes supera aquela oposta em cada aspecto, por beleza, prazer, boa fama e *pela própria virtude*. Estamos frente a um caso relevante do nexo inteiro-partes, no qual temos a virtude em geral e as virtudes individuais. Estas vivem no contexto dos valores e dos bens que uma sociedade propõe.

O problema é que é necessário cumprir uma escolha correta. Já em *Apologia* 29D-30B, Sócrates critica os concidadãos porque se preocupam com riqueza, fama e honra mais do que com o pensamento, a verdade e a alma. O erro de prestar *mais*

---

1 *Sophrosyne* é um termo não perfeitamente traduzível: em certos contextos, significa temperança; em outros, sabedoria. Tal conexão entre dimensão cognitiva e comportamental é lógica: parece impossível ser sábio sem autocontrole e temperante sem saber o que fazer.

atenção àquilo que é *menos* importante é denunciado até as *Leis*, por exemplo, quem estima a beleza mais que a virtude tolhe valor à alma, afirmando falsamente que o corpo é mais digno de honra (727D-E). Não por acaso, Platão repetidamente recorda a famosa inscrição do Templo de Delfos: conhece-te a ti mesmo. Mas não é uma tarefa fácil.

2.1. Unidade e multiplicidade da virtude

O ser humano é complexo, como mostra a multiplicidade da virtude. Platão não parece ter dúvidas sobre a unidade da virtude, mas repropõe muitas vezes a questão, porque é preciso 1. demonstrar *que essa unidade é real*, ou seja, não ligada só ao nome; 2. determinar o fundamento de tal unidade.

Encontramos uma classificação das virtudes no livro I das *Leis*. Confirmando os jogos platônicos, a palavra *aretè* está ausente, e apenas no livro III o leitor entende que aquilo antes designado como "bens" são virtudes (688 A-B). Distinguem-se dois tipos de bens. O primeiro é constituído dos bens inferiores humanos: primeiro a saúde, depois a beleza, os atributos físicos e, em quarto lugar, a riqueza, acompanhada pelo pensamento (sozinha, de fato, pode ser ruinosa). Esses dependem dos bens superiores divinos: o pensamento – a *phronesis* – vem primeiro e *guia*; em segundo, a sábia temperança submetida à inteligência, ao *nous*; em terceiro, a justiça; em quarto, a coragem. Platão afirma a primazia da razão, chegando a indicá-la *como primeira virtude e guia* de todas juntas: *phronesis*, *nous*, *doxa*. O pensamento 1. aparece, assim, de um lado, como *phronesis*, uma das quatro virtudes divinas, e, 2. de outro lado, também destacado e *superior* como *nous*, 3. ainda que, dados os limites humanos, possa ser também *outro*, em outras palavras, *doxa*. Essa classificação mostra, além de tudo, que em primeiro lugar estão os bens da *psychè*; em segundo, aqueles do corpo; em terceiro, aqueles que não tangem a natureza humana, mas podem ser úteis, como a riqueza. Lembra-se, depois, o problema de fundo: "tu deves me explicar em que modo essas, sendo quatro, são um e, quando tiveres demonstrado que são um, pergunta-me de que modo são quatro" (*Leis* 964A3-5). É preciso captar a unidade do inteiro que se manifesta nas partes.

O tema já foi tratado em *Protágoras*. O sofista fala das virtudes como se justiça, temperança e santidade fossem um todo. É necessário, portanto, entender se 1. a virtude é uma única realidade com diversos nomes; 2. as virtudes são profundamente diversas, como as partes de um rosto; 3. as virtudes são iguais com diferenças secundárias, como as partes de uma massa de ouro. Protágoras defende a segunda hipótese, enquanto a primeira é logo descartada e a terceira não encontra nenhum defensor. Sócrates tem um posicionamento diferente de Protágoras, mas afirma que *não sustenta nenhuma tese*, uma vez que ele se limita a fazer perguntas (330E). A segunda hipótese é rebatida, aliás, é tão paradoxal que Sócrates pergunta ao sofista *se ele ainda tem a mesma opinião* ou se mudou, chegando a hipotetizar que tenha apenas querido colocá-lo à prova sustentando-a (349C-D).

Platão *joga* com o leitor: abordou o problema com um modelo binário, mas *não disse que as opções possíveis são apenas essas duas*, extremas e contrapostas, que não respeitam a complexidade do real. De fato, algumas virtudes, como justiça e santidade, são idênticas ou similares entre si *muito mais* que as outras. O próprio sofista o concede, mas a coragem continua a parecer-lhe diversa. Sendo assim, há uma gradação de semelhança e dessemelhança, que a imagem do rosto não demonstra, afinal, as partes do rosto não são similares, mas são espacialmente contíguas. Quanto à terceira hipótese, ressaltando de modo forte a semelhança entre todas as virtudes, ela afirma o contrário daquilo que Platão sustenta em tantos diálogos.

2.2. O primado do pensamento

Na discussão emerge um dado, o de que todas as virtudes implicam ciência, a sapiência é *a mais importante das partes* da virtude (330A2). Sócrates, nas conclusões, apresenta a possibilidade de que a virtude seja *episteme*, mas na base do seu pensamento há uma passagem imprópria da inerência (a virtude precisa de pensamento) à identidade (a virtude é pensamento). De fato, o diálogo é aporético, e seria necessário recomeçar a análise toda de novo. Contudo, são ressaltados tanto o *primado* quanto a *necessidade* da ciência contra a opinião de muitos, que pensam que a ciência não tem força e não consegue aguentar o impacto das paixões. Trata-se de um dado – o primado da racionalidade – afirmado desde *Críton*, no momento em que Sócrates confronta a proposta de fugir do cárcere: "Porque eu, não agora, pela primeira vez, mas sempre fui um sujeito que não dá ouvidos a nenhuma outra coisa minha que não o raciocínio, aquele que a mim, raciocinando, pareça o melhor. Os raciocínios que eu fazia no passado agora não posso jogá-los fora porque este evento me aconteceu, mas me parecem mais ou menos os mesmos e os respeito e os honro como antes" (*Críton* 46B4-C1).

Pensamento e conhecimento são decisivos para evitar que nos enganemos, por exemplo, confundindo "fazer aquilo que parece melhor a cada um" e "fazer aquilo que se quer" (*Górgias* 466D-468E). De fato, aquilo que se quer é o Bem, então quem, como o tirano protótipo do *absoluto arbítrio*, faz aquilo que quer sem conhecer o próprio bem, engana-se e prejudica-se. A virtude satisfaz os desejos que tornam o homem melhor, não os que o tornam pior (503C-D), por exemplo, ela não procede ao acaso, mas com regra e arte, realizando a ordem. Por isso Cálicles erra, ele que, ignorando o papel "da amizade, da ordem, da sábia temperança e da justiça", deixa de lado a igualdade, "que tem grande poder, seja entre os deuses, seja entre os homens", e persegue o excesso, deixando de lado a geometria (507E-508A).

2.3. A Medida como elemento base das virtudes

Protágoras aborda outro problema: para o sofista, é possível ser corajoso e injusto, justo e não sapiente. Tal posição confunde a possível incompletude da virtude com a copresença de virtude e vício. Sócrates esclarece que toda virtude exclui o vício; a justiça é santa, no sentido de que não pode ser ímpia; um ser humano virtuoso não pode ter todas as virtudes, mas certamente *não tem vícios, se é virtuoso.*

O maior problema nasce da presença de virtudes não apenas diversas, mas também *opostas*: "é necessário que *todo homem* seja impetuoso e calmo *quanto possível*" (*Leis* 731B3-4), pois, por exemplo, é necessário tratar com calma o homem vicioso mas redimível, enquanto é necessário ser duro com o homem inveterado. O problema tange também os guardiões, que devem ser duros com os inimigos e calmos entre si e com os concidadãos (*República* 375B-C). Trata-se de algo difícil, mas *possível*, como demonstram os cães de guarda, dóceis com os donos e ferozes com os estranhos. A justificativa teórica é fornecida em *Político*, visto que muitos creem que as várias virtudes, enquanto partes da verdade, são similares, mas basta considerar determinação e pacatez para ver que se contrapõem, já que uma valoriza velocidade e força, e a outra, calma e mansidão. Trata-se de *duas Ideias antitéticas*: é *impossível* que *uma ação* contenha ambas. Porém, são virtudes porque realizam ordem aplicando a justa medida à situação específica.

A unidade da virtude é dada pela aplicação, sobre terrenos diversos, da mesma ordem, determinada pela justa medida. Portanto, é necessário, de um lado, uma avaliação atenta da realidade e, de outro, a escolha daquilo que é belo, justo e bom naquela situação. O saber se qualifica como conhecimento do real e conhecimento das Ideias supremas. Isso permite que se capte o justo meio entre as tantas variantes que apresentam excesso e defeito: "uma é a forma da virtude, infinitas as formas do vício" (*República* 445C5-6).

2.4. A virtude e a sua ensinabilidade

A importância do dado cognitivo, unido à situação dos jovens na Grécia da época, justifica a atenção de Platão ao tema do ensinamento. Na parte conclusiva de *Protágoras*, afirma-se que a ciência é mais forte que os prazeres, e que estes vencem por culpa da ignorância. Enquanto Protágoras, Hípias e Pródico afirmam poder curar tal doença, *muitos*, não entendendo o problema, não mandam os filhos à escola dos sofistas, com efeitos negativos nas esferas públicas e privadas. Não há ironia nessa passagem, dado que *o ensinamento dos sofistas* é contraposto às convicções da massa várias outras vezes. Em *Mênon* 90E-95A, o papel do inimigo dos sofistas é o de Ânito, acusador de Sócrates, que entra em cena quase exclusivamente para condená-los e exaltar como mestres de virtude os honestos cidadãos de Atenas. Sócrates sustenta a tese oposta ao afirmar que, não os sofistas, mas a massa tem a responsabilidade de uma (des)educação corrompedora, fruto do comportamento nas assembleias ou nos tribunais (*República* 492A-C).

O ensinamento dos sofistas é frequentemente errado no conteúdo, mas a exigência educativa que fazem emergir é compartilhada por Platão. Este aspecto *positivo* da atividade dos sofistas aparece também em uma das definições de *Sofista* – a segunda diérese (223C-224E) –, que fornece várias definições do *sofista comerciante* de produtos que servem à alma. Como se trata de conhecimentos, essa figura não é, de fato, negativa. Tudo depende do que e de por que se aprende, sem prejuízo da possibilidade de ensinar a virtude. A questão dirimente é a sua natureza, posto que, se é ciência, pode ser ensinada, ou melhor, *recordada anamnesticamente* (*Mênon* 87B); de outra forma, não. Nesse diálogo, o discurso também é ambíguo, pois mistura a necessária implicação entre pensamento e virtude com a (possível) identidade deles.

Aparece, porém, um dado sobre o qual Platão frequentemente insiste: não há *cientistas* capazes de ensinar virtude. Isso é provado pelo fato de que homens virtuosos não foram capazes de tornar seus filhos virtuosos. Isso significa que eles não possuíam a virtude como ciência, mas apenas por opinião sensata, de alguma forma por um dom da divindade. Platão, no entanto, não diz que a virtude é *sempre* opinião sensata, mas quer explicar como é que *indivíduos que não têm ciência possuem virtude* e, apesar disso, não são capazes de ensinar. De fato, quem tem opinião sensata está, *no plano prático*, na mesma condição de quem tem ciência. Todavia, hipotetiza-se que haja um homem, diverso de seus semelhantes, capaz, por exemplo, de tornar políticos também os outros, assim como, para Homero, apenas Tirésias entre as sombras é sábio, da mesma forma ele seria um sujeito verdadeiro ao lado das sombras (100A).

Em síntese, um filósofo-cientista pode ensinar, ou melhor dizendo, conduzir alguém pela estrada da virtude. De fato, Platão não tem uma visão abstrata ou intelectualista de um processo assim. Muitas passagens evidenciam que as virtudes são apreendidas com o hábito e o exercício. Ponto de vista privilegiado para ver o complexo relacionamento entre teoria e práxis é a virtude *mais prática* de todas, a coragem. Em *Laques*, a disputa entre os estrategas Laques e Nícias tem um valor emblemático: o primeiro enfatiza os conhecimentos que podem ser apreendidos e ignora as qualidades caracteriais; o segundo ressalta as características do sujeito, como a firmeza, e quase despreza o esforço intelectual. Ambas as posições são fracas por causa de sua unilateralidade recíproca, mas a definição de Nícias – a coragem é "ciência daquilo que se deve temer e daquilo que se pode ousar, tanto na guerra quanto em todas as outras situações" – parece mais centrada, mesmo porque ele remonta a *uma repetida afirmação de Sócrates*, de que bondade e maldade dependem respectivamente do saber e da ignorância (194E11-195A1).

República esclarece o nexo com a práxis fazendo entrar em jogo a alma: alguém é corajoso quando a sua alma irascível recebe e aceita as indicações da parte racional sobre o que é ou não é temível (*República* 442B-C).

A coragem é a capacidade de *salvar a opinião* sobre as coisas a serem temidas no momento do perigo, o que implica um nexo entre saber e agir. A coragem não é só conhecimento, ainda que esse diferencie o corajoso do vil, afinal, mesmo fazendo ações opostas, ambos vão ao encontro de coisas que não consideram temíveis. A diferença é que, *por ignorância*, o vil evita as ações belas e boas que o corajoso cumpre *porque sabe* (359D-360A).

No complexo, então, Platão demonstra não ter dúvidas sobre o fato de que, *a uma natureza boa*, a virtude pode ser "ensinada" (*Protágoras* 351B, *República* 29B-430A) e até antecipada através de *hábitos* (*Leis* 807C-D). É preciso que as crianças realizem na alma a harmonia de diversos fatores, antes mesmo de serem capazes de captá-los com o raciocínio, assim, este último poderá operar sobre uma realidade já habituada a bons comportamentos (*Leis* 653B).

A ética platônica não está fechada em uma gaiola intelectualista, mas é, como sempre, multiforme.

2.5. A utilidade da virtude

A dominante visão "abstrata" do pensamento platônico arrisca ignorar um dado que o filósofo ressalta constantemente: a *utilidade* da virtude. Já no *Primeiro Alcibíades*, Sócrates desafia Alcibíades a demonstrar que, às vezes, o justo não é útil (114D). De sua parte, quer convencê-lo do contrário, de que o justo é sempre útil, porque, lá onde a beleza e o bem se realizam, obtém-se a máxima vantagem para o ser humano.

Em *Protágoras*, o sofista se opõe a esse raciocínio em razão de que há coisas boas que não são úteis. Sócrates, porém, afirma que não é possível definir como boas coisas que *jamais* são úteis (334A). O nexo é estabelecido *em negativo*, também para evitar que o útil se torne a *justificativa* do Bem, enquanto é só uma *consequência* necessária deste. De toda forma, a utilidade das coisas boas é afirmada em muitos diálogos desde *Filebo*, em que Sócrates apresenta a escolha em favor do pensamento em termos de "absoluta utilidade" (11C1-2). Tudo isso é óbvio se, em vez de raciocinar nos termos do nosso utilitarismo, lembrarmos que *aretè* é a realização de si e das próprias potencialidades.

3. As diversas virtudes

3.1. O papel de justiça e sábia temperança

Algumas virtudes têm um papel de precondição para todas as outras e, por isso, para o inteiro. O papel determinante da *phronesis*, isto é, a função de guia do pensamento, já foi ressaltado. Mas, como prova da multifocalidade do pensamento platônico, um papel igualmente importante é atribuído também à sábia temperança e à justiça.

Nenhuma virtude, *inclusive a justiça*, pode ser separada da sábia temperança (*Leis* 696B-C), porque esta deve sempre acompanhar as outras se tais virtudes são *úteis* (*Leis* 709E-710A). Ela, além disso, deve ser mantida separada do pensamento, porque é uma virtude que se encontra também nas crianças e até nos animais (710A-B). Então, se essa virtude pré-racional é *pré-condição* de todas as outras, desenvolve esse papel também em relação à *phronesis*, que é também a virtude guia. Isso está explícito em *Filebo*, quando o *nous* rejeita os prazeres perturbadores porque estes comprometem a sobrevivência dos pensamentos (63D-64A). A temperança é necessária para pensar, mas, ao mesmo tempo, a escolha de ser temperante é imposta pelo próprio pensamento. Essa circularidade é óbvia: não há, no psiquismo humano, um antes-e-depois, mas um tipo de "recursividade" entre essas virtudes.

Uma *estranheza* nos acompanha ao passarmos para a justiça, pois a definição de *sophrosyne* como "fazer as próprias coisas", dada em *Cármides* e considerada enigmática por Sócrates (161C, 162A-B), volta na *República* 433B-D, atribuída à justiça. Em *Cármides*, o "fazer as próprias coisas" é reconduzido ao "fazer coisas boas", exatamente aquelas *apropriadas*, enquanto as danosas são todas "estranhas" (163C-D). Por exemplo, o sábio temperante *age bem realizando a si mesmo, fazendo aquilo que lhe é próprio*. O que remonta ao "conhecer a si mesmo" e à alma.

Mas a condição do homem *justo* não é diversa. A harmonia entre as partes da alma e da *polis* é totalmente necessária. Desde o primeiro livro da *República* aparece que, em toda realidade, mesmo em um bando de ladrões, o conflito determinado pela injustiça é destrutivo e torna a pessoa incapaz de agir (351E-352A). Os próprios injustos conseguem fazer algo porque entre eles se mantém uma forma qualquer de justiça (352C). A alma deve comandar, mas, sem justiça, não pode fazê-lo. Essa, para dirigir o corpo, deve ser justa, em outros termos, realizar a harmonia entre as diversas partes, o que exige o domínio da melhor parte, a racional. Isso permite também que cada parte desenvolva a própria atividade e que *seja justa* (586E). Assim sendo, o termo "justo" pode ser aplicado tanto à harmonia da alma tripartida quanto ao comportamento da parte individual, que *justamente* age apenas no próprio âmbito, respeitando o âmbito das outras. Isso é confirmado pelo texto que fala de "justiças", no plural (611C). Desse modo, emerge a natureza de precondição que também a justiça possui, pois que apenas ela permite à alma e às partes "fazer as próprias coisas".

Não é fácil, nesse ponto, captar a diferença entre as duas virtudes. A temperança parece ressaltar o reconhecimento de quem deve comandar e quem deve obedecer (432A), com um sublinhado hierárquico, ligado também à sua tarefa de controlar os prazeres; na justiça, parece mais acentuado o aspecto de harmonia entre as partes, cada uma devendo estar em seu lugar, reconhecendo a multiplicidade das funções e a diversidade dos papéis.

Em conclusão, talvez não seja *necessário* que um homem virtuoso tenha todas as virtudes, mas os vícios certamente são excluídos, enquanto pensamento, temperança e justiça *devem* existir, em seu entrelaçamento complexo, porque são precondições da virtude, como partes e como inteiro.

Mais uma coisa para confirmar a abordagem platônica: além do sentido filosoficamente forte, "justiça" tem também um sentido fraco e *banal*, um dado social em relação com a lei ou, se assim se preferir, com o *dever*. Se esse segundo sentido não está muito presente nos diálogos, é porque Platão quer apelar à alma, superando o nível formal da lei. É *justo* cumprir certas ações, mas aquilo que conta é o que pensa e quer a alma que assume aquele comportamento.

4. O prazer e a sua necessidade

A virtude é necessária para uma vida boa e feliz, mas o mesmo se pode e se deve dizer sobre os prazeres. É preciso, porém, pôr uma premissa: *Filebo* mostra que é impossível um juízo sumário sobre os prazeres, porque sob o mesmo nome "prazer" estão realidades profundamente diversas. Consequentemente, é necessário ir *além* da contraposição entre amigos e inimigos dos prazeres. De fato, Platão é ao mesmo tempo um apoiador da irrenunciabilidade *do prazer*, um atento avaliador crítico *dos prazeres* e um inimigo feroz da *posição teórica hedonista*.

4.1. O valor do "prazer em si"

Devemos logo combater a posição dos muitos estudiosos que creem ter encontrado um elemento *hedonista* no Sócrates de *Protágoras*, que estaria em contradição com o anti-hedonista dos outros diálogos.

O filósofo, em polêmica com o sofista, desenvolve um raciocínio articulado: 1. alguns homens vivem bem, outros vivem mal; 2. *quem viveu com dores e sofrimentos*, não viveu bem; 3. quem, ao contrário, chega ao fim de *uma vida agradável*, viveu bem; 4. portanto, *viver agradavelmente é bom*, viver no modo oposto é mau (351B-C). Protágoras objeta, dizendo que é assim para quem gozou coisas belas. Estamos diante de um jogo das partes, no qual parece que Sócrates tem o papel do hedonista, enquanto o sofista defende uma abordagem ética. Mas o debate esclarece a situação. Protágoras apela à experiência comum, uma vez que, entre as coisas agradáveis, algumas não são boas; entre as coisas desagradáveis, algumas não são más; e existem outras que não são nem boas nem más. Trata-se de uma classificação óbvia e certamente compartilhada por Platão (cfr. *Górgias* 467E-468B). Evidentemente, há algo além disso. De fato, Sócrates imposta um *problema* que se mantém assim, pois o filósofo põe perguntas que não têm respostas e que *são mal entendidas pelo interlocutor e por tantos críticos.*

Ele pergunta: "Eu de fato digo: as coisas não são boas na medida em que são agradáveis, *independentemente de qualquer outra consequência* que possam ter? E, de outro lado, as coisas desagradáveis não são ruins na medida em que são desagradáveis?" (351C4-6). A pergunta é *sobre a natureza do prazer e da dor*, sobre o seu ser *em si* – bons ou maus – independentemente da forma concreta em que se manifestam: *um juízo sobre o prazer, não sobre os prazeres*. Uma coisa agradável, pelo fato de ser agradável, é boa. Obviamente, nesse ponto, seria necessário desenvolver uma análise teórica aprofundada, como acontecerá em *Filebo*. Nesse nível, pode-se apenas evidenciar o equívoco em que cai Protágoras, para o qual a posição de Sócrates afirma que "as coisas agradáveis são todas boas e as coisas desagradáveis são todas ruins" (351D1-2). A diferença é sutil, mas teoricamente relevante, afinal, uma coisa é perguntar se o gozo, enquanto tal, independentemente dos prazeres em que se manifesta, é bom, outra coisa é afirmar que são bons todos os prazeres. Esta última é uma posição hedonista, enquanto que, em Sócrates[s], há a separação entre o prazer em si e os prazeres concretos em que se manifesta.

4.2. A condenação do hedonismo

Porém, não é possível ver nesse diálogo uma posição *filo-hedonista*. O hedonismo é uma posição teórica que, identificando prazer e bem, põe o prazer como critério de juízo para as escolhas de vida. Tal posição é explicitamente condenada em *Protágoras*. Trata-se de um critério de fato compartilhado *pela massa*, o de que *muitos* pensam que se possa "ser vencido pelos prazeres", ou seja, que um indivíduo cumpre uma ação que sabe ser ruim pelo prazer que tira dela. Depois, condenam essa ação como imoral, mas, na realidade, porque comporta dores e priva de outros prazeres. O fundamento do juízo de tantos é ancorado à dupla prazer-dor, isto é, afirma *um critério hedonista*, coisa que abre caminho ao sarcasmo de Sócrates: *a massa* chama de ruim o mesmo prazer se esse priva de prazeres maiores ou se causa sofrimentos maiores que os prazeres que concede (354C-D). O *moralismo da massa* tem em sua base uma forma de hedonismo inconsciente.

Bem mais importante e consciente parece o de Cálicles, que busca apresentar uma posição coerente e articulada, a partir da contraposição entre natureza e lei convencional (*Górgias* 482C-483C). Enquanto a lei aprecia a temperança e o domínio de si, por natureza é belo e justo deixar crescer o máximo possível os desejos e então satisfazê-los, coisa impossível para a maior parte das pessoas, que, então, com leis e juízos morais, impõem o critério oposto. Não é assim para um homem superior, para o qual o desenfreamento e a liberdade constituem a virtude e a felicidade (491D-492C).

Contrário a essa posição, Platão desenvolve uma série de ataques ao hedonismo. Sócrates contrapõe a vida do temperante à do intemperante com uma série de exemplos cada vez mais fortes, até citar o prazer que sente o doente de sarna que se coça. Como Cálicles não cede, o filósofo ataca as consequências da identificação de prazer e bem. Se o prazer é bem, ciência e virtude não o são (495C-D). Os prazeres são provados não apenas por pessoas inteligentes e corajosas, mas também por tolos e covardes. Estes, segundo as convicções de Cálicles, são maus, coisa impossível, porque deveriam se tornar bons pela presença do Bem-prazer (497D-499B). Enfim e sobretudo, o relacionamento entre prazer e dor obedece a regras diversas daquelas da dupla bem-mal: a copresença de bem e mal é impossível, o sofrimento pela sede e o prazer de beber são contextuais (495E-497A). Sendo assim, quando alguém mata a sede, prazer e dor cessam juntos, enquanto bem e mal não podem jamais desaparecer juntos, uma vez que, se alguém se liberta do mal, acolhe o bem (497B-D).

Sócrates pouco depois resume os pontos ganhos (506C-507D): 1. o prazer e o Bem não são a mesma coisa; 2. o prazer é buscado visando ao Bem, e não o contrário; 3. tudo aquilo que é bom o é por uma certa virtude que requer ordem, precisão e arte – a ordem própria de cada coisa a torna boa; 4. a alma ordenada é temperante e boa, a alma desordenada é dissoluta e ruim; 5. o homem temperante faz coisas justas aos homens e santas aos deuses; 6. é, portanto, também bom e feliz. O quadro começa a ficar claro, porque a melhor vida é a vida virtuosa, que garante a felicidade – o *medium* que permite esse resultado é a ordem. Sócrates conclui ressaltando que, dessa forma, aplica-se à vida humana o mesmo sistema categorial que se manifesta na geometria e no cosmo. Trata-se, como sabemos, da Medida.

4.3. Avaliar e medir o prazer e a dor

Já em *Protágoras*, afirma-se a necessidade de uma metrética, uma "arte e ciência" capaz de medir o excesso, o defeito e a igualdade (357B2-3)[2]. O modelo é triádico: a metrética identifica os dois extremos que são necessários evitar para captar a justa medida. Como as sensações nos enganam e nos fazem fazer escolhas erradas, ambos os interlocutores reconhecem que a metrética salva. Nesse contexto, renuncia-se a qualificar mais tal ciência. Todavia, um tema é indicado, o tema do cálculo dos prazeres, que remonta à Medida, ou seja, aos conhecimentos máximos, e que Platão repropõe até as *Leis*. Neste diálogo,

---

2 Dada a sua importância, aprofundamos brevemente o tema da metrética no *Apêndice*.

o termo "metrética" não aparece, mesmo em presença de uma rica reflexão sobre a necessidade de calcular prazeres e dores. A natureza humana, de fato, leva a querer o prazer e a recusar a dor, no entanto é necessária uma avaliação mais articulada, já que pode-se aceitar uma pequena dor para um prazer maior, mas não o contrário. É necessário considerar vários fatores, como o número, a extensão, a intensidade e seus contrários, de modo a escolher uma vida em que prevaleçam os prazeres. Apenas assim pode-se respeitar a nossa natureza (733A-D). *Não se trata de condenar os prazeres, mas de* medi-los *para poder decidir caso a caso, em função do melhor.*

Sem isso, os prazeres prevalecem dado que *deixar-se vencer pelos prazeres é a máxima ignorância* (*República* 357E2). Mas a própria *República* confirma a avaliação positiva do gozo dada em *Protágoras*. No segundo livro – 357B-D – distinguem-se os bens desejáveis 1. por si, independentemente dos efeitos, como é o caso do gozo e dos prazeres que provocam apenas gozo; 2. por si e pelas consequências, como no pensamento, na visão e na boa saúde; 3. apenas pelos efeitos vantajosos, como nas ações úteis e difíceis, por exemplo, tratar uma doença. A sucessão é propositalmente *mal construída*, e de fato se esclarece que a condição melhor é a segunda, a de que *a própria justiça é posta ali, junto ao pensamento*. Todavia, a colocação do prazer e de alguns prazeres não nocivos no ponto 1 é positiva e confirma a dupla distinção entre o prazer e os prazeres e entre os próprios prazeres, visto que são aceitos apenas aqueles não acompanhados de consequências negativas.

A *República* nos fornece também uma primeira tipologia dos prazeres, a partir daqueles necessários e não necessários, classificados com base nos desejos correspondentes. Os desejos necessários são aqueles que não podem ser removidos e que, uma vez satisfeitos, comportam uma vantagem. Os outros, por sua vez, podem ser eliminados com uma educação adequada e não trazem bem algum, aliás, às vezes comportam também algum dano (558D-559C).

A análise mais articulada é fornecida por *Filebo*, que ressalta logo como ilusório o pensamento de que os prazeres são todos similares (12C-13A), deixando-se enganar pelo uso de um só nome. Distinguem-se prazeres físicos e prazeres psíquicos, mais exatamente misturas de prazeres e dores relativas ao corpo, relativas à alma e relativas a ambos (46B-C). Essas são tais que às vezes as chamamos de prazeres, às vezes de dores, segundo o elemento que prevalece.

A qualificação mais particular e discutida é aquela de prazeres "falsos". Muitos, a partir de Protarco, acham essa qualificação incorreta, na medida em que verdadeiro e falso são aplicados no plano gnoseológico (36C-38A), não no plano comportamental, posto que ninguém pode acreditar provar prazeres ou dores que não existem. Mas sobre isso Sócrates está de acordo, pois, como quem opina erroneamente não destrói a realidade da sua opinião, da mesma forma quem goza *prazeres falsos* não destrói a realidade do gozo. Entretanto, Platão propõe três tipos de "prazer existente e todavia falso".

O primeiro está ligado às opiniões (38A-40E). Quando é voltada ao futuro, *a opinião se torna esperança ou temor,* que, como antecipações, *são prazeres e dores*, por exemplo, gozamos *agora* uma esperança, algo que não está presente, ou tememos *agora* por um dano que no momento não existe. Se as opiniões são falsas, continuam sendo falsas mesmo enquanto esperanças ou temores, sendo assim, não é possível que, ao mesmo tempo que a opinião como esperança é falsa (assim se revelerá no fim), o gozo que provoca não tenha a mesma conotação. A esperança é, enquanto presente, e não é, enquanto infundada. De forma análoga, o prazer é e não é: essa é a característica do falso. Não há nem mesmo uma relação de causa (*a opinião provoca o prazer*), que implica dois momentos destacados e, portanto, uma aplicação errada da característica da causa ao efeito. *A opinião é a esperança que substancia o prazer*, e exatamente porque os dois termos são inseparáveis, a atribuição é idêntica.

O segundo tipo de prazer falso (41B-42C) é ligado à copresença de prazer e dor e à possibilidade de erros de avaliação do seu peso relativo. Busca-se e encontra-se um prazer, mas, no fim, tem-se o seu contrário. O terceiro tipo (43C-44A) é constituído de prazeres ainda mais falsos, que dependem de um erro filosófico-categorial sobre a natureza do prazer, que leva a *gozar na ausência do prazer*. Se do correto esquema triádico – prazer, dor, ausência de prazer e dor – passa-se a um diádico, identificando o caminho sem dor com prazer, goza-se mesmo vivendo na realidade uma experiência muito diversa, a do "estado intermediário".

Na sequência desses três tipos de prazeres falsos, a dimensão teórica cresce, na medida em que a primeira forma é um tipo de desgraça, a segunda manifesta um erro comum de avaliação, a terceira emerge em um contexto puramente filosófico. De fato, se pensamos na resposta positiva a esses três *erros*, temos em primeiro lugar a alma temperante, que mantém sob controle esperanças e temores; em segundo lugar, a metrética, que permite evitar erros de avaliação; em terceiro lugar, a visão dialética, que capta a verdadeira natureza do prazer e da dor.

A distinção mais importante é conseguida no fim da análise (51A-52B), com o reconhecimento de que há *duas Ideias de prazeres*. O nome é o mesmo, mas a realidade é profundamente diversa. De um lado, há os prazeres *misturados* à dor – ontologicamente caracterizados pelo *apeiron* – comuns ao mundo animal. De outro lado, há os prazeres *puros*, não misturados a dores, que não têm uma necessidade em um extremo nem uma finalidade extrínseca no outro – ontologicamente caracterizados pelo *peras* – e "divinos". O prazer puro é medido, portanto mais agradável, mais verdadeiro e mais belo, porque sua pureza lhe consente exprimir melhor a sua natureza, sem interferências. De fato, na lista final dos bens (66C), que está sob o signo da medida, encontramos no quinto e último lugar apenas os prazeres puros.

Assim, não existe *um* mecanismo de prazer, mas *dois*. Para os prazeres *comuns*, Platão retoma a tradicional sequência de esvaziamento doloroso e preenchimento agradável, enquanto os prazeres *puros*, aos quais falta desejo, não se tornam, mas são *realidades estáveis* que não tendem a nada, porque se geram em consequência de... e não com a finalidade de...

4.4. Os bens materiais

A interpretação tradicional ressalta como Platão polemiza frequentemente contra os bens socialmente apreciados. Mas também nesse campo temos, mais que uma condenação, um convite à cautela e ao justo meio, uma vez que não é preciso desprezar tais bens, que são submetidos a um pontual controle racional, porque *são ótimos para as pessoas justas, enquanto são danosos para as pessoas injustas* (*Leis* 661B). Em particular, o filósofo é sensível ao tema da riqueza, talvez por seu efeito social, talvez porque, diferentemente da saúde e da beleza, não tem a ver com a natureza do ser humano, e por isso o seu caráter instrumental é declarado.

5. Uma vida boa e feliz

A análise conduzida até aqui explica por que Platão aborda de modo complexo e articulado o tema decisivo, o da vida boa e feliz para o ser humano.

5.1. A necessidade do prazer

O filósofo ateniense condena o hedonismo, mas não o prazer, considerado não apenas natural, mas de alguma forma *necessário* e também útil para a vida boa. Isso é afirmado também de modo forte quando o autor diz que é inaceitável que o comportamento moral seja bom e belo, mas penoso, enquanto o mau comportamento tenha o êxito contrário (*Leis* 663A2-4). O prazer *deve* acompanhar aquilo que é belo e bom, também porque ninguém se deixa convencer a escolher uma vida que não assegure mais alegria que sofrimento. De fato, Platão, mesmo consciente da dificuldade do tema e da fraqueza das argumentações, identifica a vida boa e a vida mais agradável como a única verdadeiramente feliz. Também por isso apela continuamente à esfera divina. A divindade, de fato, não pode admitir que existam dois tipos diversos de vida, uma justa e uma agradável, porque depois deveria concluir que é mais feliz a agradável, e não a outra, e o discurso seria insensato (662C-D). Consequentemente, é necessário afirmar a identidade entre a vida mais agradável e a vida mais virtuosa, dizendo uma coisa muito verdadeira e muito convincente (664B-C). O legislador deve julgar imoral e inaceitável quem diz que as coisas não são assim. Nesse campo, Platão não hesita, chegando a justificar até o engano, que seria feito *com a finalidade do bem, o mais útil e o mais eficaz para fazer com que cada um cumpra as coisas justas não com a força, mas espontaneamente* (663D6-E2).

O prazer e a dor, de fato, são um eixo fundamental para a vida humana: "Se estas duas fontes <prazer e dor>, que na natureza acontecem livremente, forem aproveitadas no ponto justo, no tempo e na medida devidos, obtêm a felicidade em modo análogo *a cidade, o indivíduo e todo ser vivo*; quem, ao contrário, o faz sem refletir e fora do tempo, obterá uma vida de tipo oposto" (636D7-E3). O problema, porém, é que apenas a alma melhor vê que *a vida justa é mais agradável* e "que necessariamente uma vida injusta não é só pior e miserável, mas também verdadeiramente mais penosa que a vida justa e santa" (663D2-4). Por esse caminho, volta-se ao tema da educação, de que tal *sensibilidade* é obtida por qualquer meio, sejam hábitos, elogios ou raciocínios (663C). Mas, obviamente, também com uma educação precoce ao prazer, que deve ser experimentado, e não evitado, como erroneamente fazem

Espartanos e Cretenses. Estes expõem os jovens às dores, de modo que estejam prontos a enfrentá-las, mas não fazem nada para prepará-los para resistir aos prazeres (*Leis* 635C-E). Ninguém pode ser temperante se não *enfrentou e venceu com o raciocínio, com o empenho e com a disciplina* os tantos prazeres e desejos que nos empurram ao mal (*Leis* 647D3-7).

5.2. Uma vida misturada de conhecimentos e prazeres

A vida temperante, corajosa, racional e sã, ou seja, virtuosa, é certamente melhor sob todos os aspectos. O problema é como chegar a realizar esse resultado. Claro que o filósofo temperante busca o saber e a verdade e considera secundários todos os outros desejos, visto que os seus prazeres são aqueles próprios da alma, enquanto deixa de lado os prazeres do corpo e as riquezas (*República* 485C-E). A sua avaliação é correta e lhe permite obter os prazeres melhores e mais verdadeiros. Há, porém, um risco, que é o intelectualismo que recusa o prazer. Trata-se de uma posição abstrata, visto que ninguém é tão tolo a ponto de escolher uma coisa justa recusando o prazer que a acompanha (21D-E). Por isso, Platão hipotetiza uma terceira via entre hedonismo e intelectualismo, que confirma a superioridade do pensamento e do conhecimento. De fato, a escolha da vida boa é determinada pelo pensamento que aceita *todos os conhecimentos*, incluindo os inferiores, porque estão conectados às necessidades banais da vida humana. Em vez disso, em relação aos prazeres, pensamento e inteligência – *phronesis* e *nous* – 1. recusam aqueles grandes que perturbam a alma e "matam" as ideias; 2. aceitam plenamente os prazeres verdadeiros e puros, junto 3. àqueles que acompanham a saúde e seguem a virtude (*Filebo* 62B-64A).

Realiza-se, assim, um agregado que deve ser submetido à Medida, dado que ninguém ignora que toda mistura existe enquanto realiza medida e proporção (64C-E). Como acontece no cosmo ordenado pelo *Nous* divino, em relação à complexidade da realidade humana feita de elementos diversos como conhecimentos, virtudes e prazeres, o controle racional pode realizar *aquela ordem incorpórea*, aquele *kosmos asomatos* (*Filebo* 64B7) que permite viver uma vida boa e feliz. Tudo depende da medida, evitando excessos e defeitos de forma a ter uma vida 1. *racional, mas não utopicamente intelectualista*, consciente da natureza humana, que precisa de conhecimentos elementares e de uma série de prazeres apropriados à sua condição; 2. temperante, capaz de manter distantes os prazeres maiores, mas 3. rica de prazeres puros, que são os mais verdadeiros e os mais agradáveis, e daqueles necessários, que acompanham a vida humana. Se então a vida se volta ao pior, o homem sábio sabe suportar melhor que os outros a provação (*República* 603E), com base em uma atitude racional, que lhe permite contextualizar no quadro das histórias humanas o ocorrido, e em um treinamento, que lhe permite levantar-se de novo e ir em frente.

5.3. O Bem e a felicidade como fim

Platão ressalta – desde *Críton* 48B até *Leis* 707D – que o fim não é aquele de viver, mas de *viver bem*.

De fato, o Bem é o fim último, aquilo que dá sentido aos bens que constituem o fim parcial das nossas ações. Se não houvesse o Bem, o processo ao infinito seria inevitável (*Górgias* 467C-468C). Isso permite dizer que, quando miramos à sábia temperança, ao pensamento ou à concórdia, o objetivo é sempre o mesmo (*Leis* 693B5-C5). A identidade entre essas virtudes, certamente diversas, é garantida também pelo objetivo final que todas igualmente querem realizar.

Ao mesmo tempo, Platão diz uma coisa *aparentemente* diversa: o fim da vida humana é a felicidade. Ele o declara com uma fórmula elegante, classificando as constituições não segundo *princípios superiores*, mas conforme permitam viver melhor ou pior. O Estrangeiro comenta: "É preciso que de algum modo vejamos este problema, mesmo que seja um discurso acessório em relação ao tema atual. Mas, no fundo, é talvez por isto que todos nós cumpramos todas as nossas ações" (*Político* 302B7-9). Bem, justiça e verdade são realidades de maior peso ontológico e teoricamente decisivas, mas o impulso que faz com que os seres humanos ajam é de outra natureza na medida em que nós operamos para sermos felizes. De fato, o tema da felicidade retorna com frequência, mesmo porque Platão estabelece uma estreita ligação com a virtude: "quase necessariamente aqueles que são felizes são também virtuosos" (*Leis* 742E4-5).

A convicção de que "quem é honesto e bom é feliz, quem é injusto e mau é infeliz, porque a maldade na alma é o maior dos males" é reproposta muitas vezes e em diversos contextos. Sócrates é tão convencido disso que sustenta que quem não está de acordo deve refutar o seu raciocínio, provando que os felizes não são felizes pela posse *da justiça e da temperança* e que os infelizes não são infelizes pela posse da maldade (*Górgias* 508A8-B2). Um indivíduo, se é injusto, não pode ser feliz (*Leis* 661D-662A). Platão coloca em campo a si mesmo, utilizando na *ficção* a presença de seu irmão, *filho do mesmo pai*: "Contrataremos um arauto – disse – ou eu mesmo proclamarei que *o filho de Aristão* julgou que o homem melhor e mais justo é o mais feliz, o mais monárquico e o mais capaz de governar a si mesmo, enquanto o homem pior e mais injusto é o mais infeliz, aquele que, sendo tirânico, exerce sobre si mesmo e sobre a cidade a tirania" (*República* 580B8-C4). *Platão, filho de Aristão, proclamou* (na realidade) *com a voz alta do irmão* (na *ficção*) *a sua convicção ética de fundo.*

Os últimos textos já concederam um vislumbre da unidade dos dois fins. Platão os conecta expressamente pela boca de Diotima, dizendo que quem ama o belo e o bem deseja possuí-los e, consequentemente, será feliz. Não se pode perguntar, depois, por que alguém quer ser feliz, porque este é um fim último (*Simpósio* 204E-205A). Para Platão, felicidade e Bem são intrinsecamente conectados já que o Bem é Medida, e a vida feliz é caracterizada pela medida das partes e da mistura. Único é o metro, único é o fim, chamado felicidade na figura imanente à vida humana e Bem na sua forma separada e transcendente, em perfeito paralelo com a visão metafórica dos dois âmbitos da única realidade.

5.4. A felicidade do homem virtuoso

Sobre a proposta ética de Platão, há, porém, uma sombra. A vida feliz comporta um forte contributo intelectual, enquanto a ciência é de poucos. Parece, por consequência, que o fim da vida humana seja, na realidade, conseguível apenas por poucos, ou seja, por filósofos. Todavia, já vimos que a opinião verdadeira é, no plano prático, tão eficaz quanto a *episteme*, portanto até homens "normais" podem ter comportamentos justos, mesmo que seja por "dom dos deuses". De fato, muitos virtuosos estão exatamente nessa condição. Dessa forma, há uma felicidade também na medida dos *homens não divinos*, guiados pela *reta doxa*. Tal possibilidade é confirmada nos tipos das almas, sendo elas a filosófica, que uniu a consciência à virtude, pode se liberar do ciclo das reencarnações, enquanto aquela que fez escolhas iníquas pode reencarnar também em animais; há também aqueles que praticaram a virtude civil e política, isto é, *aquela sábia temperança e aquela justiça que se geram por hábito e por exercício, sem filosofia e inteligência* – estes, no Hades, são felizes e as suas almas podem reencarnar em homens probos (*Fédon* 80C-82D).

Mas até mesmo aqueles que são muito fracos têm uma possibilidade, a de deixar-se dirigir por um homem excelente. Trata-se de uma escolha aceitável porque beneficia exclusivamente aquele que se submete, o que conta é que a vida seja bem guiada (*República* 590C-D).

5.5. A condição do filósofo

A interpretação tradicional com frequência enfatizou unilateralmente a felicidade e a superioridade do filósofo. Os diálogos, todavia, ressaltam com a mesma força a tragicidade de sua condição. Em primeiro lugar, devemos levar em conta o fato de que facilmente ele parece ridículo aos olhos dos outros. Platão parece querer enfatizar tal dado, seja repetindo-o de vários modos, seja dramatizando-o com menções à trágica história de seu mestre Sócrates, como no caso do prisioneiro da Caverna, que, se tentasse libertar os outros, provavelmente seria morto (*República* 517A). Mas a Caverna ilustra uma aporia mais trágica, na qual o texto ressalta que o filósofo não quer voltar para a Caverna e *deve ser obrigado a fazer esta coisa justa.* Assim, abre-se espaço para uma série de aporias que parecem insolúveis e que serão abordadas na discussão política. Aquilo que conta aqui é que Platão nos dá, na explicação, um sinal decisivo: "não é de se admirar que aqueles que chegaram a tais níveis não queiram mais se ocupar de tarefas humanas, mas em seu ânimo aspiram a instalar-se nas alturas. É natural que seja assim, *se as coisas forem como na alegoria anterior*" (517C7-D2). Se fazemos filosofia, devemos aceitar o convite e nos questionar *se as coisas são assim*. A resposta é certamente não, uma vez que tudo depende de uma *alegoria* – a da caverna – que separa quem está *dentro* e quem está *fora*. *Ninguém, nem mesmo o filósofo, sai da caverna, se essa representa o mundo visível, ou seja, o nosso mundo, o único que ao ser humano é dado para viver.* Não há um dentro e um fora, mas um modo diverso de estar dentro, no qual apenas a alma sai e vê o sol. O próprio Platão ressalta o erro daqueles que *pensam morar, ainda vivos, nas ilhas dos bem-aventurados* (519C5-6). O filósofo vive na cidade, uma condição que jamais é extra-humana: a escolha de voltar à caverna se configura apenas como a necessidade de comprometer-se para poder viver em um mundo o menos pior possível.

5.6. Um estágio extremo e raro

Todavia, o filósofo tem outra possibilidade em relação à vida boa e feliz dos seres humanos. No curso da análise, Platão põe entre prazeres e dores um estado neutro de vida intelectual, própria da divindade (*Filebo* 32D-33C), ressaltando que é preciso manter em mente essa possibilidade, que poderia ser importante para o juízo final, adicionando que *nada impede, a quem escolheu a vida do pensamento, de viver nesse mundo sem gozar e sem sofrer* (33A-B). Tal afirmação parece estranha, porque o texto já eliminou a vida de puro pensamento sem prazeres, que, de fato, não respeita a natureza humana; não por acaso esse estado neutro é definido "divino". Todavia, o texto reitera que há três estágios da existência, dentre eles um agradável, um doloroso e um neutro, justificado pelo fato de que o ser humano percebe apenas as grandes mudanças, que provocam dores e prazeres (43A-D). Logo, *uma vida temperante*, que evite as sensações fortes, *está aberta* a essa possibilidade, que Platão valoriza depois (55A).

Parece então que tal vida divina pode ter uma versão "humana". De fato, a busca final indaga o que é melhor *para os homens e para os deuses* (65B). Na última obra, Platão explicita isso: "O meu raciocínio de fato afirma que uma vida reta não deve buscar os prazeres nem fugir totalmente das dores, mas preferir *a condição de meio*, aquela que, falando um pouco antes, eu defini 'serenidade', a condição que, por uma inspiração divina qualquer, todos justamente atribuímos à divindade" (*Leis* 792C8-D4). Talvez também nesse caso seja preciso fazer uma distinção, na qual *em si*, o modelo de vida divino, a vida do *Nous*, vem certamente primeiro, mas, *para nós*, não é *normalmente* praticável. Todavia, é possível que homens excepcionais, os filósofos, com uma vida temperante, possam, não estavelmente, mas em alguns momentos, aproximar-se, *na medida do possível*, desse estado divino. De fato, o filósofo já se relaciona com as Ideias divinas, que tenta *imitar*, de modo a tornar-se ele mesmo ordenado e divino, na medida do possível (*República* 500C-D).

Estamos em uma situação análoga àquela vista no plano gnoseológico, na qual certos conhecimentos são possíveis, mas *nos limites das possibilidades humanas*. Na mesma situação está o filósofo, homem divino que busca ser seguidor da divindade. Quem quer ser amigo dela deve "se assemelhar a deus nos limites obviamente permitidos às possibilidades humanas" (*Teeteto* 176A8-13) – isso acontece a quem é temperante (*Leis* 716C-D). Trata-se de um esforço máximo, a ser feito sempre segundo a medida.

5.7. Um necessário objetivo escatológico

A multiplicidade de abordagens típica do pensamento platônico não deve nos impedir de captar um dado: a conexão entre vida virtuosa e vida feliz parece *pouco fundamentada e também improvável*. Nas *Leis*, ao ressaltar-se a dificuldade da tarefa, parece emergir a consciência da *escassa verossimilhança* da proposta, uma vez que o Hóspede ateniense consegue aceitar a ideia de que o maldoso tenha uma vida indigna, mas não de que esta seja uma vida ruim e menos ainda que seja desvantajosa para ele. Porém, a ele parece evidente que uma vida injusta não apenas é moralmente pior, mas também mais infeliz. Como legislador, seria duríssimo com quem dissesse que há homens maldosos que vivem agradavelmente, ou que uma coisa é fazer o próprio interesse, e outra, ser justo (662A-C).

Contudo, esse tipo de afirmação é compreensível e aceitável apenas do ponto de vista da vida da alma. De fato, o mal feito, mesmo se fica impune, danificou irreparavelmente a alma. Por isso, diálogos fundamentais para o nosso tema, como *Górgias* e *República*, terminam com um mito escatológico. Se a vida feliz é boa, se a realização do bem é colocada sob o signo do divino, apenas a divindade pode garantir seu êxito pleno e final após a morte.

Todavia, seria errado ressaltar o hiato entre a condição terrena e a condição do Além. A escolha que Platão indica é única, e é e quer ser racional e válida *para o viver assim como para o morrer* (*Górgias* 527E). Os dois termos não se excluem, posto que o destino da alma não substitui, mas coroa e completa a visão ética proposta pelo filósofo ateniense.

Apêndice

A metrética

A metrética, não como estrutura matemática, mas como instrumento a ser utilizado no plano ético e filosófico, aflora logo nos diálogos. Em *Eutífrones* 7B-D, Sócrates, abordando o tema do desacordo entre interlocutores, observa que, pelas realidades quantitativas, as questões se resolvem através da mensuração, enquanto que, para temas qualitativos, *com certas duplas de opostos* (justo e injusto, belo e feio, bom e ruim), não há um instrumento similar. Trata-se de um dado não aprofundado, no entanto a ligação entre matemática e ética acontece novamente, por exemplo, em *Górgias*, quando Sócrates repreende Cálicles, que não capta a importância da ordem, esquecendo a igualdade geométrica, que tem grande poder tanto entre os deuses quanto entre os homens, e preferindo o excesso (507E-508A). O texto contrapõe as matemáticas ao excesso, mas já é fácil intuir que *o conceito que se opõe ao excesso é a justa medida e o medido.*

Protágoras nos oferece uma pequena alusão explícita à metrética. Sócrates põe um problema: se o mal vence, evidentemente o bem não tem força suficiente para derrotá-lo, ou seja, entre os dois termos havia uma diferença de grandeza ou de quantidade em vantagem do mal (355E). Se raciocinamos do ponto de vista da massa, que assume como critério o prazer (356A), podemos fazer uma operação similar àquela do pesar, em que colocam-se sobre os pratos da balança, além dos prazeres e das dores, também proximidade e distância temporal, de forma a escolher o resultado mais agradável e menos doloroso. Consequentemente a salvação da nossa vida não está nas sensações, que nos enganam, mas na metrética, que nos faz descobrir a verdade (356D-E). Mas tal metrética é um problema, já que, se a salvação dependesse da escolha dos pares e dos díspares, ou do mais e do menos, precisaríamos de uma técnica matemática. A situação é diversa, no entanto, é necessária uma forma análoga de metrética, capaz de uma avaliação exata dos prazeres, em outras palavras, capaz de captar excesso, defeito e igualdade. A definição dessa metrética é então explicitamente deixada para depois (357A-D).

Em *Parmênides,* encontramos um esclarecimento muito importante para a metrética ternária, nos raciocínios sobre o conceito de Igual. A díade igualdade-desigualdade se transforma em uma tríade (149D-151B). De fato, para se opor ao Igual, o Desigual deve ser posto como Grande e Pequeno; estes são uma precondição do Igual, que estabelece o justo meio negando os dois extremos opostos. Nenhum dos três termos pode existir sem os outros, afinal, todos devem ser postos em um mesmo nível, como então é explicitamente confirmado (161C-E, 164E-165A). Em síntese, com uma *ponta* de malícia, poderíamos dizer que o Igual é definível como *não grande-e-pequeno*.

Político 283B-287D permite um salto de qualidade, pois explicita a presença de dois modelos, uma metrética binária e uma ternária. A primeira se baseia na simples contraposição de dois termos, *segundo a relação recíproca de grandeza e pequenez*. Esse modelo tem um caráter quantitativo e envolve as técnicas que medem o número, o comprimento, a altura, a largura e a velocidade em relação a seus contrários. O segundo tipo de metrética é ternário, porque concilia os extremos ao justo meio, à medida e ao medido (repetidamente citados). A diferença entre as duas metréticas é radical, dado que apenas a ternária está conectada à geração, em outros termos, tem uma relevância ontológica, e permite a distinção entre bom e mau, isto é, tem uma relevância axiológica. Ela exige que se obrigue os extremos a se relacionarem com a medida e *demandaria uma discussão longuíssima, que aqui não pode ser desenvolvida*. Trata-se, portanto, de uma questão de grande importância teórica. O Estrangeiro afirma que será retomada no momento em que se deverá explicar o que é a Exatidão em si (283D-284D). Tal discussão certamente é colocada no *Filósofo* não escrito, coisa confirmada com o uso dessa "Exatidão", um termo totalmente incomum em Platão, *usado para esconder o mais óbvio "Medida em si"*.

O entrelaçamento entre dimensão ontológica e axiologia nos leva à discussão vista nesse capítulo: por ser medida, uma coisa é boa e realiza a si mesma. Por isso, a indeterminação do primeiro tipo de metrética, baseado apenas na contraposição dos dois termos, não permite definir nada de modo ontologicamente preciso. Em vez disso, todas as técnicas não puramente quantitativas, que "operam em relação à justa medida, ao conveniente, ao oportuno, ao devido e a tudo aquilo que tende ao meio entre os extremos", fazem uso do segundo tipo de metrética (284E6-8). Portanto, se alguém quiser negar a existência desse tipo de ciência, que é pervasiva, deve negar também a existência dessas técnicas (entre as quais está a política), que evitam os extremos não como se fossem uma coisa que não existe, mas como um dado nocivo. Desse modo, salvando a medida, produzem obras boas e belas (284A-B).

Assim, Platão ressalta que o excesso e o defeito, condenados axiologicamente, são realmente existentes, afinal, se a medida permite a produção de obras "boas e belas", o desigual é negativo a partir dos dois pontos de vista, mas nada mais que isso. Por exemplo, um vaso feio, uma cadeira mal feita, um comportamento incorreto existem, *não são o verdadeiro ser daquela coisa específica, mas são, ainda que "feios e maus"*.

O modelo triádico de metrética é, enfim, totalmente coerente com o sistema platônico. Como mostra *Parmênides*, estamos na presença de dois termos que se condicionam reciprocamente, mesmo que um deles tenha uma natureza binária. Os dois termos extremos existem, porém, apenas em referência a uma medida, a um igual, que os qualifica como excessos e defeitos a partir do estatuto ontológico precário: são sinais do Grande-e-Pequeno sobre o qual o Uno-Medida age. A verdadeira oposição, nesse caso, não é a dos extremos, mas aquela entre estes e a medida, que, no entanto, é necessária aos próprios extremos. A lógica do sistema leva à *verticalização dos processos, por meio do encaminhamento contínuo/da remissão contínua a um elemento superior que ordena*. Não por acaso, Platão afirma que (não) se falará disso para explicar o que é a Exatidão em si, *id est* a Medida.

IX.

A filosofia da práxis: a política

A nossa visão da política é radicalmente diversa daquela grega, e, consequentemente, o nosso sistema categorial é não só inadequado, como totalmente enganoso. O mundo antigo não elabora um aparato conceitual para explicar aquilo que chamamos "estado". O ponto de ruptura pode ser fixado no século XVII, como consequência das guerras religiosas. A partir de Hobbes, o pensamento moderno estuda sociedade e estado como entes separados, sendo que o estado – para Hobbes "Deus na terra" – deve impor regras para bloquear o conflito, seja ele cultural ou social, para fazer "sobreviver" a sociedade. Tais regras têm como elemento forte o indivíduo, detentor de direitos originais, e são articuladas segundo o nexo causa-efeito típico da ciência moderna, com a eliminação do finalismo.

No pensamento clássico, entretanto, faltam tanto a *contraposição sociedade-estado* quanto o indivíduo na própria unicidade irredutível. O finalismo é determinante, hierarquiza o real e, ao mesmo tempo, impede a fragmentação típica da visão científica: o fim é o dado essencial da visão clássica, que é *arquitetônica*. Portanto, o pensamento antigo une elementos que, para nós, são destacados; entrelaça entre eles dados estatais, sociais e individuais, em uma visão que tem uma forte curvatura ética; propõe no *cidadão da polis* a figura que melhor expressa a identidade de um homem grego, viril e livre.

Dada essa situação, é preciso resistir à tentação de eliminar os dados que a nós parecem *não políticos*, aceitando a dificuldade de caminharmos entre raciocínios muito distantes da nossa filosofia política.

1. A política, cura da alma e da *polis*

O nexo entre política e ética fica logo evidente, posto que essa é cura da alma, até nas *Leis* (650B). Seria, porém, errado reduzir a política platônica à ética. Basta tomar a definição do homem político que emerge da primeira diérese de *Político*, em sua versão final correta: cientista que cuida da sociedade utilizando a persuasão, e não a força. Na *República*, também a ciência dos Custodes não delibera sobre alguma atividade particular, mas sobre a inteira *polis*, em relação a si mesma e às outras cidades (428C-D).

Dada essa dualidade, não devem surpreender certos movimentos da filosofia platônica, por exemplo a apresentação da temperança como "obedecer aos governantes e governar em si mesmo os prazeres da bebida, do sexo, da comida" (*República* 389D9-E2). Menos ainda deve nos impressionar o paralelo entre alma e cidade, que estrutura a *República* e que deve ser lido na chave da modelística. Platão raciocina de modo "sistêmico", pois capta nas duas realidades analogias nas relações entre inteiro e partes e entre as partes, assim, idênticos princípios determinam, em âmbitos diversos, *jogos de relações análogos*. De fato, "quem quiser se comportar racionalmente *na esfera pública e na esfera privada* deve mirar à" Ideia do bem (*República* 517C4-5).

Todavia, no curso do diálogo, a questão se torna mais complexa. O modelo, como veremos, é triádico – três partes da alma, três classes sociais –, mas as cinco formas de *politeia* propostas no livro VIII – aristocrático, timocrático, oligárquico, democrático e tirânico – não se harmonizam facilmente com ele. De forma análoga, nos processos degenerativos que Platão descreve, intervêm muitos fatores, o que mostra que a análise sociopolítica deve ser mais rica (e o será, por exemplo, em *Político*).

Não obstante, ambos os terrenos têm uma referência importante e comum à necessidade de um controle racional. O conceito é repetido muitas vezes nas *Leis*, uma vez que o próprio *logos* afirma, dizendo *o verdadeiro*, que, para imitar a vida feliz do tempo de Cronos, é necessário obedecer à parte de nós que é imortal, *no plano público e no plano privado* (713E-714A). Cada um de nós tem dois conselheiros privados de razão – o prazer e a dor – e por isso é necessário um raciocínio que estabeleça aquilo que é melhor e pior: "este, tornado decisão comum para a cidade, toma o nome de lei" (644D2-3). A ligação é tão forte que tenta-se estabelecê-la também no terreno linguístico, ressaltando a assonância entre leis (*nomos*) e inteligência (*nous*) (957C). Enfim, Platão afirma que a *correta organização nas tarefas privadas* é condição para a estabilidade das leis (790B). De forma mais geral, temos um tipo de circularidade entre política e ética que permite passar de uma à outra, na medida em que, se uma cidade é bem gerida, os cidadãos se tornam bons, tal *polis*, porém, exige governantes racionais e capazes de lidar com a pressão das paixões.

Trata-se de iniciar de alguma forma um círculo vicioso, porque senão o conflito prevalece: "na dimensão social, todos são inimigos de todos e na dimensão individual, cada um está em conflito consigo mesmo" (*Leis* 626D7-9). É a confirmação da presença, forte e não-eliminável, da desordem no nosso mundo. Platão tem uma verificação direta disso na Grécia da época, a ponto de chegar à conclusão de que apenas uma estreita ligação entre poder político e filosofia pode melhorar a situação. De fato, naquele momento não se viam (e talvez não existissem) soluções. Isso pode levar à utopia, como reconhecimento de que não é possível tentar nada. Todavia, se aceitamos ler a *República* sob essa ótica, não podemos justificar as duas perigosas viagens a Siracusa, de Dionísio, o Jovem: a figura de Dião se torna enigmática, e o comprometimento de tantos acadêmicos em sua empreitada é incompreensível. Deveremos, portanto, tentar ler aquele diálogo no interno, seja do complexo das obras "políticas" de Platão, seja da situação de *guerra civil* da Grécia, que impõe como tema de fundo a *unidade da polis*.

2. Unidade e multiplicidade da *polis*

Platão parece consciente das dinâmicas que marcam as relações sociais. A *política* nasce da multiplicidade das necessidades humanas (*República* 368B e seguintes), tese reiterada em vários diálogos. No livro III das *Leis*, o Ateniense se interroga sobre a origem das cidades, que sempre entraram em decadência, mesmo tendo sofrido todas as transformações possíveis (676A-C). Platão aplica à política o modelo cíclico apresentado em dimensão cósmica no mito do *Político*, no qual os seres humanos muitas vezes precisaram recomeçar do início, depois de uma série de cataclismas destrutivos. No início, não há leis, posto que, em uma sociedade patriarcal, simples e pacífica, o respeito às tradições é suficiente; a sucessiva integração de diversas estruturas familiares faz nascer a necessidade de uma norma, e essa tarefa é dada a alguns legisladores. A riqueza de atividades sociais que se gera é então submetida ao critério da eficiência, ligado à visão platônica da divisão do trabalho, por isso cada ser humano deve assumir uma só tarefa, aquela para a qual a natureza o fez mais apto (*República* 433A). Consequentemente, a *polis* se torna cada vez mais rica e mais complicada. A *politeia* contribui para outra complexificação, porque exerce seu controle sobre as tradições e sobre a vida privada, até na esfera dos matrimônios e da sexualidade.

Político se detém em descrever a complexidade social. Após ter falado das causas da ação política, separando o rei das muitas figuras que têm funções parecidas, passa-se às concausas, que incluem todas as técnicas produtivas sem as quais a *polis* não poderia nem mesmo existir (287B-289C). Então são citadas as atividades que têm relação com seres animados (a criação e a posse de escravos), em seguida os *servidores*, compreendidos como sujeitos de intermediação, como mercadores, banqueiros, arautos e mensageiros, passando enfim aos secretários, às figuras sacerdotais e aos adivinhos. Aproxima-se cada vez mais da política, terminando por falar dos adversários do político, que culminam nos sofistas. Mais tarde, na parte final do diálogo, citam-se *os colaboradores diretos* do verdadeiro político, o educador, o estratega, o juiz, o reitor (303D). Delineia-se um quadro bem mais complexo do que aquele que geralmente se atribui a Platão com base na *República*.

A sociedade é marcada também por outras diversidades – as de gênero, de patrimônio, de função – que confrontam diversas modalidades. A diferença sexual, não eliminável, é limitada à esfera que lhe é própria, enquanto que nos setores em que ela não tem um peso, como o político, é preciso alargar o âmbito de ação das mulheres. As diferenças de patrimônio são objeto de atenção pelos contrastes que nascem das riquezas, dessa forma, é preciso, então, contê-las com restrições e regras, comprimindo o espaço da posse individual. Resumidamente, o indivíduo deve reconhecer-se pelo que é: uma *parte muito pequena*. A felicidade existe na vida do inteiro, pensando no bem comum também ao tratar-se a parte (*Leis* 903C-D). O ideal ao qual Platão tende é o de um inteiro feliz com partes felizes.

2.1. Os paradigmas ideais

A complexidade social impõe o problema da unidade desse inteiro – a *polis* – formado por um grande número de partes em conflito entre si. O mal maior é o que divide a cidade e a torna *multíplice*, o bem maior é o que a une, a torna *uma* (*República* 462A-B). Torna-se difícil dar-lhe um só nome, visto que não é uma, mas muitíssimas. Em particular, duas estão entre suas inimigas: a dos pobres e a dos ricos. Subvalorizar tal dado é um erro, porque, para realizar o máximo de unidade e de harmonia possível, é preciso dar espaço às partes. Essa utilização "típica" da sábia temperança torna a cidade grande exatamente por ser unida (*República* 422E-423B).

Tal ideal de unidade, em que se insiste fortemente, é abordado em termos de sistema. Sócrates acredita poder demonstrar que, trocando apenas um elemento, modifica-se o inteiro (*República* 473C).

A mudança que Platão propõe é *o domínio da racionalidade* sobre a desordem à qual tendem naturalmente a sociedade e a *polis*. Para desenvolver essa tese adequadamente, o Autor escreveu três obras, convergentes no fim, mas diversas por natureza. A *República* apresenta o *modelo primeiro* e ideal, construído sobre um plano teórico conectado a algumas temáticas fundamentais da filosofia platônica; as *Leis* fornecem o *modelo segundo*, mais concreto, menos teórico e mais atento aos limites humanos; o *Político*, escrito após a *República* e antes das *Leis*, propõe a *filosofia política* de Platão, a qual explica o sentido não utópico dos modelos, a natureza imitativa das constituições humanas, o papel dos dois elementos que regem a *polis* real e ordenada, a lei e o político.

Apesar do que tantas críticas sustentaram, *não é preciso supervalorizar a modelística proposta por Platão.* Ele, de fato, não se ilude sobre as capacidades humanas de intervir sobre o real, na medida em que guerras, carestias, calamidades naturais determinam efeitos que duram anos e que demonstram os limites de qualquer intervenção legislativa. As histórias humanas são dirigidas, em primeiro lugar, pela divindade, depois pela sorte. Quanto às técnicas, não devem ser desprezadas, porque, em caso de tempestade, é melhor ter a ajuda de um capitão especialista (*Leis* 709A-C). Em vista disso, a *intervenção racional é oportuna, mas há limites radicais*, uma vez que a realidade muda devido a eventos incontroláveis. A isso, adiciona-se a racionalidade insuficiente das leis e do comportamento dos políticos.

Justifica-se, assim, uma forma de *pessimismo da razão*, dado que não pode haver uma trégua aos males para as cidades, a menos que os filósofos governem as cidades ou os políticos se dediquem *adequadamente* à filosofia, de modo que na mesma pessoa se unam o poder político e a filosofia (*República* 473C11-D6). Essa "solução" constitui um tipo de *milagre*, como é dito no momento em que Sócrates reafirma o mesmo juízo, formulado por ser *obrigado pela verdade*. Existem duas possibilidades para que *uma cidade ou um ser humano* se realize: ou os filósofos, *querendo ou não, obrigados pela sorte*, tomam conta da *polis,* que se submete a eles, ou os governantes e seus filhos manifestam, *por alguma inspiração divina*, um verdadeiro amor pela filosofia (*República* 499A11-C2). Isso é reproposto em termos substancialmente idênticos na *Sétima carta*, nesta também com a ênfase em *algum dom divino* (326A7-B4).

Estamos frente à verificação ético-política do natural prevalecimento do Ilimitado visto na discussão do cosmo. O mundo humano não é exceção: abandonado a si mesmo, precipita na desordem, em direção à própria destruição. Como confirmação, Platão, no livro VII da *República*, descreve *como quase natural e inevitável* o processo degenerativo de uma *politeia* boa em direção a formas péssimas como a tirania. A ação política, assim como a ação ética, constitui um esforço para evitar o prevalecimento da desordem e para realizar a máxima ordem *possível*, o que requer paradigmas eficazes e úteis, modelos.

2.2. Uma pluralidade de modelos

Antecipamos logo que as *Leis* explicitam *que o modelo não é único*. O Ateniense declara que está por fazer um movimento não usual e surpreendente ao propor *uma* politeia *segunda em relação àquela que é ótima*. Talvez alguém o contestará, porque não aceita um legislador que não tenha poder absoluto. Porém, a coisa justa a fazer é expor *a constituição ótima, depois a segunda e a terceira*, deixando a faculdade de escolha a quem tem o poder (739A-B). Portanto, 1. há vários modelos; 2. aquele das *Leis*, diferentemente do primeiro, *ótimo*, não é construído sobre a base de um poder absoluto; 3. esses paradigmas são propostos para facilitar a escolha do político, que evidentemente deve levar em conta as diversas situações concretas.

A apresentação de um segundo modelo não comporta a condenação do primeiro, logo, ao contrário, é necessário ater-se àquele, tentando realizar a partir dele um que lhe seja semelhante o máximo possível. Temos, assim, um paradigma *imortal* e um *de segundo nível* e – adiciona Platão –, se Deus quiser, também um terceiro (*Leis* 739E), coisa que infelizmente sua morte tornou impossível. O *segundo* modelo é, todavia, um paradigma ideal. De fato, muitos objetaram que o legislador parece operar como em sonho, plasmando como cera a cidade e os cidadãos. Contra isso, o Autor poderá apelar ao seu direito de construir o paradigma baseando-se naquilo que há de mais belo e mais verdadeiro (746A-B).

O Autor ressalta também a natureza e a função do modelo. Em *Político*, esclarece-se a *separação radical entre o paradigma científico-ideal e as seis tradicionais constituições humanas*, as quais são consideradas "independentemente da sétima: aquela, de fato, deve ser separada de todas as outras formas de governo, como um deus dos homens" (*Político* 303B3-5). Exatamente porque "divino", o modelo ideal é mantido separado das constituições humanas e, *desta maneira, não recai entre aquelas que se podem e devem ser realizadas no concreto.* Contudo, ele é necessário, porque é a única forma *verdadeira* de governo, da qual *as constituições humanas* são imitações, mais ou menos válidas (*Político* 293E).

Assim sendo, o conceito fundamental é o de *imitação*: 1. os modelos segundos imitam o modelo ótimo; 2. as constituições humanas imitam algum modelo, ou seja, como veremos, as leis humanas são válidas se imitam as leis do paradigma. Isso é necessário e útil *em si.*

2.3. A República

A *República* apresenta *o primeiro paradigma em forma radical, sem, todavia, esquecer os limites das capacidades humanas* e tendo uma visão realista da cidade concreta. O Autor é consciente da operação que cumpre. De fato, ressalta que não é preciso definir impossível essa cidade, porque, se o fosse, ele seria justamente ridicularizado como construtor de castelos no ar (499C3-5). Quando, porém, afirma com ênfase que essa cidade é *real e possível*, o faz com uma fórmula muito bizarra: "Se portanto uma necessidade qualquer obrigou – no infinito tempo passado, ou então obriga hoje em alguma região bárbara remota e a nós desconhecida, ou então obrigará no futuro – homens ilustres em filosofia a se encarregarem da *polis*, estamos prontos a afirmar com o raciocínio que tal constituição de que falamos aconteceu, acontece e acontecerá quando essa musa filosófica dominar a cidade. Não é de fato *impossível* que exista e não falamos de coisas *impossíveis*; mas reconhecemos que se trata de coisas difíceis" (*República* 499C7-D6). As estranhezas são muitas: 1. a referência à região *bárbara* em que poderia se realizar um governo de filósofos; 2. a referência a todos os estágios do tempo desse *logos* que 3. afirma um dado de fato, ou melhor, identifica *a condição necessária e suficiente* (o domínio da "musa filosófica") para realizar esse projeto *não impossível.*

É preciso afirmar a plausibilidade do paradigma, mas, ao mesmo tempo, fazer compreender que a verdadeira questão não é a da atuação do modelo. É proposto um paralelo com a justiça, no qual, para afirmá-la, não é necessário encontrar um homem totalmente justo, mas apenas um que participe de modo adequado daquela virtude. É preciso, portanto, encontrar algo que seja "*muito próximo*" do paradigma, que serve como ponto de referência para ver *quem é mais semelhante*, "não para demonstrar que estas coisas são exequíveis" (472D2). Trata-se de "*imitar*" *mais que de realizar.*

O texto não esconde a dificuldade da proposta, dada a natureza da cidade real, que aparece desde seu nascimento determinada por necessidades primárias que o indivíduo não pode satisfazer sozinho. Lentamente afirma-se a divisão do trabalho, motivo de uma cidade simples passar a uma complexa, com um luxo crescente. Glauco a define como cidade de porcos, juízo depreciativo, mas compreensível para uma *polis* baseada apenas em necessidades e riqueza. Sócrates, de fato, não objeta e se limita a dizer que a cidade simples é verdadeira, enquanto a outra é maior, mas também "doente" (372D-373C). A partir dela, a sucessiva evolução leva a uma cidade organizada, com custodes agressivos e filósofos (375E-376B).

Platão, depois, no livro VIII, demonstra, de modo *excepcionalmente insistente*, que as formas "viciosas" de cidade são uma derivação quase necessária que inicia daquela "boa", com um processo para a *contínua corrupção daquela precedente*. A sucessão – timocrática, oligárquica, democrática e tirânica – exprime apenas a progressiva piora do sistema institucional e não deve ser compreendida como uma classificação das formas constitucionais, presente nos diálogos sucessivos, onde, de fato, tem mais sentido. É proposta uma justificativa de tipo *metafísico* para essa piora, a de que tudo aquilo que nasce é destinado à corrupção. Adiciona-se aqui também uma "especificação", necessária para a primeira degeneração da cidade "boa", sendo esta a dificuldade de controlar o ciclo cósmico leva a erros, e, por isso, os filhos nascem no momento errado, em outras palavras, não ótimos como deveriam ser (546A-D). É, então, inevitável que o modelo degenere, apesar da sabedoria dos guardiões.

Em resumo, realiza-se *um constante aumento do conflito e da desordem, com uma queda da dimensão cognitiva-racional*. Em cada passagem, há um novo e inferior sistema de ordem, que não resiste à prova e determina uma nova degeneração. Por isso o tirano, que constitui o último estágio, é descrito em tons objetivamente excessivos, como um psicopata de comportamentos contraditórios, totalmente não confiável: trata-se de demonstrar que constitui o *nível máximo de desordem tolerável por um sistema estatal*.

Não obstante, os livros centrais da *República*, com sua discussão epistemológica e metafísica, tornaram possível hipotetizar o governo dos filósofos, ou seja, o domínio da racionalidade. Delineia-se, assim, uma *politeia* regida pelos custodes, que se dividem entre filósofos regentes e guardiões empenhados em defender a *polis* e garantir a ordem interna. Já a massa dos trabalhadores constitui uma terceira classe. O paralelo com as três partes da alma é evidente demais para ser ressaltado. Os custodes e os filósofos não têm riquezas e têm tudo em comum: habitações, filhos, mulheres; tendo estas a mesma educação e as mesmas tarefas dos homens. Para selecionar e preparar tais sujeitos excepcionais, é necessário um longo processo que começa-se com os estudos, sobretudo matemáticos; dos 20 aos 30 anos, os melhores são levados a estudar o nexo entre as várias disciplinas e entre elas e a natureza do ser. Identificados dessa forma aqueles que têm a natureza dialética, são formados nesse campo por cinco anos. Dos 35 aos 50 anos, os escolhidos devem voltar ao mundo, cobrindo cargos sobretudo militares. Nesse ponto e apenas nesse ponto, podem se tornar regentes da *polis*.

Portanto, *de um certo ponto de vista*, o modelo apresentado na *República* tem certamente algumas características típicas de uma utopia: 1. a natureza *racionalmente construída* do modelo estatal, que culmina na gestão da *politeia* por parte dos filósofos; 2. a divisão em três *classes*, baseada em um dado natural conectado à natureza da alma; 3. a proposta educativa que prevê uma longa articulação de experiências; 4. a equiparação entre homens e mulheres para as atividades em que a diferença sexual não tem um efeito direto; 5. a codivisão das riquezas; 6. a substancial destruição da família e a instauração de mecanismos complexos para determinar os atos de procriação e os nascimentos. Mesmo que possam ser feitas várias *distinções*, o quadro convida a julgar tal construção como *utópica*. Se não fosse assim, não se compreenderia como é que a *República* é considerada a primeira obra utópica.

De um outro ponto de vista, surgem dois problemas. O primeiro está conectado ao que foi dito sobre o paradigma e a sua função. Platão não pensa que isso deva ser *realizado em sua perfeição*. A sua função é a de *modelo*, racionalmente perfeito, a ser assumido como ideia limite a ser imitada e utilizada. O segundo está conectado à resistência que *o filósofo* manifesta em relação ao dever de entrar novamente na Caverna para ajudar os outros. Isso determina uma série de aporias apresentadas no *Apêndice*.

2.4. As *Leis*

O modelo ótimo é reproposto também nas *Leis*, acentuando a importância da unidade para a inteira cidade (739C-D), mas, ao mesmo tempo, ressaltando os limites da ação humana, dado que ninguém pode exercitar o total controle sobre as coisas sem ser corrompido pela violência e pela injustiça (713C); ninguém é capaz de compreender o que é o melhor para a cidade; mesmo se o conhecesse, não saberia nem talvez quisesse colocá-lo em ação; para isso são necessárias as leis (874E-875A).

Esse sentido do "limite" leva a denunciar o caráter "divino" do modelo primeiro, que se torna quase paradoxal. No momento em que se reafirma a necessidade da unidade mais forte, afirma-se que não deveria tanger apenas esposas e filhos, mas também *olhos, mãos, pensamento, quase como se fossem um só ser* (739C-D), uma proposta *excessiva e absurda*. Além disso, afirma-se que essa cidade perfeita será habitada por divindades ou filhos dos deuses, que ali encontrarão a autêntica felicidade (739D), uma outra ênfase que leva a pensá-la como *não humana*. Enfim, no plano do método, ressalta-se que bem dificilmente uma mesma constituição é válida tanto na prática quanto na teoria, porque, na realidade, as diferenças se reverberam sobre as mesmas terapias, visto que aquilo que faz bem a uma pessoa, pode fazer mal a outra (636A). Platão chega a afirmar que um poder moderado e justo é improvável (711D-E). *Torna-se a esperar por um tipo de milagre*, em virtude de que se a cidade tem um tirano virtuoso ou um legislador apto, devemos dizer que "um deus fez tudo aquilo que faz quando quer mesmo que uma cidade seja realizada" (710D1-3).

De fato, o modelo é posto sob o signo do reino divino de Cronos. Este sabendo que os homens não podem governar-se adequadamente por si e sendo dotado de uma natureza ontologicamente superior, comporta-se como um pastor e confia os seres humanos a demônios. É necessário aceitar esse modelo perfeito "do qual os melhores governos atuais são uma imitação" (713B3-4), sem, porém, iludir-se. O *próprio logos, dizendo o verdadeiro*, ensina que as cidades regidas não por uma divindade, mas por seres humanos, não podem evitar sofrimentos. Entretanto, é necessário *imitar* aquele modelo seguindo o *nous*: "À ação diretiva da *inteligência* nós damos o nome de *lei*" (714A1-2).

No mesmo contexto do "limite", preveem-se leis punitivas para delitos que – diz-se explicitamente – nessa cidade não deveriam existir. É preciso fazer isso porque essas normas não são feitas para heróis filhos de divindades, mas para *seres humanos* (853C3-7), portanto, é necessário lembrar *a natural fraqueza do gênero humano* (853E-854A). Também sobre as mulheres, esse diálogo é mais cauteloso em relação à *República*; apesar disso, elas recebem a mesma educação esportiva e militar que os homens (84C-85C).

Quanto à igualdade entre os cidadãos, as *Leis* não renunciam, mas propõem uma reflexão articulada, que parte da constatação (típica de um modelo *segundo*) de que *uma igualdade absoluta é impossível*. É preciso, então, encontrar um critério para evitar conflitos, como dar honras e poderes, iguais na medida do possível, *em virtude de uma simetria desigual* (*Leis* 744C2-4). Aqui está o problema: o simples dar coisas iguais a pessoas desiguais mantém a desigualdade. De fato, há dois tipos de igualdade, que têm o mesmo nome, mas efeitos frequentemente contrários. A primeira, mais fácil, é a igualdade numérica, a que dá a mesma quota a todos; a outra é muito mais difícil, *é um juízo de Zeus*, portanto rara, mas suscita grandes bens. Ela opera segundo a justa medida em relação à natureza do sujeito: dá a cada um segundo a sua natureza, operando racionalmente (*Leis* 757B-C). A *polis* justa tenta realizar o segundo tipo de igualdade, que, porém, provoca frequentes conflitos, uma vez que todos os estados são obrigados a compromissos, recorrendo também à primeira forma, de modo a não suscitar a oposição de muitos e tentando deixar pouquíssimo espaço à sorte, que, todavia, nesse campo é necessária (*Leis* 757E-758A).

O problema da gestão racional da *polis* se complica, logicamente, também no modelo. Há o Corpo dos guardiões das leis – organismo misto de jovens e velhos – que se reúne todo dia obrigatoriamente *entre a alvorada e o nascer do sol* (951D). Tal instituto certamente não é composto por filósofos, ainda mais por ser eleito com base em um mecanismo complicado, que parece tender a favorecer as classes mais ricas e numerosas. Há, porém, também uma comissão misteriosa daqueles que sabem, abordada nas últimas páginas do diálogo (960-969), o Conselho *noturno*, adjetivo usado exatamente para distingui-lo do Conselho que se reúne *de dia*. Trata-se de uma magistratura capaz de saber o que acontece e de ter conhecimentos "científicos" e teológico-filosóficos. As simples virtudes civis são suficientes para colaborar com os magistrados, mas não são adequadas a este nível, que exige que se veja o multíplice e se conheça o uno de modo a relacionar a ele todas as coisas, *captando-as em uma visão sinótica*. São necessários, então, dialéticos. Todavia, o caminho a ser cumprido para chegar a esse Conselho é pouco determinado, até mesmo no tempo visto que é necessário aceitar o risco e educar os cidadãos, tentando obter Custodes superiores aos políticos anteriores.

De fato, as *Leis* preveem um longo *curriculum*, ao qual se dedica todo o livro VII (788A-824A): inicia-se nos primeiríssimos anos, porque é necessário operar nas fases iniciais se deseja realizar a virtude de qualquer realidade, seja ela planta ou animal. O ser humano é um animal dócil, aliás, se tem boa natureza e é bem educado, torna-se ótimo; ao contrário, se é criado mal, acaba sendo o mais feroz dos viventes (765E-766A). Tal intervenção é complexa, porque a criança é o animal mais difícil de tratar, dado que é insidioso, astuto e rebelde (808D4-7).

Os momentos educativos sucessivos cuidam do aspecto dos esportes e da música, chegando até as ciências matemáticas e astronômicas, com referências à teologia, à lei e à ética. Fica a dificuldade da tarefa, que obriga a escolher com cuidado o operador, que deve ser o melhor entre os cidadãos (766A-B). O magistrado que se ocupa dos jovens é autorizado a contratar todos os colaboradores que quiser, homens e mulheres (813C). Enfim, frente a problemas particulares, como dificuldade ou incapacidade educativa, é preciso uma intervenção direta do próprio Custode das leis encarregado da educação (*Leis* 809A3-6).

2.5. A "filosofia política" de *Político*

Esse texto, que tenta definir o verdadeiro político, em outras palavras, a política, nos dá a chave para entender a filosofia política platônica, permitindo também uma melhor compreensão dos outros dois diálogos.

Antes de tudo, é ressaltado o destaque entre humano e divino, preparado com a diérese do político. A primeira conclusão, que o define *pastor de homens*, se mostra errada e é corrigida com a ajuda de um mito sobre o reino de Cronos, o de que apenas um deus é pastor de homens, capaz de se ocupar de *toda* a sociedade e de *cada indivíduo* em *todos* os seus aspectos, coisa impossível para um ser humano. O político é apenas aquele que *cuida* da sociedade no seu complexo (*Político* 274E-276E). Esta precisa, pela sua complexidade, de uma multiplicidade de técnicas que se ocupam dos vários aspectos, por exemplo, o político cuida do *inteiro*, a *polis*, e dirige com as leis as atividades das partes. Pode, portanto, ser comparado a um tecelão que organiza uma série de trabalhos diversos, a partir da fiação, para obter uma roupa específica, assim como, de forma análoga, o político deve gerir um complexo jogo de causas e concausas para uma única finalidade. Não por acaso, o texto explicita a importância da dialética. O discurso político, mesmo ligado à dimensão empírica, remonta a elementos de pura teoria, sem os quais é fácil determinar a ruína da cidade (302A-B). A política é uma ciência extremamente difícil (292D) que utiliza elementos teóricos fundamentais, da metrética à ideia do Bem, em função do governo dos homens.

Platão não identifica filosofia e política, mesmo crendo que a filosofia *seja necessária* para a verdadeira política. Que política e filosofia são diversas afirma-se desde o início de *Político*. Com um jogo de palavras brincalhão entre Sócrates e Teodoro, esclarece-se logo (257B) que sofista, político e filósofo são três realidades diversas, tanto que a distância entre eles cresce com uma progressão maior do que a geométrica (2, 4, 8, 16 etc.). Esse destaque é óbvio, visto que o sofista é falso político e falso filósofo, enquanto *o verdadeiro político* está próximo da filosofia. Deve sê-lo, visto que deve salvar a cidade utilizando ciência e justiça (293D), defender a justiça absoluta, modulada segundo inteligência e técnica (297B) e escrever leis sobre o justo, o bem e os seus contrários (295E).

Em particular, a sua *tarefa específica e exclusiva*, a que deve desenvolver para merecer o nome de político, consiste em unir entre si os cidadãos que encarnam virtudes opostas, ligando-os com um fio divino e um fio humano (306A-311B). O remédio humano consiste em uma política de matrimônios que entrelace os temperamentos opostos. A outra operação consiste em ligar a parte racional das almas, infundindo ali "uma opinião verdadeira e fundamentada no belo, no justo, no bem e em seus contrários"

(309C5-7). A filosofia é necessária para que tal operação seja feita, mesmo que, com o realismo de sempre, aceite-se a opinião verdadeira, porque lidamos com cidadãos, ou seja, com pessoas normais.

Não obstante, a política ainda é uma ciência diversa. A confirmação disso é o fato de que é *quase* a ciência mais difícil e mais importante (292D). O político deve conhecer a metrética ternária, mas não é obrigado ao seu aprofundamento teórico, deixado para o momento em que (no *Filósofo* jamais escrito) deverá ser definida a Exatidão em si (284D). A política *não* é a filosofia, mas não pode ignorá-la, sobretudo no momento em que deve enuclear a natureza dos dois pilares da *polis* concreta: a lei e o político. Na primeira dimensão, falamos das normas; na segunda, do "poder".

3. A política humana: a lei

A lei se prova o instrumento necessário para salvar a cidade humana, porque "imita" as regras da constituição ideal, tornando-as, porém, estáticas e até mesmo "escritas".

Apenas a constituição reta é a ideal, que tem como governantes cientistas verdadeiros. As outras não são legítimas, aliás, não são nem mesmo verdadeiras formas de governo, mas imitações, de forma que aquelas que têm boas leis imitam o melhor, as outras, o pior (293E). Há, contudo, uma diferença irremediável, na qual a lei é estática e incapaz de responder às variações da realidade, enquanto a ciência se adapta e varia segundo as situações. Platão exaspera o contraste, falando de uma lei que age como um homem autoritário e ignorante (294B-C). Toda a operação é proposital, de forma a fazer com que emerja o problema: "Por que, então, é necessário fazer leis, visto que a lei não é a coisa mais justa? É preciso descobrir a causa disso" (295C10-D1).

Uma primeira resposta se baseia no "bom senso". A partir do momento em que não é possível fornecer a todos e a cada um, a todo momento, indicações adequadas, é preciso contentar-se com regras de máxima, como faz um professor de ginástica para um grupo numeroso. Mas, em tal caso, a lei seria "um mal menor", enquanto se trata de um bem. De fato, essa descrição, *propositalmente* complicada, esconde a presença de dois modelos de leis. O primeiro, que acabamos de citar, é preferido *contra* a ciência por cidadãos assustados com o poder dos especialistas; contra as propostas destes, apela-se à necessidade de decidir por maioria. O resultado das escolhas irracionais conseguintes é que a vida, já dura, torna-se totalmente insuportável (298A-299E). O segundo tipo de leis é proposto, por sua vez, pelos sábios, que meditaram profundamente sobre elas e as submeteram ao juízo do povo: sendo elas, na medida do possível, *imitações da verdade* (300B-C).

A dupla natureza da "lei" encontra confirmação nas *Leis*, dado que elas são genéricas, atentas ao bem comum, e não aos casos pessoais (*Leis* 925E-926A). Além disso, na situação real, frequentemente são expressão da pura força, que se reveste com o nome de justiça (714C-D), mas opera com atitudes facciosas, que não levam a coletividade em conta (715A-B) e que condicionam também as constituições políticas (832C).

Ao mesmo tempo, reitera-se muitas e muitas vezes que as leis são válidas e são reconduzidas à divindade, quase como um pressuposto, afinal, a afirmação de que os deuses existem, são bons e honram a justiça seria *o melhor proêmio às leis* (887B-C). Exatamente por isso, mesmo concedendo que as leis são modificáveis, veta-se aos jovens que as critiquem e proclama-se que *são todas belas, porque dadas pelos deuses* (634E). Claro, os cidadãos devem corrigir aquelas que não realizam a própria finalidade (771A), mas com as cautelas necessárias, já que, para operar uma modificação, é preciso a unanimidade e a consulta de todos, inclusive dos oráculos. O princípio é de que, se há algum opositor, ele prevalecerá sempre por lei (772D).

Esse respeito excessivamente prudente em relação às leis tem uma referência polêmica não apenas a uma práxis sectária, mas também às elaborações dos sofistas. Por exemplo, alguns "sábios" consideram que tudo acontece ou por natureza ou por acaso, e que a arte é um produto humano e efêmero, de tipo secundário, que não tem nada a ver com a verdade. E a política pouco tem em comum com a natureza e muito com a arte (889D-E). Contra esse posicionamento, que chega a formas de relativismo e de anarquismo radical, Platão se bate com todos os instrumentos possíveis. Claro, seria ridículo se aqueles que estabeleceram leis não pudessem, justamente, modificá-las (*Político* 295E-296A), mas isso não deve ser confundido com o comportamento do cidadão em relação às normas vigentes, assim como o respeito à lei, que é justa e santa, é o princípio melhor, mesmo que não seja ótimo (297E). A necessidade da lei é tal que o seu respeito se impõe até ao cientista. Parece uma aporia na qual a ciência é superior e não pode aceitar vínculos, todavia o cientista deve submeter-se às leis. A razão é que, segundo Platão, se não se impõe um absoluto respeito ao *nomos*, abre-se a estrada a um mal maior: o tirano ou o sofista que se apresentam como cientistas, ou seja, livres do respeito às leis. Esses, sendo totalmente ignorantes, estão *condenados ao erro e/ou ao engano* (300B-E). Portanto, exatamente para evitar esse mal extremo, até mesmo o cientista afirma a necessidade de respeitar as leis.

Isso se confirma nas *Leis* em que o cientista político, se *por graça divina* nasce, não precisa de leis, porque manifesta uma realidade superior, afinal, a inteligência, se é verdadeira, deve ser livre e ter poder. Todavia, como essa possibilidade não existe ou é mínima, é preciso escolher uma *segunda* estrada, a da lei, que *vê apenas o princípio geral, e não o todo* (*Leis* 875C-D). Não se pode aceitar a possibilidade do "milagre", o estado não pode se fundamentar na presença de personagens excepcionais.

3.1. As funções da lei

A lei tem duas funções: dar indicações prescritivas para a melhora dos cidadãos e da *polis*, a que segue, de modo subordinado, uma intervenção punitivo-corretiva com a atividade judiciária.

O legislador deve considerar ao mesmo tempo a excelência da *polis* e a do indivíduo, levando em conta uma multiplicidade de fatores em relação a um fim, ambicionando tornar-se bom no grau máximo e manter-se assim por toda a vida. Com base nisso, é preciso aprovar ou reprovar as leis (*Leis* 770C-771A). Se, ao contrário, um legislador ou uma cidade dá prioridade à riqueza ou não respeita a ordem dos valores, *age de modo não santo e nem mesmo político* (862D1-E1). Naturalmente, a lei deve também reparar os erros e os danos, buscando sempre restaurar a amizade entre os cidadãos (862C2-4).

Quanto à função corretiva, tal tema é esclarecido em *Górgias*: quem mata justamente não merece nem compaixão nem inveja, enquanto que quem o faz injustamente é digno de compaixão, porque cometeu o maior dos males. A pior condição é, porém, a de quem não expia a culpa, sofrendo a justa punição. A pena não é agradável, mas útil, já que, assim como o remédio restaura a saúde do corpo, a pena purifica a alma (476B-479E).

Na *República* 591A-B, essas afirmações são justificadas à luz da tripartição da alma: em quem é castigado, o elemento bestial é acalmado, e o elemento manso é liberado. Assim, a alma é reintegrada na melhor condição. No entanto, há sujeitos irrecuperáveis, naturalmente levados ao ateísmo e à injustiça, para os quais é melhor a morte. A eliminação dos irrecuperáveis parece justa, porque serve como advertência enquanto a cidade se liberta dos maus elementos (*Leis* 862E).

4. A política humana: o homem político

A lei não tem força, visto que, por mais que o raciocínio seja belo, para se afirmar precisa de *ajudantes* (*Leis* 645A4-B1). De um *primeiro* ponto de vista, a lei tem um primado, tanto que o próprio político deve obedecer a ela. Mas a ação da lei se concretiza *sempre e apenas* na ação responsável do político, dessa forma, *de um outro ponto de vista*, o primado cabe ao homem político, ainda que só pelo fato de uma de suas funções ser aquela de *legislador*. Isso permite dizer que "o mais importante não é dar força às leis, mas ao homem real, dotado de prudência" (*Político* 294A6-8). De fato, o reparador dos magistrados é comparado aos nós estruturais, aqueles cuja ruptura faz colapsar o complexo inteiro (*Leis* 945C-D).

A diérese de *Político* define a política como uma ciência teórica, isto é, que tem como objetivo não a produção de objetos, mas apenas os conhecimentos. Contudo, não se trata de uma ciência abstrata e "crítica", mas de uma "diretiva", que ela oferece um tipo de "direção dos trabalhos" para atividades que a requeiram. As passagens sucessivas esclarecem que tais atividades se destinam ao ser humano. O político, então, dirige os trabalhos que fazem com que a *polis* viva, com a colaboração do educador, que constitui um pressuposto necessário ao funcionamento da *polis*, porque permite a "seleção" dos cidadãos, e de três operadores específicos: o estratega, o juiz e o bom reitor, que deve convencer os cidadãos com base nas indicações do político. Este é, então, um tipo de supervisor, tanto que, em um certo ponto, parece que não é ele que dirige a *polis*, visto que identifica até os dirigentes da cidade (*Político* 310E-311B).

A política tem um âmbito amplo, com diversas funções (teórica, legislativa, operativa), e, por isso, aquela régia, que se ocupa da direção da *polis*, constitui apenas sua parte mais relevante. De fato, na classificação das reencarnações, em *Fedro* 248D, encontramos no segundo lugar o *rei que respeita as leis* e o homem hábil na guerra e apto ao comando. No terceiro lugar, *o homem político* e aquele que se ocupa da casa e da economia.

Fiel à sua abordagem específica, Platão ressalta de modo quase provocador a polissemia do termo "rei", dado que o rei-filósofo deve ser distinto do reinante comum, pois é figura da filosofia e não da política concreta. Quem possui a técnica régia deve ser chamado homem régio, uma vez que o verdadeiro filósofo é rei, mesmo que não gerencie o poder (259A-B, 292E). Quanto ao rei que governa, não é preciso distinguir se o faz com ciência ou com opinião (*Político* 301A-B). De forma análoga, nas *Leis* 632C, os custodes são guiados pela inteligência ou pela opinião reta.

Tudo isso, entretanto, não nos deve fazer esquecer de que, *de um certo ponto de vista*, o modelo platônico requer um "guia forte", um soberano rico de virtudes (*Leis* 709E), um político dotado de capacidades excepcionais, que una inteligência e temperança. Com ele, afirmam-se a constituição ótima e leis válidas, ou então é impossível tê-las (*Leis* 711E-712A). Ao mesmo tempo, devemos evitar defini-lo "tirânico". O verdadeiro político exerce a função de comando com o uso da persuasão, não da força, como faz o tirano (*Político* 276DE). Claro, pode-se falar de poder tirânico para exemplificar o poder absoluto (*Leis* 739A) ou demonstrar a comum falta de escrúpulos citando um tirano jovem, sábio, temperante, culto, dotado de boa memória, corajoso e magnânimo, um "milagre" que encarna as virtudes do verdadeiro político (*Leis* 710). Todavia, a valência "normal" do termo é negativa e confirmada pela classificação da reencarnação de *Fedro*, que vê o tirano no nono e último lugar, precedido dos sofistas e dos trabalhadores manuais.

Mas, *de um outro ponto de vista*, pode-se valorizar o poder não demasiadamente centralizado, como aquele de Esparta, que tem uma constituição mista e bem equilibrada, que prevê dois reis e limita seu poder com 28 anciãos (*Leis* 691E-692A). De forma análoga, o sistema proposto para Magnésia é elogiado porque é um caminho do meio entre monarquia e democracia (*Leis* 756E). Todo sistema político tem qualidades e defeitos e é preciso criar entrelaçamentos que mantenham o melhor de cada um.

Em todo caso, para desenvolver sua tarefa, um político deve ter uma grande preparação teórica, mas também cuidar de si mesmo, porque, na política, *o fazer* é envolvente e, portanto, modifica o próprio operador. Por isso é preciso educar o político e, de forma mais geral, *o cidadão*. Nesse campo, também o modelo perfeito da *República* é enganoso, porque faz com que se pense que é preciso educar apenas os filósofos. Mas *Político* 308C-309B, antes de elencar os colaboradores diretos do político, ressalta a função da educação, que seleciona e prepara os cidadãos.

Na realidade, a centralidade da educação *como fato político* aparece desde *Apologia*, em que Sócrates é apresentado como benfeitor porque educa os cidadãos, tentando convencê-los a cuidar de si e da cidade antes que das tarefas (*Apologia* 36C6). Por isso, em *Górgias* 521D, pode-se afirmar que Sócrates é o único que realmente se ocupa de política.

4.1. As formas políticas de governo

Uma análise tão rica como a análise platônica não pode se eximir de classificar as diversas formas de governo. A primeira sistematização se baseia no número de quem exerce o poder: o governo de um se manifesta no reino e na tirania; o governo dos poucos, na aristocracia e na oligarquia; o governo *dos muitos, não de todos*, chama-se democracia, que, apesar da presença de um só nome, é, ela também, dupla. Quanto aos conceitos para julgar tais formas estatais, estão em jogo três duplas: se se governa com violência ou consenso, baseando-se na pobreza ou na riqueza, no respeito às leis ou contra as leis (*Político* 291E). Riqueza e pobreza marcam os modelos oligárquicos e democráticos, porque, se dominam os poucos, trata-se dos ricos, se dominam os muitos, dos pobres. Violência e consenso têm uma relevância operativa e distinguem a ação do rei da ação do tirano. Não obstante, a adesão voluntária dos cidadãos não é um critério adequado em relação à avaliação "científica" que classifica as regras em boas ou más, eficazes ou ineficazes, na medida em que uma ação politicamente correta não pode ser rejeitada pelo fato de ter sido imposta com a força. Seria como dizer que alguém, *obrigado* a fazer ações mais justas e melhores, sofreu atos injustos e maus (296A-D).

Fica a referência às leis: as seis diferentes constituições são distintas segundo o fato de operarem de acordo ou contra as leis. Nenhuma constituição é ruim em si, mesmo porque, neste caso, uma outra, oposta, seria boa em si, o que é excluso, posto que bom é apenas o modelo ideal, enquanto que ruim é a recusa de um sistema de normas. No meio, em concreto, temos sistemas de leis – *melhores ou piores* – que podem ser *mais ou menos* respeitados. O juízo é articulado, coisa que o Estrangeiro enfatiza apresentando um quadro de aparência paradoxal (302C). O sistema monárquico é aquele em que se vive melhor se se respeitam as leis, mas em que se está pior no caso oposto (tirania). A situação se inverte para a democracia, que é o pior entre os estados bem ordenados e o menos difícil entre os estados desordenados (303B).

A monarquia tem, então, um tipo de privilégio, mas, ao mesmo tempo, apresenta uma grande dificuldade. Para a correta gestão da *polis* é preciso ao menos duas virtudes, resoluteza e pacatez, que são opostas, portanto, é quase impossível encontrá-las em um só sujeito (307C). Desse ponto de vista, entende-se por que é preferível um sistema aristocrático, que pega os "melhores" entre os cidadãos resolutos e entre os cidadãos pacatos, fazendo com que eles colaborem à luz do Bem. É a confirmação do justo meio, que, assim como o pouco é o meio entre um e muitos, tal forma de governo é intermediária entre as outras duas (303A). A democracia, por sua vez, tem um handicap presente: a massa é excluída da ciência, porque, se é o povo que decide as leis, a imitação da constituição ideal fica muito fraca. Todavia, em princípio, o filósofo ateniense não é hostil a um governo democrático, no sentido de "participado", visto que, para ele, o poder político deve sempre se manifestar *sobre* e *entre* os seres viventes (261C-D).

4.2. O juízo sobre a política e sobre os políticos

Platão não se surpreende com as desventuras que acontecem às cidades, mas com a força que permite que os estados resistam por muito tempo, coisa incrível, visto que são dirigidos com base em leis escritas, e não em ciência, com dirigentes ignorantes que querem possuir a ciência política em todos os seus detalhes (*Político* 301E-302B). Os ignorantes são rotulados como tal e excluídos do poder, que cabe a quem tem o saber (*Leis* 688E-689D).

Com base nisso, entende-se a condenação daqueles que fazem política na *polis*, em razão de que não são políticos, mas homens de parte, incapazes de gerenciar o inteiro, hábeis imitadores do verdadeiro político e charlatões, enganadores conscientes, em síntese, os maiores entre os sofistas (*Político* 303B8-C5). Isso se aplica à política compreendida como cuidado da alma e cuidado da cidade. No plano técnico, por sua vez, pode-se também concordar com Górgias sobre o fato de que Temístocles e Péricles operaram bem para a construção dos arsenais, dos muros de Atenas e dos portos (*Górgias* 455D-456A). Mas isso se relaciona apenas com o aumento da potência da cidade. Basta questionar-se se os grandes políticos do passado (Péricles, Címon, Milcíades e Temístocles) tornaram os cidadãos melhores para compreender que não foram políticos, mas técnicos (515D-517), claro que mais capazes que os políticos do nosso tempo – diz Platão – de dar à cidade aquilo que ela deseja.

5. A política platônica: uma sociedade unida, ordenada e feliz

Para resumir os dados de fundo da política platônica, é preciso partir da distinção dos dois planos da realidade que caracteriza a sua visão.

No interior da dimensão "superior", é preciso distinguir dois dados:

1. *a ação divina, a intervenção providencial* que é própria da Divindade: neste âmbito, qualquer referência a um modelo é enganadora, se não *errada*, porque se trata de algo que não depende da ação humana, um tipo de "milagre";
2. *a modelística filosófica*: esta propõe um paradigma declaradamente "ideal", que, enquanto tal, *não pode e não deve ser realizado*. Ao mesmo tempo, ele é necessário como modelo útil para julgar os sistemas políticos existentes e como *paradigma a ser imitado*. Isso explica e justifica a elaboração de modelos diversos, mas construídos sobre um eixo unitário, passando do modelo perfeito a outros que, sem contrapor-se ao primeiro, encarregam-se de uma maior assunção de limites.

Não há uma ideia "utópica" em Platão, mas apenas a esperança de ver, com base nas indicações paradigmáticas, sem desprezar um eventual "milagre", o início de um processo racional que permita uma constante melhoria dos cidadãos, das leis, dos políticos e de toda a *polis*.

Também no interior da esfera "humana" encontramos uma duplicidade:

1. *a proposta político-institucional "realista"*, que tem seus indicadores específicos, por exemplo, o número daqueles que têm um papel político diretivo ou o uso da violência. O dado decisivo, porém, é a avaliação das leis, que devem imitar na medida do possível as normas do modelo ideal, e do político, que deve ser intelectualmente e moralmente preparado para a difícil tarefa que o espera, a de realizar, na cidade, a harmonia

entre os cidadãos e entre os grupos sociais, e no indivíduo, a melhoria da sua alma;

2. *o debate político da época*, que pode ser recusado na raiz como jogo sofista, baseado em um engano conscientemente perseguido ou avaliado em um plano puramente técnico-funcional, reconhecendo a ausência de uma verdadeira atenção à "educação" dos cidadãos e à "harmonização" da sociedade.

Entrelaçando os vários temas nesses diversos níveis, Platão consegue conjugar um máximo de *utopia*, ligado à presença necessária do *modelo*, com a ausência de ilusões sobre a condição humana. Tal *mistura* é necessária para que não se assuma uma atitude de renúncia, pois que está em jogo a felicidade do indivíduo e da inteira *polis*. Não é apenas uma conclusão, mas um valor fundamental: "Para nós, a premissa das leis considerava isto: o modo pelo qual os cidadãos podem ter a máxima felicidade e o fato de que estejam reciprocamente em concórdia" (*Leis* 743C5-6). Não por acaso, portanto, a felicidade é lembrada no paradigmático fechamento de *Político*: "Eis, então, terminado o tecido, bem entrelaçado, da ação política: a técnica régia, tomando o comportamento dos homens valorosos e o comportamento dos homens equilibrados, os conduz a uma vida em comum, pela concórdia e pela amizade e, realizando o mais suntuoso e o melhor de todos os tecidos, envolve *todos os outros, escravos ou homens livres*, que vivem nos estados, mantém-nos juntos nessa trama, e governa e dirige, sem deixar de lado absolutamente nada do que acontece para que a cidade seja, o máximo possível, feliz" (311B7-C5).

Apêndice

A aporia do filósofo

A condição do filósofo descrita na *Caverna* encerra uma verdadeira aporia, sobretudo se nos lembrarmos de um dado da discussão ética, em outras palavras, que *o homem virtuoso deve ser feliz*. Se nos detivermos nesta afirmação, o problema de uma nova entrada na Caverna não deveria nem ser posto, enquanto parece *necessário desde o início do conto*. O prisioneiro, de fato, não se liberta de si, mas é libertado, aliás, é *obrigado* a se libertar. Temos dois personagens, dos quais o primeiro, conhecendo o exterior em direção ao qual empurra o outro, não pode não ser um filósofo que entrou novamente na Caverna. De fato, a *obrigação* de uma necessária ação de "libertação" é reiterada de forma crua, afinal, não se poderá permitir que aqueles que saíram fiquem no alto e não queiram descer novamente para os companheiros acorrentados, *compartilhando com eles dificuldades e honras* (519D). O texto afirma quc é necessário obrigá-los, "porque de vontade própria não o fariam, porque pensam habitar, *ainda vivos*, nas Ilhas dos Bem-Aventurados" (519C4-6), uma referência que ressalta a fraqueza da condição humana, que define também indivíduos superiores.

Contudo, é contraditório que o filósofo "não queira" fazer, àqueles pelos quais sente piedade (516C6), a coisa justa, mesmo tendo alcançado a Ideia do Bem. Além do mais, quem e como pode *obrigar* o filósofo a voltar à Caverna? Enfim, com tal coação, comete-se uma injustiça, obrigando-o a viver pior.

Sócrates responde que a lei está em função da cidade, ou seja, do inteiro, e, portanto, a *polis* pode utilizar da melhor forma os cidadãos que formou. Isso, então, vale na cidade ideal, não para quem se fez por si e não deve nada a ninguém (519E-520B). Configura-se uma nova aporia: o filósofo, na ausência da cidade ideal, pode viver a sua vida superior, enquanto que, se essa existisse, ele seria obrigado a sofrer uma piora. Por consequência, é de seu interesse que jamais se concretize *aquela constituição melhor que apenas ele pode realizar.*

Parece que estamos frente a uma espécie de *lógica do absurdo*, na qual a realização da cidade, que é boa porque guiada pelos filósofos, implica uma condição melhor para todos, mas uma condição pior para eles. O quadro é incoerente, ainda mais porque Sócrates muitas vezes afirma que, para ter uma cidade bem governada, é preciso oferecer aos futuros dirigentes um tipo de vida melhor do que aquele ligado ao puro exercício do poder. Aqueles que vivem tal vida honesta e sábia e que desprezam o poder são os filósofos (520D-521B), que não podem rejeitar a proposta porque "propomos coisas justas a homens justos" (520E1).

A aporia volta em toda a sua evidência, em razão de que os filósofos são *obrigados*, porque prefeririam não fazer aquilo que sabem ser justo, *pecando voluntariamente* ou, pior, agindo como *homens injustos que justamente são obrigados a fazer a coisa justa.* Não é de surpreender, à vista disso, que, em certas passagens, o filósofo pareça chegar a um tipo de renúncia, ligada à dificuldade de operar na pátria, *a menos que haja uma intervenção divina qualquer.* Apenas o enésimo milagre permite uma ação útil na própria cidade. O filósofo se ocupa, em vez disso, daquela cidade ideal *que existe nos discursos, e não em algum lugar.* Não importa *se uma tal cidade existe ou existirá no futuro em algum lugar*

(592A-B), porque a teoria política é parte integrante da filosofia, e dessa ele não pode se desinteressar.

Se nos detivermos aqui, cai toda a estrutura do raciocínio platônico, que se baseia no domínio da filosofia. Os filósofos passam por um longo ciclo formativo, feito de estudos e experiências concretas, e tendo visto o Bem em si mesmo, podem dar ordem pelo resto de suas vidas à cidade, aos cidadãos e a si mesmos. Esses continuam a se dedicar principalmente à filosofia, mas, quando é a sua vez, também aos cuidados públicos, "não porque é uma coisa bela, mas porque é necessária" (540B3-4). Essa "necessidade" deve, porém, ter um fundamento racional.

A resistência do filósofo em voltar à Caverna é óbvia *se as coisas forem como na alegoria anterior* (517D1-2). Assume-se um *ícone binário*, que separa quem está *dentro* e quem está *fora*, enquanto que, na realidade, *ninguém, nem mesmo o filósofo, pode de verdade sair da Caverna*, em outros termos, do nosso mundo. O filósofo não pode se desinteressar da política, porque vive na *polis*. Se a situação o obriga a se dedicar exclusivamente à atividade teórica, cumprirá uma tarefa importante; se, porém, *tivesse vivido em uma cidade boa, teria crescido ainda mais do ponto de vista moral e teria salvado também os interesses da coletividade* (497A). Em síntese, se a *polis* não é sã, o filósofo não pode viver a vida *ótima* a que aspira.

Esta não é uma afirmação isolada. Platão, desde a primeira apresentação genérica dos guardiões, afirma que eles se ocuparão da cidade porque estão convencidos de que o próprio interesse coincide com aquele da *polis* (*República* 412C-D). Assim sendo, a constrição é interior e está ligada ao reconhecimento de que o filósofo é humano e interno à *Caverna*, mesmo que ele dela *tenha saído com a sua alma racional*.

X.

A Retórica, a arte e a poesia

Também no campo da comunicação[1], que, através do belo e do prazer, pode condicionar a alma, a crítica tradicional não leva em conta de forma suficiente as múltiplas nuances de juízo presentes nos diálogos e faz, consequentemente, simplificações excessivas.

1. A retórica

Em particular para a retórica e para os seus expoentes, são muito difundidos juízos conclusivos. Platão, por sua vez, parece mais cauto, a partir de sua consideração de Górgias.

1.1. Górgia, reitor e sofista

De fato, podemos considerar Górgias o verdadeiro pai da retórica, porque as contribuições anteriores, para nós totalmente perdidas, parecem apresentar realmente pouca coisa. A retórica nasce por efeito da difusão da escrita. Tendo em mão um texto escrito, é possível analisá-lo, confrontá-lo com outros, identificar regras para tornar o discurso mais eficaz. Trata-se de uma operação de indubitável utilidade, que mudou, por meio da escrita, o *medium* anterior, a oralidade.

Isso explica por que, contrariamente ao juízo prevalente, Platão demonstra respeito por esse reitor. Antes de tudo, não o considera exclusivamente um reitor, mas também um sofista. De fato, o seu nome aparece frequentemente associado aos de Pródico, Hípias, Protágoras etc. Além disso, *Fedro* 261A-E

---

1 Para o posicionamento de Platão no campo da comunicação, cfr. cap. II, *O problema da escrita filosófica*.

liga corretamente a dialética gorgiana a Zenão de Eleia: ao criticar a retórica como *arte da contradição*, primeiro lembra Górgias, depois, brincando com o título da obra gorgiana em defesa de Palamedes, cita *o Palamedes eleático*, Zenão, o qual faz, àqueles que o escutam, as mesmas coisas parecerem ora de um modo, ora no modo oposto. Ainda, a questão da ensinabilidade da virtude é abordada, discutindo com Protágoras no diálogo homônimo e citando, com um jogo muito complicado, o posicionamento de Górgias em *Mênon*.

Em *Górgias*, enfim, Platão esclarece o seu juízo sobre as responsabilidades e os méritos do sofista. As primeiras aparecem com base em uma operação hábil. Com uma série de passagens, que ligam estreitamente primeiro Górgias a Polo, depois Polo a Cálicles, demonstra-se que as "culpas" da segunda geração de reitores e sofistas políticos remontam às fraquezas teóricas do mestre, dado que o êxito imoralista de um relativismo sem princípios é fruto da fraqueza de Górgias no campo da reflexão ética.

Todavia, a operação, que tem uma valência teórica, é conduzida com honestidade, visto que Platão não atribui ao sofista posicionamentos que não lhe competem. Górgias é certamente cheio de si e incapaz de aguentar o confronto com Sócrates, mas não é denotado de forma negativa no plano da moralidade e do pensamento, como, ao contrário, acontece com os "alunos". O reitor se comporta bem[2] e o

2 Aceita ser refutado (458B); permite que Polo intervenha e expresse um juízo negativo sobre ele; quando aparece um problema, intervém de novo, manifestando verdadeiro interesse sobre o que Sócrates está dizendo (463D-464A).

filósofo procede de forma respeitosa[3]. A prova mais evidente nós temos no momento em que Sócrates começa a atacar a retórica, quando ele declara não saber se a de Górgias é exatamente aquela prática empírica voltada apenas ao prazer de que agora fala (462E-463A). Uma ênfase não necessária e extremamente indicativa, porque "absolve" o interlocutor.

Além disso, é o próprio sofista que introduz o problema ético da utilização da sua arte, uma vez que, se alguém a usa injustamente, a culpa não é do mestre, que não a ensinou para tal fim. Para confirmar sua retidão pessoal, afirma que, se um dos seus alunos não sabe nada sobre o justo e o injusto, este aprenderá com ele (460A). Esse é, porém, o ponto tópico da posição gorgiana, que tem os instrumentos para fazer com que a retórica seja captada, mas não os instrumentos para ensinar a virtude. O seu empenho está, portanto, seguramente voltado ao fracasso, já que os seus alunos não serão justos se não *per accidens*, como o desenrolar do diálogo confirma.

Em síntese, mais um dado explica a atenção de Platão em relação ao reitor: é quase impossível ler as três hipóteses do opúsculo *Tratado sobre o não-ser* de Górgias – nada é; ainda se fosse, não seria conhecível; se ainda fosse conhecível, não seria comunicável – e supor que Platão não as tivesse presentes ao escrever uma obra como *Parmênides*, que parte da valorização, no plano metafísico, da dialética zenoniana. Em particular, para a primeira tese, é possível identificar uma

3 O filósofo afirma repetidamente que faz perguntas em função do raciocínio (453B-C, 454B-C), não porque Górgias foi pouco claro; depois, hipotetiza não ter compreendido bem o discurso do outro (458E).

correspondência contínua com o esquema que encontramos em *Sobre Melisso, Xenófanes e Górgias*. De modo ainda mais claro, o Opúsculo está presente na reflexão do Estrangeiro de Eleia sobre as dificuldades ligadas à expressão "não ser", pois estas atingem, em primeiro lugar e de forma direta, até quem quer negá-lo, porque deve nomeá-lo e, portanto, cair em autocontradição. O Estrangeiro de Eleia reconhece que *já há tempo* o Eleatismo foi vencido na refutação do não ser (*Sofista* 238D-239B). Parece impossível também apenas identificar um outro lugar, além do Opúsculo gorgiano, em que *o próprio eleatismo* deve reconhecer-se vencido nesse campo.

1.2. As duas Ideias de retórica de Górgias

Neste mérito, *Górgias* atribui ao sofista uma definição: a retórica é técnica de domínio, a que torna livres e, ao mesmo tempo, capazes de dominar os outros na própria cidade (452D-453A). Tal definição – diz o próprio Sócrates – é muito próxima à realidade, na medida em que, de fato, nós a encontramos reproposta em *Apologia* 73C e em *Filebo* 58A-B. Para completá-la, é preciso apenas precisar que trata do justo e do injusto, nos tribunais e nas assembleias (454A-B).

Não obstante, a discussão coloca a retórica em um âmbito negativo. Isso acontece, porém, na discussão com Polo, que apresenta o pior êxito do ensinamento gorgiano. No plano teórico, a retórica é inserida por Sócrates no interior de *uma complexa diérese* (*Górgias*

463A-466A[4]). A contraposição entre arte e lisonja (*kolakeia*) é radical: uma usa os conhecimentos, e a outra utiliza o prazer para sub-rogar traiçoeiramente as técnicas (*Górgias* 500E-501A). Em particular, *a atividade legislativa é substituída pela sofística; a judiciária, pela retórica*. As leis indicam o que é justo e cuidam dos erros com as penas. Por sua vez, a falsa política dos sofistas e a retórica, que se ocupa do justo e do injusto em assembleias e tribunais, enganam e danificam a alma. A primeira dá indicações incorretas, enquanto a segunda impede que se "remedie", expiando a culpa.

O modelo estabelece também uma relação vertical de dependência, no qual o primeiro termo de cada dupla é de alguma forma *superior e normativo* para o segundo, que propõe apenas o remédio para tentar recuperar a "saúde" perdida. No entanto, ainda que a sofística seja superior à retórica, como a legislação é superior à administração da justiça e a ginástica à medicina, a aproximação é tal que facilmente se gera uma confusão: nem mesmo os próprios interessados conseguem identificar bem a função e o objeto específico de uma e de outra (465C, 520A). Portanto, de um lado, é confirmado que é impossível, no plano teórico, separar claramente Górgias da sofística; de outro lado, se confirma que o reitor tem sempre uma função, por assim dizer, executiva.

Todavia, a retórica não é de fato condenada, porque Platão tematiza a *existência de duas retóricas* (502D-503A): a crítica aborda apenas *uma delas*, a lisonja demagógica, enquanto a outra é bela, destinada a tornar boas as almas. Na realidade, tal ambivalência tem um fundamento *in re*, sendo que, de um lado,

4 fr. *supra*, o esquema na pág. 127-128

como se afirma em *Fedro* 261A, a retórica, tomada em seu complexo, tem uma função psicagógica, em outras palavras, tende a convencer e a guiar as almas e a ter um efeito de envolvimento emotivo. Desta forma, ressalta-se o poder desta arte. De outro lado, é retórica argumentativa, baseada no verdadeiro. É fácil compreender como os dois âmbitos podem se entrelaçar, mas também é fácil captar a sua diferença.

Obviamente, a retórica que é praticada na Grécia é quase exclusivamente do primeiro tipo, mas isso não diz nada sobre a possibilidade do segundo. Para a verdadeira retórica, o conhecimento da verdade vem primeiro. Com isso, então, afirma-se a retórica argumentativa, que não tem muitos problemas para dizer a coisa melhor, agrade ou não aos ouvintes. A forma e a persuasão vêm em segundo. A retórica, de fato, não pode renunciar a convencer, mas deve conservar a ordem dos fatores. Isso no plano do valor, porque no plano operativo os dois níveis se misturam continuamente. Tudo isso explica por que, em *Político* 304C-E, se pode atribuir a ela uma função decisiva na política. O reitor é um dos três colaboradores do político, do qual recebe o "verdadeiro", no qual a sua tarefa subalterna é de torná-lo convincente para os cidadãos.

1.3. Diversas avaliações do "belo"

Fedro oferece uma verificação do que foi afirmado. Estamos diante de um discurso escrito por Lísias, o maior reitor do tempo de Sócrates. Fedro o leu, concordando plenamente e com autêntico entusiasmo, a ponto de ser caçoado, no bom sentido, por Sócrates. Em si, a tese sustentada pelo reitor é paradoxal – é melhor conceder os próprios favores a quem não ama do que a quem ama, contudo, o *primeiro* juízo de Sócrates é positivo *no que tange a beleza das palavras* (235C-E), pela *beleza eufônica* do texto, feita de sons e de imagens (uma atitude própria de uma cultura embebida em oralidade, em que até os escritos *devem* ser lidos em voz alta). Sócrates é explícito: prestou atenção *apenas à forma retórica do discurso* (235A), admirando-o porque *cada vocábulo é claro, elegante e torneado* (234E).

Emergem, assim, dois sentidos de belo: o primeiro é posto em um plano superficial e imediato; o segundo se apresenta como completude formal e de conteúdo. Mas Lísias fracassa também nesse terreno. De fato, uma vez esclarecida a fraqueza do conteúdo que ele propôs, o seu texto é atacado com observações técnicas, visto que o reitor desenvolveu o discurso sem ordem; parece ter escrito as coisas conforme lhes vinham à mente (264B). A esse modo de proceder se contrapõem afirmações peremptórias sobre a estrutura de um texto válido: deve ser composto como um ser vivo, que tem cabeça e pés e todas as partes necessárias no meio, com relações convenientes tanto entre as próprias partes quanto entre elas e o inteiro (264C). A referência à relação entre as partes e o inteiro demonstra que sem nenhuma abordagem à dialética, uma verdadeira retórica é impossível.

1.4. Positividade e necessidade da retórica

A valorização do trabalho do reitor, que difunde o verdadeiro do político, assim como, na diérese de *Górgias*, completa a atividade do sofista, exige uma outra justificativa. Fedro, no diálogo homônimo, lembra que, segundo alguns, não é importante conhecer o justo, mas aquilo que *parece* justo, porque é dele, e não da verdade, que deriva a persuasão. A afirmação é correta *no plano retórico*, mas, ao mesmo tempo, é fácil para Sócrates sustentar que, se não se sabe, dificilmente se consegue convencer alguém. Confirma-se, então, a primeira característica da *verdadeira retórica*, mas se reconhece, ao mesmo tempo, que o discurso deve ser verossímil e que deve ser apresentado de forma a ser persuasivo.

A verdade é *em si* a única coisa justa a ser pensada e a ser dita, mas, *para nós*, não é suficiente. A filosofia deve privilegiar a verdade, mas não pode desprezar a persuasão. O próprio Górgias se vangloria de ter visitado várias vezes, com seu irmão e outros médicos, alguns doentes que se recusavam a tomar um remédio ou a serem operados e de ter conseguido, apenas ele, persuadi-los com a ajuda da arte retórica. De forma mais geral, frente a uma assembleia, o reitor prevalece sobre qualquer técnico, porque é mais persuasivo (456B-C). Obviamente, Sócrates responde sustentando que isso depende da ignorância do público, posto que o poder do reitor é diretamente proporcional a este dado. Mas a constante reafirmação do primado do conhecimento não elimina o problema da função psicagógica, uma vez que é preciso uma justa atenção a ambas as dimensões. Isso explica por que os diálogos propõem frequentemente raciocínios muito cautelosos.

Por exemplo, em *Fedro*, o jovem erra ao considerar os mestres de retórica indivíduos "nobres", mesmo que não conheçam a dialética (266B-C), todavia, reitera-se que tal arte não deve ser desprezada, aliás, são lembradas como importantes as normas constantes dos manuais de retórica. As sucessivas reflexões críticas reiteram a fraqueza filosófica de uma pura contribuição técnica. Entretanto, em conclusão, afirma-se que é preciso ser indulgente em relação àqueles que, ignorando a dialética, não têm uma visão correta desta arte, mas estão certos de conhecê-la, enquanto *conhecem apenas a sua parte inicial* e, com base nisso, pretendem ensiná-la (269B-C).

Em síntese, as contribuições técnicas não são rejeitadas; basta estar consciente de que elas constituem apenas um (importante e também necessário) saber preliminar. De fato, em *Filebo* 58A-D, Protarco lembra a exaltação gorgiana da retórica, e Sócrates não responde atacando, mas concede a superioridade da técnica do sofista no que concerne à utilidade e reitera, ao mesmo tempo, que a dialética é superior no que concerne ao verdadeiro e à inteligência.

Com esse quadro, compreendem-se perfeitamente os elogios a Isócrates, quase sempre qualificados como exemplos de uma ironia da qual não há rastros no texto. Há uma "lenda" sobre a inimizade dos dois, êxito extremo da peculiaridade das fontes ao ressaltar contrastes mais ou menos prováveis. Deveria, portanto, ser considerado *muito significativo* o fato de que, para Isócrates, alguns textos falam justamente de amizade[5]. Mas são sobretudo os diálogos que evidenciam aquilo que Platão pensa de seu "amigo". Em

5 Praxifanes, fr. 61 Wehrli. Diógenes Laércio (III 8), parece não ter dúvidas do valor desta afirmação; Cícero também, *Orator* 13, 42, faz um paralelo entre si e Isócrates, sustentando que ele apreciava o elogio de Platão do mesmo modo que ele próprio aprecia os elogios de Catão.

Eutidemo 304C-306D, fala-se de um personagem anônimo, no qual é possível reconhecer Isócrates, que não pode ser citado pelo menos por razões cronológicas. Críton afirma que é, mais que um orador, um logógrafo, e que jamais entrou em um tribunal, e Sócrates declara logo que já entendeu quem é. De fato, Isócrates tinha uma voz fraca demais para poder falar em um tribunal; se limitava a escrever os discursos. Platão tem palavras de máximo respeito por esse personagem e pelo seu ensinamento. Antes de tudo, distingue-o claramente dos erísticos, dos quais ele é adversário explícito e os quais despreza, dado que ele, diferentemente daqueles, ensina uma coisa na qual acredita e deve ser admirado por isso, aliás, *deve-se querer-lhe bem* (306C8). Platão, portanto, reconhece explicitamente o valor dos seus ensinamentos. Por uma única coisa o "repreende": o fato de acreditar ser o primeiro em sabedoria porque se dedica à filosofia e à política, enquanto que, em vez disso, *exatamente por isso* é terceiro, porque é seguramente inferior a quem se dedica *exclusivamente* à filosofia (em primeiro lugar) e a quem se dedica à política (em segundo lugar). Mas não é, de fato, "denegrido", porque está em terceiro *em uma ordem absoluta*, que vê nos primeiros lugares as duas figuras que, para Platão, representam *o máximo, em si e para a cidade*.

Essa avaliação é depois reforçada com o elogio em *Fedro*, com frequência erroneamente interpretado como irônico, substancialmente com base no pressuposto de que Platão não pode elogiar um "inimigo" seu – exemplo clássico de um pressuposto que confirma a si mesmo, impondo uma leitura em chave também para os textos que o desmentem.

Trata-se de uma clássica profecia *post factum*, colocada na boca de Sócrates muitos anos antes sobre como o jovem Isócrates, dados os dons que tem por natureza, em tudo é superior a Lísias; além disso, tem um temperamento mais nobre. Por isso, não deveria ser surpreendente se, crescendo, superasse a todos na arte retórica, aliás, talvez *um impulso divino* poderia levá-lo a coisas maiores. "De fato, há uma certa filosofia no pensamento daquele homem. Essas coisas, portanto, eu transmitirei, em nome dos deuses deste lugar, ao meu amado Isócrates" (*Fedro* 279A9-B2). Difícil pensar que expressões tão fortes e claras, além de tão repetidas e absolutamente não necessárias, não sejam sinceras.

1.5. Conclusão

Platão não pode e não quer evitar medir-se com esse novo e potente instrumento que tem um peso crescente na vida cultural, jurídica e política da Grécia. A condenação do uso que normalmente se faz dele, portanto, deve ser clara, assim como evidente é o caminho alternativo. Se a retórica e a sofística sub-rogam a legislação e a justiça, ou seja, como vimos no capítulo anterior – a política – a resposta não pode não ser aquela de reafirmar o valor da *polis* e da lei. Mas, como sempre, isso não se traduz em uma jogada hábil para ignorar o problema e evitar as distinções.

Ao contrário, Platão propõe um segundo modelo de retórica, baseada no verdadeiro, instrumento útil para todos e, sobretudo, para a política. Isso o leva a respeitar o inventor desse potente instrumento, que ele mesmo utiliza abundantemente, e a reconhecer os méritos daqueles que tentaram, em vários níveis, desenvolvê-lo de modo positivo.

2. A arte e a poesia

Muitas das reflexões propostas para a retórica valem, obviamente, também para a arte e a poesia, mas com algumas acentuações e particularidades que devem ser ressaltadas. Antes de tudo, é preciso lembrar que a poesia e o teatro têm uma relevante função educativa no mundo grego. Os poetas estão no rol dos intelectuais, das figuras importantes na *polis*, como demonstra o próprio Sócrates, que, para entender a resposta de Pítia, que o considera sábio, interroga, entre outros, também os poetas. Descobre, assim, que eles falam de temas que não conhecem. Logo aparece também um elemento que será decisivo na análise da poesia: "eles não por sabedoria faziam aquilo que faziam, mas por uma certa natureza e por inspiração divina, como os adivinhos e os videntes" (*Apologia* 22B9-C2). Os poetas falam de muitas coisas, gozam da fama de mestres, mas, por um lado, os "técnicos" conhecem muito melhor do que eles os temas sobre os quais os poetas escrevem; por outro lado, eles parecem "inspirados" pelos deuses.

2.1. A potência do Bem e o Belo

Há uma razão específica para essa importância da arte e da poesia. O Belo e o Bem são dois aspectos do real que o pensamento grego experienciava com força e sentia como naturalmente afins. Testemunha disso é o uso linguístico, que os unia em uma única palavra para exprimir a mais completa *aretè* humana: "o ser belo e bom" – *kalokagathia*. Platão reelabora essa ligação estreita entre os dois conceitos, enfatizando-a muitas vezes, e então, em *Filebo*, fornece a chave para compreendê-la melhor: "Ora *a potência* do Bem se refugiou na *natureza* do Belo; de fato, a justa medida e a proporção fazem nascer, por toda parte, beleza e virtude" (64E5-7). A base comum é a Medida, que ambos manifestam, mas de modo diverso: um na potência, o outro na natureza. *As características do belo* exprimem *a potência do Bem*, na medida em que este não tem um primado ontológico em relação ao Belo, que não tem poder, ou melhor, não modifica a estrutura ontológica do real. No entanto, o Belo é decisivo, porque dá *visibilidade ao Uno-Bem*. De forma mais exata, como evidencia o texto, o Belo o esconde e o manifesta ao mesmo tempo. Por exemplo, nós vemos a coisa bela, mas o que age é o Bem, que se esconde exatamente porque se revela em outro, em um objeto, que manifesta um aspecto decisivo da sua natureza: as características de ordem, harmonia e medida. Por isso, o Belo constitui uma via privilegiada para subir ao mundo das Ideias, como ilustra Diotima em *Simpósio*.

2.2. A arte imitativa

Mas, também nesse caso, aquilo que pode resultar positivo, aliás, necessário (pensemos no prazer da discussão ética), arrisca transformar-se em uma armadilha. As artes manifestam o belo no modo mais elevado e Platão, como todos os gregos da época, é profundamente sensível a essa ação. Mas a avaliação deve ser feita do ponto de vista do verdadeiro, que revela um primeiro limite grave das artes: elas se afastam da verdade. De fato, reproduzem as realidades do nosso mundo, que não são o verdadeiro ser, mas uma imitação sua, uma cópia. A arte, que imita as coisas sensíveis, é, portanto, cópia de uma cópia (*República* 598B).

Seus efeitos correm o risco de serem negativos, também porque o poeta não sabe nada das coisas que imita e não consegue justificá-las do ponto de vista dos seus efeitos (602A-B). Além disso, os poetas frequentemente reproduzem mitos e lendas inaceitáveis, que difundem a imagem de deuses viciosos e intemperantes. Chega-se ao ponto de, na cidade ideal, ser preciso excluir certos versos de Homero e de outros poetas (*República* 387B).

2.3. Duas Ideias de poesia

Na realidade, Platão joga também, nesse caso, sem tematizá-lo, sobre duas concepções diversas da poesia: uma feita de habilidade técnica e uma inspirada pelos deuses.

Em *Íon*, a questão já é levantada, mesmo que com a frequente cautela protréptica. Esse diálogo é subvalorizado pela crítica, porque não se capta a operação feita por Platão. Ele aborda pela primeira vez um tema central como o da poesia, mas não o faz de forma direta. Assim, pode mencionar algumas questões importantes sem precisar desenvolvê-las de modo adequado. O assunto da discussão – a análise da figura do rapsodo – é algo que interessa tão pouco a Platão que não voltará mais em nenhum diálogo. Esse personagem – como esclarece o próprio texto – não é simplesmente um ator; ele deve compreender o pensamento do autor que ele deseja propor ao público (530B-C). Nesse sentido, o rapsodo corresponde ao nosso intérprete, ao hermeneuta mais que ao ator. De fato, o interesse que Sócrates manifesta é todo voltado a esse aspecto.

O problema que é colocado é se Íon, rapsodo de grande habilidade e sucesso, desenvolve o seu trabalho por arte. A resposta é negativa, porque ele é extremamente hábil apenas com textos homéricos, enquanto que, se possuísse uma técnica, seria igualmente bom também com outros poetas, visto que a arte poética constitui, de fato, um inteiro (532C).

Para resolver a questão, remonta-se à figura do poeta, que "é uma coisa leve, alada e sacra e não é capaz de poetar antes de ser inspirado pela divindade e de perder o juízo e de não ter mais em si o intelecto" (Íon 534B3-7). Fala-se, evidentemente, de uma poesia inspirada, que é diferente da outra. Os poetas desse tipo, não tendo arte, são hábeis apenas no setor em que a *sorte divina*, a *potência divina* os sustenta. Por exemplo, se fossem capazes de operar por arte, saberiam fazê-lo em todas as formas poéticas. Aqui se fala de algo muito diverso: a divindade se serve desses poetas como dos videntes e dos profetas, para falar da humanidade (534B-D). Isso explica também a condição excepcional de Íon através de um tipo de "efeito cascata", bem apresentado com o exemplo do ímã, que dá certas características suas ao pedaço de ferro, que assim adquire a capacidade de atrair. Analogamente, a divina inspiração passa do poeta ao rapsodo, que, por sua vez, é invadido pelo deus (533D-534A).

Essas afirmações são levadas a sério, lembrando que, na classificação das reencarnações, em primeiro lugar está um sujeito que se tornará "amigo do saber (*filo-sofo*) ou amigo do belo (*filo-kalos*) ou amigo das musas (*mousikos*) e desejoso de amor (*erotikos*)" (*Fedro* 248D3-4). Por conseguinte, o artista inspirado está no mesmo nível de perfeição do filósofo; não pode ser diferente, visto que nele age a mania divina[6]. Por sua vez, o poeta "imitador", o versificador hábil, encontra-se apenas em sexto lugar.

2.4. A relação de Platão com a poesia

O juízo do ponto de vista do verdadeiro não deve, porém, ser confundido com um juízo que poderíamos definir "estético", que Platão frequentemente manifesta nas entrelinhas. Não há dúvidas, à luz dos diálogos, que ele tem uma grande admiração por Homero, "o melhor e mais divino dos poetas" (Íon 530B10-11), e que considera grande a sabedoria dos poetas. Sócrates espera, se a morte não for o fim de tudo, encontrar, entre os outros, também Orfeu, Museu, Homero e Hesíodo (*Apologia* 41A). Até no momento em que se propõe cancelar aqueles versos inaceitáveis de Homero, reconhece-se que são poéticos e agradáveis de ouvir, mas que exatamente por isso deve-se agir assim. Além disso, o Autor dos diálogos não se recusa de jeito algum a citar textos poéticos para sustentar afirmações ou até mesmo para fazer com que sejam objeto de uma reflexão.

Assim acontece em *Protágoras*, que explica também por que esse modo tradicional de utilizar as citações poéticas, que a sofística havia posteriormente

---

6 A mania tem quatro formas ligadas a deuses: a Apolo, a inspiração mântica; a Dionísio, a teléstica (ou mística); às Musas, a poética; e a quarta, a mania amorosa, a Afrodite e a Eros (265A-B).

desenvolvido, é inconclusivo. De um lado, de fato, discutindo um texto de Simônides, Sócrates consegue tirar dele elementos positivos e interessantes. Por exemplo, ele valoriza a forte afirmação do limite humano, no qual o poeta se contenta com *homens não demasiadamente malvados*, que elogia *voluntariamente*, enquanto se recusa a buscar homens perfeitos, porque não existem (345E-346E). Trata-se de ter alguns pontos fundamentais e muita disponibilidade para enfrentar todos os condicionamentos. De fato, diz o poeta, "nem mesmo os deuses lutam contra a necessidade" (*Protágoras* 345D5).

Por outro lado, todavia, o juízo final é *tranchant*, uma vez que Sócrates julga as discussões sobre os textos poéticos parecidas com os simpósios de pessoas que não valem nada. Essas, não tendo nada a dizer, utilizam as flautistas para se entreter. As pessoas de valor, por sua vez, conversam entre si, falam e escutam, uma de cada vez, com ordem, mesmo que bebam muito vinho. Assim também eles deveriam fazer, sem recorrer a obras poéticas, que, além de tudo, apresentam um problema: no caso de uma divergência com a opinião do poeta, não é possível resolver a questão, porque *o Autor a quem perguntar o que se queria dizer não está lá* (347C-E).

Essa ambivalência de juízo se manifesta com clareza também na passagem que levantou tantas dúvidas e polêmicas, a expulsão dos poetas da cidade ideal: "Assim, se na nossa cidade se apresentasse um homem capaz, por sabedoria, de recitar qualquer papel e de tudo imitar, e ele quisesse recitar os poemas em público, nós o respeitaríamos, considerando-o homem divino, maravilhoso e agradável. Todavia, nós lhe diríamos que para um homem assim não há, nem pode haver lugar em nossa cidade, e o mandaríamos para uma outra cidade, depois de termos banhado sua cabeça com perfumes e o coroado com fitas de lã" (*República* III 398A1-8). Em resumo, pode acontecer que chegue o verdadeiro poeta, capaz de desenvolver aquela multiplicidade de papéis que "normalmente" parece quase impossível. É preciso, assim, reconhecer que não é apenas agradável, mas que é dotado de *uma natureza superior e divina*. No entanto, a estrutura educativa da cidade ideal torna impossível aceitar a sua presença. Trata-se de uma decisão particular; de fato, especifica-se que se age em função do útil (398B1). Isso é reiterado em *Timeu* 19D: Sócrates critica os poetas, dizendo que não o faz porque os despreza *em absoluto*, mas porque eles imitam as coisas que conhecem melhor e que são próprias da sua educação, dessa forma, não podem descrever os valores de uma cidade superior.

2.5. A poesia e a alma

O fato é que a poesia tem um efeito ainda mais pesadamente negativo em relação àquele expresso no livro III da *República*. No início do livro X, Sócrates ressalta que a razão da proibição da arte pelo seu aspecto imitativo agora fica "mais evidente", porque foram identificadas as partes da alma (595A-B). A poesia age sobre a alma, em outros termos, reforça a parte emotiva, modificando sua estrutura. O desequilíbrio que produz é tão mais forte que aquele determinado por outros fatores, como dinheiro, honra e poder, que chega a conseguir corromper até as pessoas válidas, *salvo pouquíssimas* (605B-C). O problema não se deve à fraqueza de uma audiência ingênua ou ignorante, mas depende do poder da poesia, que não age apenas em nível ético-cognitivo, mas, operando sobre a estrutura psíquica, induz consequências quase que independentemente das capacidades do sujeito.

Nem mesmo o dano que as artes infligem tem um valor absoluto, posto que Platão logo esclarece que vale para quem não possui o antídoto (*pharmakon*, 595B6) – conhecer sua natureza. Confirma-se, assim, o papel diretivo da alma racional: a sua intervenção pode, de algum modo, conter o efeito da poesia e impedir uma inversão das relações de força entre as diversas partes da alma. Mas, exatamente por isso, trata-se de um dado exclusivamente pessoal, reservado a poucos. Todavia, Sócrates prospecta uma outra possibilidade, porque gostaria de readmitir a poesia na cidade, já que é fascinado por ela. É preciso, porém, que os amantes da arte sejam capazes de demonstrar que a poesia não é só agradável, mas também útil à política e à vida humana. Na ausência disso, é preciso defender-se com base na consciência adquirida com o discurso que se está fazendo, usando-o como um tipo de encantamento, de forma a não recair nesse *amor juvenil e comum à maioria* (607D-608A).

2.6. Uma outra perspectiva

O simples fato de que se prospecte a possibilidade de um posicionamento diverso que permite a reintegração da poesia na *polis* parece colocar em crise toda a estrutura do raciocínio de Platão. Na realidade, ele pensa certamente em uma hipótese radicalmente diversa: a possibilidade de que emerja uma nova modalidade de fazer poesia. Se não fosse assim, o discurso platônico não seria apenas contraditório, mas absurdo, na medida em que um autor com as capacidades de Platão abriria a porta a um uso diverso da retórica, mas não hipotetizaria algo do gênero para a poesia! Não é possível, ainda mais que já nesse contexto há sinais indicativos.

A *República* condena a poesia como puro instrumento de prazer, que não é capaz de captar a verdade e não é séria (608A). Não obstante, Sócrates dá a Glauco este conselho: se por acaso encontrares aqueles que apreciam Homero, que afirmam que este poeta educou a Grécia e que deve-se estudá-lo e organizar a vida segundo suas indicações, *deves ser amigo deles e apreciá-los, porque são ótimas pessoas, na medida do possível*, e deves também admitir que Homero é o poeta máximo. Todavia, podem ser aceitos na cidade apenas os hinos aos deuses e os elogios aos homens virtuosos, não a Musa sentimental da lírica ou da épica, afinal, é preciso evitar o domínio do prazer e da dor (606E-607A).

À vista disso, se mesmo nesse contexto um espaço fica aberto a certas formas de cantos e de poesia, a fortiori pode-se hipotetizar o desenvolvimento de uma nova forma de arte, que se fortaleça pela contribuição do pensamento filosófico. Vem à mente o extraordinário final de *Simpósio* 223D, em que Platão, quase fora de contexto, quer nos dizer uma coisa importante: Aristodemo, atordoado, não se lembra bem o que dizia Sócrates discutindo com Aristófanes e Agaton, que caíam de sono depois de uma noite de bebidas e discussões. Mas o ponto era que, para o filósofo, um mesmo indivíduo sabe compor comédias e tragédias, e quem é poeta cômico por arte, é também poeta trágico.

A insistência da discussão sobre a música da *República* também é relevante, com a ênfase na ligação necessária entre fineza de palavra, harmonia, elegância e regularidade rítmica, como de certos dotes da inteligência e do temperamento. Chega-se a sustentar que tais qualidades são oferecidas pela pintura e por toda arte similar, como também por muitas outras atividades artesanais. Hipotetiza-se para os artesãos que alguns sejam capazes por dotes naturais de seguir os rastros da beleza natural, com um resultado positivo para os jovens, que, impactados por tantas obras belas, são levados à amizade e à concórdia. Por tais razões, a educação musical tem muita importância. Mas para ser músico, é preciso conhecer, em todas as combinações em que se apresentam, os vários aspectos de todas as virtudes e de seus opostos. Além disso, deve-se captá-los no comportamento e na realidade exterior, prestando atenção para evitar os prazeres excessivos, de forma a atingir o objetivo último da música, que é o amor ao belo (398B-403C). Em função desse resultado, é preciso vigiar os poetas para que ajam coerentemente.

O trecho que expõe essa reflexão é extraordinariamente rico de omissões e de *saltos* de um tema ao outro, e, contudo, parece mesmo remontar a algo que ainda não há, mas que deveria e poderia haver. Um auspício, portanto, de uma arte que, aceitando o que ditam a razão e a *polis*, torna-se, como a retórica, uma ajuda potente para a política e para o crescimento espiritual do indivíduo.

Essa nova forma de poesia pode, talvez, ser ofuscada por algumas passagens dos diálogos platônicos, mas não deve ser confundida com tais instrumentos filosóficos, educativos e protrépticos. Trata-se, mais provavelmente, de um auspício de uma forma poética que o Autor tem presente, mas que ainda deve se realizar com base nos juízos aqui expressos. Platão fez apenas aquilo que devia, nos limites de seu intento educativo, e não podia deixar de fazer, porque "a filosofia é a música maior" (*Fédon* 61A3-4).

Conceitos-
-chave

Agir - sofrer (*poiein - paschein*): dupla de conceitos que indicam a relação fundamental que estrutura o real, em outras palavras, o que existe deve, mesmo que em uma medida mínima, ou agir, ou sofrer. A realidade não é ontologicamente estática, mas dialeticamente dinâmica.

Alma (*psychè*): um inteiro que dá a vida ao ser humano e guia o corpo. Tem três partes, sendo que duas são mortais, a irascível, que tange o querer, e a concupiscível, que tange o desejar, enquanto a racional, que deve dominar as outras duas, é imortal. A alma tripartida, portanto, não o é, mas, dada a sua natureza superior, sobrevive à morte de muitos corpos em que se encarna no ciclo da metempsicose.

Alma do Mundo (*he tou pantos psychè*): princípio que a Divindade produziu com operações complexas com base matemática, de modo que tenha contato tanto com o mundo superior quanto com o mundo inferior. Recebeu inteligência e função motora e, por isso, dá a vida ao Cosmo e o dirige. Apesar de sua perfeição, não consegue evitar o prevalecimento da desordem nas fases em que a Divindade não intervém diretamente.

Anamnese (*anamnesis*): função que coloca em jogo conhecimentos a priori que a alma possui e que se relacionam a conceitos fundamentais, como idêntico e diverso, igual e desigual, belo e feio, bom e mau etc. Trata-se originalmente de opiniões, ou seja, conhecimentos privados de um fundamento adequado, que, com um longo processo de aprofundamento, podem se tornar *episteme*. Todos os seres humanos os possuem, mas apenas os filósofos os levam ao devido nível científico. A anamnese está também na base de certas respostas "instintivas", como, por exemplo, o *saber desde a primeira vez* que é preciso beber quando se tem sede.

Belo (*to kalòn*): manifestação fundamental do Bem, não idêntico a este. O seu privilégio consiste na capacidade de tornar visível no plano fenomênico a ordem que a Medida realiza nas coisas. Por isso, é um instrumento eficaz para a reascensão ao mundo das Ideias.

Bem (*to agathòn*): uma das denominações do Princípio, agente que evidencia sobretudo a sua natureza de causa axiológica e final. Platão o define superior ao ser em dignidade e potência.

Causa (*aitia*): uma realidade que intervém produzindo um efeito. Não há, nos diálogos, uma teorização das causas, mas, na articulação do sistema, as quatro aparecem como eficiente, material, formal e final.

Causa errante (*to tes planomenes eidos aitias*): uma denominação usada em *Timeu* para designar o Princípio passivo. Tal qualificação faz emergir o seu ser inconsciente e não racional, que opera através de realidades materiais, de modo, todavia, necessário.

Ciência (*episteme*): diferentemente das técnicas, as ciências se destinam ao conhecimento e à verdade, que depende da natureza dos objetos analisados. Não é possível ter ciência rigorosa das coisas que mudam, mas apenas de objetos estáveis e perfeitos. No ápice das ciências se coloca a dialética, sinônimo de filosofia.

Concausa (*sunaitia*): uma realidade que oferece à causa os instrumentos e as matérias para operar.

Constituição (*politeia*): o mundo grego não tem constituições verdadeiras e próprias, mas sistemas de leis fundamentais que definem a forma política que gerencia a *polis*. Tais leis são válidas na medida em que imitam um dos modelos políticos ideais. O dado fundamental é o respeito às leis. As formas estatais podem ser classificadas segundo o número de detentores do poder. Por exemplo, um (monarquia/tirania), poucos (oligarquia/aristocracia), muitos (democracia). Nenhuma constituição humana é boa em si, uma vez que o critério do juízo é dado pelo maior ou menor valor imitativo das leis, pelo maior ou menor respeito às mesmas, pela qualidade dos políticos que a cidade especificamente formou.

Cosmo (*kosmos*): um inteiro vivente e divino, construído pelo Demiurgo. Tendo sido gerado, não é imortal em si, mas, dada a sua beleza e perfeição, a Divindade jamais o destruirá.

Demiurgo (*demiourgos*): a palavra indica o artesão. Platão a usa como nome típico da divindade, para ressaltar que até o *Nous* inteligente, que leva as coisas do não ser ao ser, o faz à maneira de um oleiro e não segundo uma modulação criacionista. Divindade inteligente, e portanto boa, é causa eficiente que dá origem ao Cosmo, do qual se ocupa até em seus mínimos detalhes.

Dialética (*dialektikè techne kai episteme*): método complexo que tenta identificar a estrutura do real, um jogo de relações, positivas e negativas, entre os diversos elementos. Trata-se de aceitar a uni-multiplicidade estrutural do real, para dela captar tanto a unidade quanto a multiplicidade. Como sinônimo de filosofia, evidencia a negação do simples para afirmar a complexidade, com um procedimento ascensional que visa a resolver as aporias do mundo físico com a passagem a uma dimensão superior e metafísica. Nessa acepção, voltando-se àquilo que é estável e sempre idêntico, constitui o conhecimento mais verdadeiro.

Diérese (*diairesis*): procedimento fundamental para "definir" um conceito e/ou uma realidade. Há dois modelos, sendo que o primeiro consiste em obter a definição de um termo, mostrando, a partir de uma ideia vasta e procedendo por sucessivas diferenciações, qual entrelaçamento dialético estrutura a realidade em que podemos/devemos situar o termo buscado; o segundo consiste em evidenciar a complexidade que marca o termo individual, isto é, a estrutura interna de cada realidade uno-múltipla individual.

Espaço (*Chora*): é uma realidade necessária porque tudo o que existe deve ser colocado em um espaço. Precede o Receptáculo e é posto junto ao Ser e à Geração, premissas para as atividades que dão origem ao cosmo.

Felicidade (*eudaimonia*): estado de realização do ser humano que depende não da posse dos bens, mas da virtude e do conhecimento, que permitem a construção de uma vida boa e feliz. Constitui, assim como o Bem, um fim último da atividade humana.

Filosofia (*philosophia*): ciência superior a todas as outras, que coincide com a dialética.

Hedonismo: posicionamento filosófico que identifica prazer e bem. Platão, que não despreza o prazer, combate duramente essa teoria em nome de uma visão do Bem e do prazer totalmente diversa.

Ideia (*eidos*, *idea*): forma inteligível na base da existência e da cognoscibilidade de cada ente. Causa "formal", ontologicamente separada, que age no interior de cada realidade como princípio de ordem.

Ente ontologicamente simples, constitui um inteiro formado por outras Ideias e é parte de Ideias superiores. Tal estruturação do real, que aparece sempre uni-multíplice, está na base do procedimento diairético.

Instante (*to exaiphnes*): o dado extratemporal em que acontece toda mudança. Esta, de fato, não pode acontecer no passado ou no futuro, que não existem (mais ou ainda), e nem no presente, em que uma realidade está e não se muda. A ação da Ideia no mundo físico acontece, então, no instante, que, sem as condições e os modos em que se estrutura temporalmente o ser, constitui também o lugar metafísico em que colocar os Princípios primeiros e as Ideias.

Inteligência (*Nous*): pensamento em seu nível mais alto. Como divindade, é a causa eficiente posta na base do Cosmo; como pensamento humano, é afim às Ideias, alcança as formas máximas do conhecimento e opera as escolhas decisivas para a vida boa e feliz.

Passatempo (*paidia*): a chave para compreender a escrita platônica, que não quer tanto comunicar conhecimentos, mas levar socraticamente a se fazer filosofia. Para isso, é preciso oferecer estímulos e provocações para "obrigar" o leitor a pensar e a ir em frente. A filosofia não se aprende, mas se faz.

Lei (*nomos*): norma, quase sempre escrita, de valor geral, não flexível, portanto incapaz de se adaptar à variedade dos casos humanos. É, todavia, válida se imita bem as normas perfeitas do modelo ideal. Por isso, o respeito à lei constitui um princípio necessário, a ser posto em segundo lugar, após a afirmação da ciência.

Matemáticas: a aritmética, a logística, a metrética e a estática são dúplices, dado que, como técnicas, se ocupam de objetos empíricos; como ciências, trabalham com objetos estáveis, os números. Fornecem a parte teórica às outras técnicas, tornando-as mais rigorosas e precisas.

Metempsicose: como a alma é, por natureza, superior ao corpo, sobrevive à sua morte e volta a encarnar em um outro ser, após ter perdido as recordações da vida precedente. Desse modo, alguns preferem usar o termo *metensomatose* – que quer dizer "passagem de um corpo a um outro" – para ressaltar que é a alma que encarna em corpos de seres humanos ou de animais.

Metrética (*metretikè techne kai episteme*): técnica ou ciência da medida. Há uma metrética binária, que trata os opostos apenas em sua relação recíproca, e uma trinária, que relaciona os dois extremos a um justo meio determinado pela Medida. Apenas essa segunda metrética tem valor ontológico e axiológico.

Misto (*meiktè ousia*): toda a realidade – Ideias inclusive – é um misto derivado da ação de um princípio ordenador ativo sobre uma realidade indeterminada passiva.

Medida (*to metron*): uma das denominações do Princípio agente, que cumpre/desempenha bem sua função. Toda coisa, de fato, existe por ser medida, isso é, porque realiza o justo meio entre dois extremos, condenados como excesso e defeito.

Mito (*mythos*): forma tradicional de conto, que pode manifestar um saber original na figura da "lembrança" de tempos ancestrais. Os mitos tradicionais são tanto mais "sérios" quanto mais se prestarem a uma explicação e/ou utilização racionalmente fundamentada. Os mitos platônicos são também instrumentos para aproximar uma verdade que, por várias razões, o Autor não quer ou não pode argumentar.

Modelo político (*paradeigma tes politeias*): construção teórica que, enquanto ente perfeito, não visa a ser realizado, mas age como ideia limite que guia o político humano. Há um primeiro modelo perfeito, que é imitado pelo segundo, que assume uma série de condicionamentos que o primeiro, divino, ignora totalmente. As constituições humanas são boas quando imitam um desses modelos.

Opinião (*doxa*): forma de conhecimento que, no modelo diádico, é confinada à esfera do sensível, que não pode ser verdadeiramente conhecida. Enquanto, no esquema triádico, é uma forma fraca de conhecimento, que, contudo, se ocupa de todos os objetos, chegando até a ser, em sentido prático e teórico, importante no momento em que é "verdadeira". Aquilo que lhe falta é o conhecimento da causa, por isso, não sabe explicar o seu próprio ser verdadeiro.

Nome (*onoma*): a palavra é um instrumento fraco, que deve ser atentamente controlado e que, todavia, é inevitável, porque constitui o primeiro nível do conhecimento e condiciona o segundo, o juízo, que é feito de palavras.

Persuasão: fruto do poder da palavra. Frequentemente permite o engano, mas é também necessária para a afirmação da verdade. Ela determina a adesão voluntária do sujeito convencido. Como seu oposto, há a constrição e a violência.

Política (*politikè techne kai episteme*): é quase a ciência mais difícil de todas, porque exige notáveis capacidades de gestão, experiências e conhecimentos filosóficos aprofundados, de tipo conteudístico (sobre o justo e sobre o bem) e de natureza metódica (sobre a metrética). Sua finalidade é a melhoria da alma dos cidadãos e a melhor gestão da *polis*, ou seja, a realização da maior harmonia possível entre os cidadãos e entre os grupos sociais. Enquanto ciência diretiva, deve tecer em um único processo todas as atividades sociais que fazem com que a cidade viva.

Político (*politikòs anèr*): ser humano, finito e limitado, que toma conta de uma sociedade em seu conjunto, usando o nível máximo de conhecimentos que consegue alcançar. Para obter esse resultado, deve, em todo caso, percorrer um complexo itinerário informativo.

Prazer (*hedonè*): termo equívoco, sob o qual se escondem duas Ideias muito diversas. A primeira forma de prazer é misturada à dor, portanto é impura e ontologicamente marcada pela predominância do indeterminado. A segunda é a dos prazeres puros, sem dor e sem necessidade, divinos e caracterizados pela medida, mais verdadeiros e agradáveis que os outros. Platão considera o prazer um componente necessário para uma vida feliz.

Princípio (*archè*): como a realidade é um misto, fruto da ação de um agente ordenador sobre a desordem naturalmente dominante, deve haver um Princípio primeiro, agente que Platão chamava de Uno e que, nos diálogos, é qualificado como Uno, Medida, Bem, Princípio primeiro antipotético e Limite. Quanto ao Princípio de indeterminação, que Platão chamava de Grande-e-pequeno, é qualificado como Não uno, Necessidade e Causa errante. O princípio agente é colocado em condição de operar pelo *Nous*, que é externo a este processo ontogônico.

Receptáculo (*hypodochè*): tipo de matéria-prima invisível, sempre em movimento. Em si, é totalmente amorfa, uma nutridora da qual e à qual voltam todas as matérias formadas. Nela se formam os proto-elementos, agregados por homogeneidade causal, e depois os elementos, pela intervenção do Demiurgo, que dá lugar aos sólidos, com a utilização de formas geométricas.

Retórica (*rhetorikè techne*): técnica que estuda os instrumentos utilizados por aquele que fala em público. Nasce e se desenvolve por mérito da escrita, dado que, analisando os textos escritos, é possível entender sua estrutura. Para Górgias, é arte de convencer sobre o bem e sobre o mal, técnica de domínio que torna uns livres e outros escravos. Existem duas formas de retórica. A primeira se desinteressa pelo conteúdo; a sua força depende do grau de conhecimento que têm os interlocutores. A segunda recebe a verdade de quem sabe e se empenha para convencer a massa a pensar ou fazer aquilo que é justo ou útil. De fato, o reitor é uma das três figuras que, junto de estratega e juiz, colaboram com o verdadeiro político.

Sensação (*aisthesis*): um movimento, fruto de uma afecção, que atravessa o corpo e alcança a alma. A sensação não é um dos momentos cognitivos, porque não alcança jamais a verdade. Ela, no entanto, testemunha a realidade do nosso mundo, que não pode ser ignorada, devendo ser explicada. Nesse sentido, também a sensação fornece "conhecimentos".

Sofista (*sophistès*): figura poliédrica e mutável, que recusa a física e a ontologia, próprias da filosofia precedente, e dedica, por sua vez, grande atenção às questões antropológicas. A evolução da sofística leva a um distanciamento da verdade e à formas de relativismo e imoralismo. Por esse motivo, Platão, mesmo reconhecendo (com moderação e cautela) os méritos dos grandes sofistas e mesmo utilizando suas contribuições, na última diérese de *Sofista* os qualifica como *enganadores conscientes*. O pior sofista é o sofista político, já que este não apenas mente, como é, ele mesmo, um engano, porque tenta se apresentar como cientista da política sem que o seja.

Técnica (*techne*): o termo grego é traduzido indiferentemente como "técnica" e "arte". Tal palavra indica um conhecimento especializado em sua dimensão aplicativa. Quase todas as atividades humanas podem, em qualquer manifestação sua, ser consideradas "artes". De fato, os conhecimentos mais elevados, com exceção da filosofia, também têm um aspecto técnico. As técnicas têm uma parte teórica e uma prática e são classificadas segundo sua maior ou menor exatidão, que depende do peso e da qualidade da parte teórica.

Tempo (*chronos*): o fluxo por três etapas – passado, presente e futuro. Depende diretamente do movimento dos astros. A sua eternidade cíclica imita a verdadeira do instante imóvel e constitui a única eternidade possível para uma realidade gerada.

Útil (*to ophelimon*): conceito de grande importância nas argumentações platônicas. Segue naturalmente as coisas boas, que não podem jamais ser totalmente inúteis. A ênfase de tal ligação era provavelmente importante para combater a elaboração dos sofistas, que faziam do útil um bem em si, em chave individualista e relativista.

Virtude (*aretè*): em grego, o termo remonta ao conceito de "plena realização de si", "cumprimento da própria natureza", atribuível, deste modo, também a animais e a objetos. É ligado ao fazer, ao desenvolver bem a própria função; consequentemente, o ser humano, por ser complexo e possuir muitas capacidades, tem muitas virtudes. Há, porém, três virtudes, sendo que cada uma delas condiciona a funcionalidade das outras (inclusive as próprias duas "precondições" ulteriores), que são o pensamento, a sábia temperança e a justiça.

Vida boa e feliz: trata-se de um modelo de vida ordenado, uma mistura que o sábio constrói racionalmente com a finalidade de alcançar a felicidade. Platão define o modelo assim realizado como um *kosmos asomatos*, um mundo ordenado privado de matéria. Nele, são colocados todos os conhecimentos, os superiores e divinos e os inferiores, porque estes últimos são necessários à prática da vida cotidiana. Além dos conhecimentos, é preciso haver prazeres divinos, aqueles necessários, em outras palavras, aqueles que acompanham em justa medida atividades naturais (comer, beber etc.); e aqueles que seguem conhecimento e virtude. Os prazeres demasiadamente grandes e imoderados devem, porém, ser evitados, porque tornam impossível a vida do pensamento e, consequentemente, também essa mistura.

História dos efeitos

Os efeitos da filosofia platônica sobre o pensamento ocidental parecem querer confirmar aquela "polaridade" de abordagem sobre a qual tanto se insistiu. De fato, sobre isso, podemos fazer duas afirmações substancialmente opostas.

A primeira foi expressa com uma fórmula muito conhecida de A.N.Whitehead: "Toda a história da filosofia ocidental não é nada além de uma série de notas à margem sobre Platão"[1]. Mesmo se excessiva, a afirmação explicita uma profunda verdade. Platão, pai da metafísica, formulou problemas e orientou investigações que foram desenvolvidas, na filosofia ocidental, até os nossos dias. Além disso, alguns textos platônicos constituem obras de excepcional valor literário. Por exemplo, basta pensarmos na cena da morte de Sócrates em *Fédon*, um dos grandes ícones do imaginário ocidental.

O filósofo ofereceu aos pensadores um material totalmente particular. Ele não escreveu tratados que, exprimindo um posicionamento orgânico, podem apenas ser aceitos ou rejeitados. Ao contrário, seus diálogos extremamente variados apresentam uma multiplicidade de temas que se repetem, se entrelaçam e se abrem a diversos desenvolvimentos. De fato, a sua abordagem, sempre multifocal, fica aberta a leituras e discussões muito articuladas. Isso permitiu que todos os pensadores, por séculos, tirassem daí aquilo que contribuía à própria reflexão pessoal.

Se o objetivo de Platão era o de conduzir, socraticamente, o seu leitor a *fazer filosofia*[2], ele realizou um verdadeiro triunfo, mas – chega a afirmação

1 *Process and Reality*. Nova Iorque: Free Press, 1978, p. 39.

2 Cfr. a propósito o cap. II, *O problema da escrita filosófica*.

oposta –, ao mesmo tempo, também é uma derrota sua. Ele pensava em um certo tipo de leitura dos seus textos, mas o curso dos acontecimentos e a afirmação de uma cultura baseada no escrito foram mais fortes que suas esperanças. Chega-se ao absurdo de correntes neoplatônicas considerarem alguns de seus textos, como, por exemplo, *Parmênides*, escritos capazes de revelar – talvez a uma leitura alegórica – o sistema inteiro do autor.

A história do platonismo é, nesse ponto de vista, a história de um uso instrumental, de um mal-entendido e também de uma traição de seu pensamento. Isso começa desde a própria Academia antiga.

1. A primeira fratura

Essa história parte de uma ruptura: a saída de Aristóteles de Estagira da Academia, que, após a morte de Platão, funda uma escola própria, o Liceu. A questão deve ser vista não no plano da crônica, mas no da história da filosofia. De fato, de um lado, vale o que diz Diógenes Laércio V 1: "Aristóteles foi o mais genuíno dos discípulos de Platão". De fato, os elementos de aproximação entre os dois filósofos são muitos. Em particular, mantém-se em Aristóteles a visão dinâmica da realidade, na qual "agir e sofrer", com um princípio que ordena a matéria subjacente, de modo que o objeto é (quase) sempre sínolo de forma e matéria. Fica confirmada também a movimentação teórica de fundo, dado que o nosso mundo não se explica sem que se recorra a uma dimensão superior, que pode ser captada apenas com a razão. Permanece uma comunhão terminológica difusa e uma infinidade de movimentos retomados, aprofundados e também inveterados, a partir dos dois conceitos-limite – a matéria-prima e o princípio primeiro – que está na base de todos os processos sucessivos (o Primeiro Motor Imóvel), posto para evitar o regresso ao infinito na investigação das causas.

Todavia, a fundação do Liceu determina uma forte ênfase das diferenças entre os dois grandes filósofos. Elas são, antes de tudo, antropológicas, visto que Platão tem um interesse pelas matemáticas, quase totalmente ausente em Aristóteles, que, por sua vez, mostra evidente atenção às ciências físicas e biológicas, nele prevalentes, *em um certo sentido*, também em relação aos interesses metafísicos. Além disso, o filósofo ateniense tem um forte ímpeto religioso, que é totalmente ausente no sistema aristotélico. Platão é um filósofo dialético e, como tal, acentua a dimensão do entrelaçamento entre áreas filosóficas e entre temáticas, ao contrário de Aristóteles, em que prevalece a dimensão da distinção, da classificação e da separação dos âmbitos – um claro rebaixamento da "dialética". Assim, também aqueles conceitos que dependem diretamente das elaborações platônicas são colocados em um âmbito teórico totalmente diverso e, portanto, sofrem sempre uma mais ou menos grande torção.

Enfim, Aristóteles considera o sistema platônico aporético, porque põe as Ideias ontologicamente separadas das coisas em que devem operar. Em particular, ele rejeita a figura do Demiurgo de forma tão clara a ponto de ignorá-la. O Estagirita atribui a Platão apenas a causa formal e a causa material (*Metafísica* A, 6, 988a9), ou seja, "se esquece" da figura divina, que age como causa eficiente, e dos Princípios, em particular o Bem, que agem como causa final. Como ele certamente conhece os diálogos do mestre, estamos diante de um evidente juízo teórico, que tem uma confirmação a mais, uma vez que na crítica às Ideias – antes de falar da inutilidade de um *modelador* que aja com base nas Ideias e logo após ter criticado expressões como "participação de uma coisa à Ideia", enquanto *imagens poéticas* –, adiciona: "de fato, o que é aquilo que opera olhando as Ideias" (A, 9, 991 a22-23). A referência, desdenhosa, é ao *Timeu*, em que o Demiurgo, olhando aquilo que fica sempre idêntico, em outros termos, as Ideias, realiza o paradigma (28A). Na ausência da intermediação divina, a separação entre os dois níveis da realidade se torna um abismo insuperável, e o "Terceiro homem", que Platão, em *Parmênides*, demonstra considerar uma objeção superável, torna-se o instrumento mais forte da crítica aristotélica às Ideias[3].

Em resumo, o melhor aluno de Platão se afasta do mestre o suficiente para dar lugar, nos séculos sucessivos, a uma luta entre Platônicos e Aristotélicos, contradita pela contínua mistura das temáticas deles derivadas.

2. A Academia platônica

O fato desconcertante é que Platão não teve verdadeiros "continuadores". A Academia era, sem dúvidas, caracterizada por um debate muito variado, mesmo dentro de um horizonte comum. Comprovam isso, além do já citado Aristóteles, personagens como Eudoxo, grande matemático, mas filósofo fraco, convencido de uma forma de imanentização extrema,

3 Cfr. *supra*, p. 95-96 e 142.

pela qual as Ideias se "misturam" com as coisas. Há então os alunos sucessivos, que demonstram um forte descolamento dos posicionamentos do fundador.

O primeiro, Espeusipo – sobrinho de Platão por ser filho de sua irmã, Potona –, elimina totalmente as Ideias e os Números ideais, reduzindo o mundo inteligível apenas aos entes matemáticos e geométricos. A única verdadeira diferença em relação aos Pitagóricos é a separação desses entes. Mas tal dado, na ausência de um Demiurgo, acentua o problema da passagem dos Princípios às realidades que deles dependem. Não obstante, Espeusipo foi aluno por apenas oito anos. Seu sucessor, Xenócrates, reintroduz as Ideias e os Números, mas, ao mesmo tempo, parece ter esquecido a dialética, além de ser sensível à instância classificatória; a ele remonta a divisão da filosofia em física, ética e lógica, destinada a ter grande sucesso no pensamento helenístico. Ele também divide a realidade em três esferas: 1. realidades fora do céu, confiadas ao puro conhecimento da inteligência, 2. o céu, do qual se pode ter conhecimento doxástico, 3. a realidade sob os céus, que é conhecida pelos sentidos. A gnoseologia platônica era completamente diversa. O mesmo vale para a Polaridade dos Princípios, que são reinterpretados em chave teológica, com o Uno, que se torna um Deus pai, e a Díade, que se torna uma Deusa.

Xenócrates foi eleito escolarca por poucos votos. O seu antagonista era Heráclides Pôntico, que, segundo as fontes, retornava a uma teoria atomista/corpuscular, que não parece nem conectada nem conectável à teoria das Ideias.

Como prova da fraqueza teórica dessa Academia, os desenvolvimentos sucessivos parecem facilmente interpretáveis como respostas ao contexto cultural em que esses pensadores se movem. Assim, a sucessiva evolução da primeira Academia, com Pólemon, Crates e Crantor, demonstra a acentuada atenção à ética típica das escolas helenistas.

A Academia tem, então, com Arcesilau, uma reviravolta no sentido cético, com a intenção de combater a forte impostação gnoseológica dos Estoicos. A necessidade de combater tal posicionamento encontra em Platão, melhor ainda, no Sócrates platônico, muitos contributos úteis. A dialética (megárica) é recuperada para essa finalidade, mas sem aquela vertente construtiva, que, em Platão, dava sentido à crítica. Claro, sobre nossos juízos pesa o fato de que Arcesilau, como depois dele Carnéades, muito socraticamente não escreveu nada. Todavia, é indicativo o célebre episódio do ensaio de dialética feito por Carnéades em Roma, no qual um dia falou da justiça segundo uma certa impostação, e no dia seguinte, desenvolveu argumentações opostas.

Pouco importa, nesse ponto, que, no século I a.C., a escola, com Fílon e Antíoco, tenha saído do ceticismo para uma forma de probabilismo. Platão já está em um quadro distante, enquanto o estoicismo, antes combatido, é acolhido em um quadro substancialmente eclético.

A Academia morreu naquele século, mesmo se ignorarmos as histórias particulares de seu fim.

3. Platonismos antigos

Nos quatro séculos sucessivos, temos um tipo de *revival* do platonismo, que tradicionalmente é organizado em duas correntes de pensamento. A primeira é definida medioplatonismo, termo que já indica uma referência um tanto vaga, visto que, de fato, os pensadores colocados nesse setor apresentam com frequência grandes diferenças entre si.

O precursor dessas filosofias é um personagem singular, pelo fato de ser judeu: Filão de Alexandria exprime, portanto, uma tradição teórica diferente da tradição helênica. Todavia, vivendo em Alexandria, no Egito, na primeira metade do século I d.C., é impregnado de cultura helenística. A sua sensibilidade "religiosa" o leva, no plano filosófico, a desequilibrar todos os elementos das filosofias helenísticas, na medida em que contra o materialismo delas, recupera o incorpóreo, típico do platonismo; contra a tradição imanentista dos últimos séculos, reafirma a transcendência. Ao mesmo tempo, anuncia o próximo advento de uma sensibilidade mais consciente dos limites do ser humano, com uma forte referência ao divino. O fato novo, antecipador dos debates dos séculos futuros, é a presença de uma Revelação divina, contida em um texto – a Bíblia – com que o pensamento deve lidar.

Obviamente, não é fácil entender quanto das obras desse judeu penetrou no âmbito do pensamento de matriz pagã, mesmo porque os seus escritos são frequentemente comentários ou exegeses dos textos da Bíblia, a Septuaginta, traduzida em grego no século III a.C. Entretanto, dois dados são certos: 1. a semelhança de algumas temáticas e conceitos com aqueles que encontramos na escola de Alexandria, fundada por Amônio Sacas; 2. Numênio, que certamente influenciou Plotino, o leu e o apreciou, tirando dele algumas doutrinas.

Filão nos impõe, enfim, o problema que pesará sobre tudo aquilo que diremos nos séculos sucessivos, até o nosso mundo: não é fácil considerá-lo "platônico", porque nele é evidente um componente eclético e uma transposição radical de planos. Todavia, alguns elementos fortes do platonismo são retomados por ele, mesmo que modificados profundamente. Em particular, ele coloca Deus acima de tudo, portanto também acima das Ideias, que se tornam seus pensamentos; além disso, modifica a atividade demiúrgica na criação.

A situação dos autores medioplatônicos, como Plutarco de Queroneia, Gaio, Albino, Apuleio, Ático, é diversa. Eles têm alguns pontos em comum que podem ser facilmente conectados a Platão. O primeiro é a recusa do materialismo dominante na época helenística e a recuperação da dimensão suprassensível. Consequentemente, volta ao jogo o mundo das Ideias, frequentemente vistas como pensamentos de Deus; tenta-se superar a aporia da separação ontológica entre os dois planos da realidade com elementos do aristotelismo, isto é, imanentizando a ação deles. No entanto, permanece uma atitude eclética, que não se detém nem mesmo diante de possíveis recuperações das grandes culturas orientais. De fato, a sensibilidade religiosa de muitos desses autores leva a uma demonologia muito vasta, com uma série de figuras que agem como mediadores entre Deus e o ser humano. Em paralelo, com frequência elaboram uma estratificação de figuras "divinas" (*Nous*, Alma, Uno), prenunciam as hipóstases típicas do Neoplatonismo. Porém, a figura cada vez mais dominante é a divina, com um progressivo aumento da escolha de "assemelhar-se a Deus".

A separação final do platonismo de Platão acontece com Amônio Sacas e com Plotino. Com eles, começa a corrente dominante nos séculos seguintes – a neoplatônica. A relação entre Platão e o neoplatonismo constitui um problema, porque, de um lado, os autores neoplatônicos apresentam o seu pensamento como uma interpretação correta do pensamento do filósofo ateniense – como uma exegese fiel de seus textos, frequentemente considerados quase revelações do verdadeiro –, de outro lado, eles modificam radicalmente a estrutura da filosofia dele. Em particular, acontecem uma forte verticalização do processo e uma igualmente forte segmentação das passagens, já que um processo derivativo parte não de uma polaridade, não de "ação e paixão", mas de um Uno inefável do qual provêm sucessivas hipóstases para chegar a uma matéria impotente que apenas a ação de subida da alma humana à esfera divina de alguma forma resgata.

De fato, o objetivo da filosofia neoplatônica é exatamente o de favorecer a salvação da alma em um contexto religioso. Não há mais a ética do viver nesse mundo, mas a ascensão ao inefável, que pode ser encontrado apenas com um ato meta-racional.

4. Platão na Idade Média e na Era Moderna

Desde o fim da filosofia pagã, o que é chamado de "platonismo" é, na realidade, "neoplatonismo". Claro que elementos também explicitamente retomados por Platão, como as Ideias ou a separação entre mundo sensível e inteligível, encontram-se continuamente no pensamento medieval e moderno, mas a valência conceitual destes elementos tem bem pouco em comum com o filósofo ateniense. Até quem, como Santo Agostinho, sustenta que a filosofia platônica é a que mais se aproxima do Cristianismo, opera em função de uma perspectiva religiosa e até trinitária, que pertence a um outro mundo. Como confirmação, no assim chamado platonismo medieval encontram-se temas como o da relação entre o Verbo e as Ideias, ou entre o Espírito Santo e a Alma do mundo. No entanto, a tradição reconhece emergências platônicas em muitos autores do primeiro período cristão, como Boécio, Vittorino, Ambrósio – sempre nessa chave cristã.

De fato, é muito duvidoso que se possa falar de platonismo medieval, visto que, no Ocidente, diferentemente do mundo árabe e bizantino, conhecia-se pouquíssimo dos textos de Platão, e esse pouco era mediado pelos comentários. Além disso, devemos lembrar que, nos primeiros séculos do segundo milênio, o Aristotelismo da Escolástica ofuscou as escolas platônicas/neoplatônicas.

Nesse sentido, parece altamente meritória a obra de Marsílio Ficino, que, com o apoio de Cosme de Médici, funda em Florença, em 1459, a Academia Platônica, com a tarefa de estudar e difundir os diálogos de Platão. Ficino traduz para o latim todas as obras atribuídas ao filósofo ateniense (1484/85), que tinham sido trazidas por estudiosos gregos fugindo do moribundo império bizantino. Mas, como prova do peso da tradição, a sua *Teologia Platônica* é certamente uma obra neoplatônica. Ficino sustenta uma *philosophia perennis*, que conecta Pitágoras, Platão, Aristóteles, Neoplatonismo e Cristianismo.

Nele se apoiam os pensadores "platônicos" da escola de Cambridge do século XVII, que utilizam elementos platonizantes em função antimaterialista, em polêmica com Hobbes. A mesma coisa – pode-se dizer – fazem todas as diversas "retomadas" do pensamento platônico, afinal, valorizam alguns elementos dos diálogos para algum objetivo particular. Nessa chave, é possível encontrar elementos "platônicos" em Spinoza, Leibniz, Hegel, Schopenhauer etc. Analogamente *e ao contrário*, sente-se o eco de elementos antiplatônicos em todos aqueles que polemizam com a metafísica e a transcendência.

5. A "redescoberta" de Platão

A partir do século XVIII, multiplicam-se os apelos para voltar a uma leitura direta dos diálogos de Platão, mesmo porque, com a grande tradição filológica que se afirma no curso do século XIX, realiza-se uma ruptura epocal: Platão e Plotino são separados, e percebe-se a distância entre seus dois posicionamentos filosóficos. Abre-se, portanto, o problema de compreender Platão, um debate que, infelizmente, ainda hoje está aberto, no sentido de que não se chegou a nenhum acordo sobre a maioria das questões.

Temos impostações de leitura muito diversas. Podemos identificar três: 1. uma literária-filológica, pouco interessada no sistema platônico e nas questões filosóficas, mas capaz de fazer leituras iluminantes sobre cada diálogo e sobre algumas discussões específicas; 2. uma histórico-filosófica, que tenta reconstruir o pensamento platônico, respeitando o texto e tentando evitar, na medida do possível, inserções de interesses e temáticas não inerentes ao pensamento antigo; 3. uma leitura filosófica, hoje difusa sobretudo no mundo anglosaxão, que continua a utilizar o pensamento de Platão para finalidades teóricas próprias. Essa última é uma operação totalmente legítima no plano teórico, contanto que não projete sobre o filósofo grego concepções, interesses e teses que ele jamais sustentou. Isso deve ser ressaltado diante da afirmação de uma leitura que secciona as obras platônicas, formalizando cada afirmação e analisando-a no plano lógico. Essa atenção à forma não permite que se capte a mensagem platônica, sobretudo se veiculada, como dissemos, no interior de um projeto protréptico e educativo. Em resumo, se se deseja compreender o pensamento de um Autor e dialogar com ele, é preciso respeitar o Autor e a verdade do texto, na medida do possível[4].

No plano histórico-filosófico, podemos então reconhecer interpretações unitárias, que, depois de um longo eclipse, estão voltando a afirmar-se em paralelo à crise das interpretações genético-evolutivas e antiunitárias, que, ainda poucas décadas atrás, teorizavam a proibição de retomar os problemas de um diálogo específico em um outro texto platônico.

No plano do conteúdo, temos interpretações que privilegiam o momento aporético dos diálogos, outras que valorizam o momento sistemático-metafísico, outras ainda que julgam Platão o perfeito continuador da infinita investigação socrática.

---

4 Para um aprofundamento desta ligação fundamental hermenêutica, cfr. *Apêndice terceiro. Para uma interpretação (o máximo possível) objetiva. In: A desordem ordenada*, p. 1220-1250.

Existem também interpretações particulares, que tiveram mais ou menos sucesso. Interessante, mesmo que certamente "extrema", é a interpretação proposta por W. Jaeger no volume II de *Paideia*[5]. Esse grande estudioso identifica a filosofia platônica com o problema do estado ideal, ou seja, com a política e, dessa forma, com a educação – a *paideia* – que realiza a ordem e o bem na alma. O socratismo platônico não se realizaria tanto na doutrina das Ideias quanto no plano ético-político-educativo. Então, deve ser citado H.-G. Gadamer, que encontra no diálogo platônico a primeira aparição da sua própria *hermenêutica*.

Devem ser lembradas, enfim, as histórias da escola de Tubinga-Milão e, *si parva licet componere magnis*, Macerata. A Escola de Tubinga, no fim dos anos 1950, com os estudos de Hans Krämer e Konrad Gaiser, identifica na crítica ao escrito e nos testemunhos doxográficos a chave para abordar os problemas de fundo da hermenêutica platônica, uma vez que, para Platão, não é correto confiar ao escrito todas as próprias convicções. Ele mesmo não colocou nos diálogos toda a sua filosofia; de fato, a) nós não conseguimos reconstruí-la; b) os testemunhos doxográficos nos falam de doutrinas platônicas que não encontramos nos diálogos. É, portanto, preciso integrar, como se faz para todos os outros filósofos, fontes diretas e indiretas. Nessas, encontramos indicado o núcleo de doutrinas que constituíam a protologia. Isso permite reconstruir o sistema platônico, inserindo

5 JAEGER, W. *Paideia. Die Formung des griechischen Menschen*. Berlim/Leipzig: de Gruyter, 1947. Trad. it. L. Emery e A. Setti. *Paideia. La formazione dell'uomo greco*. Florença: La Nuova Italia, 1936 (apenas o vol. I), 1953-1959, 3 vols.; recentemente foi lançada uma reedição, Milão: Bompiani, 2003, 2006.

em um quadro unitário a investigação filosófica e metafísica contida nos diálogos.

Tal proposta se apresenta como uma polêmica contra Schleiermacher por que a tradução dos diálogos pelo grande teólogo e filósofo alemão e a sua *Introdução* teorizaram a absoluta autossuficiência dos escritos, visando à reconstrução do sistema de Platão. Essa proposta, que traz as marcas de pressupostos religiosos (a *sola scriptura* da Reforma) e filosóficos (as concepções filosófico-estéticas do Romantismo), condena os textos doxográficos e Aristóteles, como se não tivessem nenhum valor testemunhal. Os sucessivos desenvolvimentos da hermenêutica platônica, mesmo modificando substancialmente a estrutura de reconstrução proposta por Schleiermacher, se moveram no interior dessa premissa.

A proposta de Tubinga foi acolhida com um intenso fogo de barragem, geralmente baseado em verdadeiros mal-entendidos. Tornou-se fundamental, a esse ponto, a intervenção de Giovanni Reale, docente na Universidade Católica de Milão. Sob sua inspiração, Krämer esclarece com muito cuidado a sua posição[6] de que nada justifica a contraposição dos dois âmbitos, diálogos e testemunhos indiretos, que devem ser integrados. A fonte escrita é infinitamente mais rica do que a doxográfica, que, no entanto, permite captar a estrutura do sistema e, portanto, valorizar também as numerosas alusões que Platão faz nos diálogos.

---

6 KRÄMER, H. *Platone e i fondamenti della metafisica. Saggio sulla teoria dei principi e sulle dottrine non scritte di Platone*. Com uma coleção dos documentos fundamentais em edição bilíngue e bibliografia. Intr. e trad. G. Reale. Milão: Vita e Pensiero, 1982, 2001.

Reale, além disso, aperfeiçoa a proposta da Escola de Tubinga, seja interpretando-a como um paradigma alternativo ao tradicional, seja alargando a aplicação do modelo interpretativo a diálogos que haviam sido subvalorizados nas análises da Escola de Tubinga. Emergem, assim, as linhas fundamentais da metafísica platônica: a teoria das Ideias, a teoria dos Princípios e a doutrina do Demiurgo. O acolhimento dos leitores foi muito positivo e os textos de Reale tiveram uma difusão excepcional em vários aspectos, enquanto a atitude dos estudiosos foi fria; com frequência preferiu-se continuar a polemizar sobre as "doutrinas não escritas", que teriam sido unilateralmente subvalorizadas. Porém, em seu texto fundamental[7], Reale trata quase que exclusivamente dos diálogos, enquanto as páginas sobre as "Doutrinas não escritas" e sobre os testemunhos aristotélicos são muito poucas.

O que ressaltamos fica ainda mais evidente no trabalho de escavação feito por Thomas Alexander Szlezák, apenas sobre os diálogos, que mostrou como os escritos platônicos não são autárquicos, mas estruturalmente construídos sobre a base de um uso contínuo de "referência ao outro". Isso é afirmado com uma aprofundada análise dos primeiros diálogos[8], certamente anteriores a *Fedro*. A "crítica da escrita" desse texto explicita uma convicção que guiou toda

---

7 REALE, G. *Per una nuova interpretazione di Platone. Rilettura della metafisica dei grandi dialoghi alla luce delle "Dottrine non scritte"*. Milão: CUSI, 1984; Milão: Vita e Pensiero, 1987, 2003.

8 SZLEZÁK, T. A. *Platon und die Schriftlichkeit der Philosophie. Interpretation zu den frühen und mittleren Dialogen*. Berlim: de Gruyter, 1985. Trad. it. G. Reale. *Platone e la scrittura della filosofia. Analisi di struttura dei dialoghi della giovinezza e della maturità alla luce di un nuovo paradigma ermeneutico*, com uma introdução de G. Reale. Milão: Vita e Pensiero, 1988, 1992.

a atividade de Platão, filósofo escritor. A sua condenação não é tanto uma condenação da escrita em prol da oralidade, mas uma indicação metódica sobre "como escrever". O conjunto dos diálogos abre um processo de *aproximação* da verdade, que procede em direção ao núcleo central da filosofia platônica, sem jamais revelá-lo. Temos, então, um "colocar por escrito sempre mais", confirmando a valência didática dos textos de Platão.

Abre-se, a esse ponto, a perspectiva de um enorme trabalho a ser feito, o de reler analiticamente os diálogos e a reelaboração crítica à luz da nova proposta. A isso se dedicaram, além dos mestres supracitados, tantos alunos, entre os quais o autor deste livro, que publicou uma primeira síntese em dois tomos – um total de 1500 páginas – que está na base desta introdução a Platão[9]. O trabalho, obviamente, não terminou: é preciso demonstrar que a nova proposta tem uma capacidade hermenêutica muito grande, superior à precedente. O trabalho continua e continuará.

Um resultado certamente foi obtido, já que a questão de "como Platão escreve" se tornou um tema sobre o qual tantos notáveis estudiosos refletem. Nesse terreno, os estudiosos da escola de Tubinga-Milão-Macerata deram muitas contribuições importantes, por décadas.

9 *Il disordine ordinato. La filosofia dialettica di Platone*. I. *Dialettica, metafisica e cosmologia*. II. *Dall'anima alla prassi etica e politica*. Bréscia: Morcelliana, 2013.

Bibliografia

Na base da numeração adotada internacionalmente para os textos de Platão está a edição parisiense de 1578, com curadoria de Stephanus (nome latinizado de Henri Estienne). A primeira edição crítica pode ser considerada a de August Immanuel Bekker (Berlim: Reimer, 1816-1823).

Marco aqui exclusivamente obras italianas ou traduzidas para o italiano:

1. Para as edições completas dos diálogos de Platão

PLATÃO. *Tutti gli scritti*. Ed. G. Reale. Milão: Rusconi, 1991, 1997[6]. Trad. M. L. Gatti, M. T. Liminta, C. Mazzarelli, M. Migliori, R. Radice, G. Reale [s.n.t]; tal texto foi reproposto em formas diversas pela Bompiani, Milão, 2000.

______. *et. al. Opere.* Bari: Laterza, 1966, 2 vols.; a edição atual é em 9 vols.

______. *I Dialoghi, l'Apologia e le Epistole.* Ed. E. Turolla. Milão/Roma: Rizzoli, 1953, 3 vols.

______. *Dialoghi politici, Lettere di Platone.* Ed. F. Adorno. Torino: Utet, 1952, 1992[4], 2 vols.

CAMBIANO, G. *Dialoghi filosofici di Platone.* Torino: Utet, 1970-1981, 2 vols.

2. Sobre o pensamento em geral

ALBERT, K. *Sul concetto di filosofia in Platone*. Milão: Vita e Pensiero, 1991.

VOGEL, C. J. de. *Ripensando Platone e il Platonismo*. Milão: Vita e Pensiero, 1990.

ERLER, M. *Il senso delle aporie nei dialoghi di Platone*. Milão: Vita e Pensiero, 1991.

FERRARI, F. *I miti di Platone*. Milão: Rizzoli, 2006.

FIEDLÄNDER, P. *Platone.* Milão: Bompiani, 2004.

FRONTEROTTA, F. *ΜΕΘΕΞΙΣ. La teoria platonica delle idee e la partecipazione delle cose empiriche. Dai dialoghi giovanili al Parmenide.* Pisa: Scuola Normale Superiore, 2001.

FRONTISI-DUCROUX, F.; VERNANT, J.-P. *Ulise e lo specchio. Il femminile e la rappresentazione di sé nella Grecia antica*. Roma: Donzelli, 2003[3].

GADAMER, H.-G. *Studi platonici*. Casale Monferrato: Marietti, 1983-1984, 2 vols.

GAISER, K. *La metafisica della storia in Platone*. Milão: Vita e Pensiero, 1988, 1991[2], rest. 1992.

KRÜGER, G. *Ragione e Passione. L'essenza del pensiero platônico*. Milão: Vita e Pensiero, 1995.

KUTSCHERA, F. von. *La filosofia di Platone*. Milão: Vita e Pensiero, 2010.

LONGO, A. *La tecnica della domanda e le interrogazioni fittizie in Platone*. Pisa: Scuola Normale Superiore, 2000.

MIGLIORI, M. *Il disordine ordinato. La filosofia dialettica di Platone*. I. *Dialettica, metafisica e cosmologia*. II. *Dall'anima alla prassi etica e politica*. Bréscia: Morcelliana, 2014.

NAPOLITANO VALDITARA, L. M. *Platone e le "ragioni" dell'immagine. Percorsi filosofici e deviazioni tra metafore e miti*. Milão: Vita e Pensiero, 2007.

PERINE, M. *Platone non era malato. Il pensiero platonico dai dialoghi socratici alla dialettica*. Milão: Vita e Pensiero, 2016.

REALE, G. *Per una nuova interpretazione di Platone. Rilettura della metafisica dei grandi dialoghi alla luce delle "Dottrine non scritte"*. Milão: Vita e Pensiero, 1987, 2003[21].

ROSS, W. D. *Platone e la teoria delle Idee*. Bolonha: il Mulino, 1989.

STEFANINI, L. *Platone*. Pádua: Istituto di Filosofia, Università degli Studi di Padova, 1991, 2 vols.

SZLEZÁK, T. A. *Platone e la scrittura della filosofia. Analisi di struttura dei dialoghi della giovinezza e della maturità alla luce de un nuovo paradigma ermeneutico*. Milão: Vita e Pensiero, 1992[3].

TRABATTONI, F. *Platone*. Milão: Carocci, 1998.

VEGETTI, M. *Quindici lezioni su Platone*. Turim: Einaudi, 2003.

3. Sobre o problema da escrita

CERRI, G. *Platone sociologo della comunicazione*. Milão: Il Saggiatore, 1991, 2. ed. com acréscimos, Lecce: Argo, 1996.

HAVELOCK, E. A. *Cultura orale e civiltà della scrittura. Da Omero a Platone*. Bari: Laterza, 1973, 1983².

TRABATTONI, F. *Oralità e scrittura in Platone*. Milão: CUEM, 1999.

TULLI, M. *Dialettica e scrittura nella VII* Lettera *di Platone*. Pisa: Giardini, 1989.

4. Sobre os primeiros diálogos

CASERTANO, G. (ed.). *Il* Protagora *di Platone: struttura e problematiche*. Nápoles: Loffredo, 2004, 2 vols.

GATTI, M. L. *Etimologia e filosofia. Strategie comunicative del filosofo nel "Cratilo" di Platone*. Milão: Vita e Pensiero, 2006.

KAHN, C. H. *Platone e il dialogo socratico. L'uso filosofico di una forma letteraria*. Milão: Vita e Pensiero, 2008.

LIMINTA, M. T. *Il problema della Bellezza in Platone, Analisi e interpretazione dell'Ippia maggiore*. Milão: Vita e Pensiero, 1998.

PALPACELLI, L. *L'*Eutidemo *di Platone. Una commedia straordinariamente seria*. Prefácio M. Erler. Apr. M. Migliori. Milão: Vita e Pensiero, 2009.

5. Sobre os grandes diálogos "intermediários"

KRÄMER, H. *Dialettica e definizione del Bene in Platone. Interpretazione e commentario storico-filosofico di Repubblica VII 534 B3-D2*. Milão: Vita e Pensiero, 1989, 1992.

FERRARI, G. R. F. *La città e l'anima nella Repubblica di Platone*. Bréscia: Morcelliana, 2011.

FINDLAY, J. N. *Il mito della caverna. La disciplina della caverna. La trascendenza della caverna* (*Gifford Lectures 1964-1966*). Milão: Bompiani, 2003.

SZLEZÁK, T. A. *La Repubblica di Platone*. Trad. e comentários M. Vegetti. Nápoles: Bibliopolis, 1998-2007, 7 vols.

6. Sobre obras dialéticas

CASERTANO, G. (ed.). *Il* Teeteto *di Platone. Struttura e problematiche*. Nápoles: Loffredo, 2002.

XAVIER, D. G. *Con Socrate oltre Socrate, il Teeteto come esempio di teatro filosófico*. Nápoles: Loffredo, 2011.

MIGLIORI, M. *Il* Sofista *di Platone. Valore e limiti dell'ontologia*. Cinco aulas e uma discussão sucessiva com B. Centrone; A. Fermani; L. Palpacelli; D. Quarantotto. Bréscia: Morcelliana, 2006.

______. *Dialettica e verità. Commentario storico-filosofico al Parmenide di Platone*. Milão: Vita e Pensiero, 1990, 2000².

______. *Arte politica e metretica assiologica. Commentario storico-filosofico al Politico di Platone*. Milão: Vita e Pensiero, 1996.

SEDLEY, D. *La levatrice del platonismo. Testo e sottotesto nel* Teeteto *di Platone*. Milão: Vita e Pensiero, 2011.

7. Sobre os últimos diálogos

CASERTANO, G. *Il nome della cosa. Linguaggio e realtà negli ultimi dialoghi di Platone*. Nápoles: Loffredo, 1996.

COSENZA, P. (ed.). *Il* Filebo *di Platone e la sua fortuna*. Nápoles: M. C'Auria, 1996.

MIGLIORI, M. *L'uomo fra piacere, intelligenza e Bene. Commentario storio-filosofico al Filebo di Platone*. Milão: Vita e Pensiero, 1993, 1998².

NAPOLITANO VALDITARA, L. M. (ed.). *La sapienza di Timeo. Riflessioni in margine al Timeo di Platone*. Milão: Vita e Pensiero, 2007.

NATALI, C.; MASO, S. (eds.). *Plato Physicus, Cosmologia e antropologia nel Timeo*. Amsterdã: Hakkert, 2003.

8. Sobre as matemáticas

CATTANEI, E. *Enti matematici e metafisica. Platone, l'Accademia e Aristotele a confronto*. Milão: Vita e Pensiero, 1996.

HÖSLE, V. *I fondamenti dell'aritmetica e della geometria in Platone*. Milão: Vita e Pensiero, 1994.

9. Sobre as Doutrinas não escritas

FINDLAY, J. N. *Platone, Le dottrine scritte e non scritte*. Milão: Vita e Pensiero, 1994.

GAISER, K. *Testimonia Platonica. Le antiche testimonianze sulle dottrine non scritte di Platone*. Milão: Vita e Pensiero, 1998.

KRÄMER, H. *Platone e i fondamenti della metafisica. Saggio sulla teoria dei principi e sulle dottrine non scritte di Platone*. Milão: Vita e Pensiero, 1982, 2001[6].

RICHARD, M.-D. *L'insegnamento orale di Platone. Raccolta delle Testimonianze antiche sulle "Dottrine non scritte" con analisi e interpretazione*. Milão: Bompiani, 2008.

10. Coletâneas e miscelâneas

BRANCACCI, A.; GASTALDI, S.; MASO, S. *Studi su Platone e il platonismo*. Roma: Edizioni di Storia e Letteratura, 2016.

MIGLIORI, M. (ed.). *Gigantomachia, Convergenze e divergenze tra Platone e Aristotele*. Bréscia: Morcelliana, 2002.

MIGLIORI, M.; NAPOLITANO, L.; FERMANI, A. (eds.). *Interiorità e Anima, La psychè in Platone*. Milão: Vita e Pensiero, 2007.

MIGLIORI, M.; NAPOLITANO, L. (eds.). Plato Ethicus. *La Filosofia è vita*. Bréscia: Morcelliana, 2008.

REALE, G. (ed.). *Verso una nuova immagine di Platone*. Nápoles: Istituto Suor Orsola Benincasa, 1991; republicado por Milão: Vita e Pensiero, 1992[2].

Considero necessário acrescentar um outro grande texto:

PASQUALI, G. *Le Lettere di Platone*. Florença: Le Monnier, 1938; Florença: Sansoni, 1967.

Índice onomástico

A

B

C

D

E

F

G

H

I

J

K

L

M

N

O

P

Q

R

S

T

Esta obra foi composta em CTcP
Capa: Supremo 250g – Miolo: Pólen Soft 70g
Impressão e acabamento
Gráfica e Editora Santuário